Kiezen voor Vrije Keuze

The Lady of the Rings

Voor ons (allemaal)!

Mijn wens is het nog heel vaak met je mee te gaan
en samen te vinden waar we allebei naar zoeken.

Eén te zijn.

Wim Roskam
11-12-'01

Dit boek wil de lezer kennis laten nemen van de weg die Linda en Wim in vrijheid hebben gekozen. Iedereen heeft zijn eigen vrijheid en het recht zijn eigen keuzes te maken. Dit boek geeft geen (medische) adviezen.
Akaija & Art kan dan ook niet aansprakelijk worden gesteld voor eventuele gevolgen door het lezen van dit boek of het opvolgen van adviezen.

Kiezen voor Vrije Keuze

The Lady of the Rings

*Met het verhaal over het
ontstaan van de Akaija -
het symbool voor Liefde en
keuzevrijheid*

Wim Roskam

AKAIJA & ART

2ᵉ herziene druk, door Akaija & Art, 2016
1ᵉ druk (ISBN 978 90 77247 96 9) werd uitgegeven door uitgeverij Akasha

Akaija & Art
Gijsbrechtgaarde 316
7329 CE Apeldoorn
Telefoon: 055 5335747
Email: atelier@akaija.com
Internet: www.akaija.com / www.akaijashop.com

Omslagontwerp: **Sander Schaper**
Illustraties, foto's, opmaak en vormgeving: **Wim Roskam**
Druk- en bindwerk: **BoD - Books on Demand, Norderstedt, Duitsland**

Copyright © 2016 Akaija & Art, Apeldoorn, The Netherlands

Alle rechten voorbehouden. Niets uit deze uitgave mag worden verveelvoudigd, opgeslagen in een geautomatiseerd gegevensbestand, of openbaar gemaakt, in enige vorm of op enige wijze, hetzij elektronisch, mechanisch, door fotokopieën, opnamen, of op enige andere manier, zonder voorafgaande schriftelijke toestemming van de uitgever.

All rights reserved. No part of this publication may be reproduced, stored in a retrieval system, or transmitted, in any form or by any means, electronic, mechanical, photocopying, recording, or otherwise, without the prior written permission of the publisher.

ISBN: 978 37 41289 33 0

Inhoud

Inhoud *5*
Voorwoord *9*
Voortekenen *11*
Vermoeidheid *15*
De eenzame weg *20*
May it be *29*
"Ik ben ziek hoor!" *34*
When darkness falls *37*
Het pad wordt smaller *42*
Stille nacht... heilige nacht *46*
Lopen in de nacht *50*
Wat brengt de toekomst? *54*
Amà *59*
De vloek *65*
"Je hebt het toch maar wel uitgesproken!" *69*
You walk a lonely road *75*
Een overwinning? *78*
Accepteren *84*
Een lange weg *89*
De nederlaag *95*
Voor mijn aller-, allerliefste vriendje *103*
Mediumschap *113*
Vrijheid... .... *123*
Les 1 .... *129*
Rituelen *133*
Your friend is close by your side *136*
Iets tegen de pijn *141*
Het is licht *145*
Ring, ring Nasja *153*
De vijfde dag *157*
Genezing van de ziel *160*
Eén druppel water *170*

De beweging van de kosmos *173*
Into the West *185*
Littekens van de ziel *190*
De witte roos *197*
One ring... to be one *211*
Veranderingen *228*
Akaija *241*
Je verliest me nooit *251*
Dank jullie wel... .... *256*
Finding Nasja *257*

dat de wereld aan het veranderen is
voel je
door alles heen
hangt het in de lucht
een verwachting
een ring van Liefde
ziet het daglicht
niet zomaar
wordt hij gegeven
en uiteindelijk gesmeed
in het begin
vervlogen er eeuwen
in pijn en verdriet
ga je ten slotte voelen
dat de wereld verandert
zie je in de muziek
de geluiden van beelden
die heling brengen
en voel je nu
dat de wereld aan het veranderen is

            Wim Roskam

Voorwoord
door Loes van Loon

Dit boek getuigt van diepe openheid. Blootgelegde gevoelens die zo wonderlijk mooi zijn omschreven dat je ze als het ware zelf kunt voelen.

Ik ken Wim, de schrijver van dit boek, al jaren en wat mij de eerste keer dat ik hem ontmoette al zo opviel, was dat hij zichzelf compleet kan wegcijferen als het om anderen gaat. Bij het lezen van dit boek zul je dat zelf ondervinden.

Wim gaat ver in zijn trouw, die hij voor zijn vrouw Linda had en heden ten dage nog heeft. Totaal opofferend ten koste van zichzelf en zijn nachtrust heeft hij Linda bijgestaan. Hij heeft zich laten leiden door de Wil van zijn vrouw.

Zelfs daar waar eigen twijfel en angst een rol speelden, is hij toch alles blijven doen zoals zij het wilde. Hij heeft ervoor gestreden dat haar vrije wil niet werd omgevormd door anderen tijdens haar zo zware en moeilijke strijd tegen deze, voor haar op Aarde fatale, ziekte. Haar keuze, die in onze ogen extreem kan lijken omdat Linda de normaal gangbare hulp weigerde, was zwaar voor beiden om te volbrengen.

Niet iedereen kan misschien begrijpen dat Wim niet ingreep op momenten dat bepaalde medische hulp werd aangeboden. Maar zijn acties en reacties zijn niets anders dan respect hebben voor de vrije wil van een ander mens.

Het was zwaar, hemelschreiend zwaar, voor zowel Linda als Wim. Beiden hadden diep vertrouwen in hun weten van voorbestemming, en leefden beiden vanuit het concept de enige juiste route te bewandelen. Toch lieten zij zich soms leiden door anderen die geen rekening hielden met wat je als mens aan kunt, zodat het een onmenselijke, ondragelijke taak werd, voor beiden. En dat alles vanuit diep vertrouwen in de raad die hen werd aangedragen.

De vrije wil blijft een mooi en openstaand gegeven. Zelf ben ik diep dankbaar voor dit boek. Het biedt geborgenheid aan allen die in volgbaarheid zijn. Volg vooral je hart, zegt dit boek.

Linda is dankbaar voor dit boek. Wim heeft zo zijn pijnlijke hart kunnen luchten en anderen de kans gegeven om goed na te blijven denken over beslissingsvormen, net zoals hij bij Linda en voor Linda heeft gedaan.

Hij heeft alles gedaan om Linda te ontlasten, in de vorm die zij wenste. Wat een Liefde, in hem, voor haar.

Dank je Wim, voor dit boek. Het zal velen laten nadenken over het gebruik van de eigen vrije wil. En juist dat maakt dat dit boek lering geeft aan allen in nood.

Loes van Loon
Helderziend medium en schrijfster

Voortekenen

You ask me where did I fall
I'll say I can't tell you when

And if you're asking me when
I'll say it starts at the end

Uit: *I'll find my way home*
door Jon & Vangelis

Hoe beschrijf je de vrouw van wie je zielsveel houdt?
Wat vertel je dan over haar?
Vertel je haar naam?
Ik kan je die meteen geven: Linda.
What's in a name...

Toon je haar foto?
Maar wat zegt een foto?
Hoe mooi ze is?
Alleen vond ze zichzelf niet mooi.
Kun je iemand beoordelen aan de hand van een foto?
Kun je door een foto heen kijken... tussen de regels, de pigmenten, doorlezen?
Ben je dan helderziende?

Wat schrijf je dan?
Hoe ze was...? Want ze leeft niet meer.
Dan weet je dat vast.
En zoals ze was... zo is ze niet meer.
Hoe kun je haar dan beschrijven?
Beschrijf je hoe je samen met haar hebt geleefd, hoeveel jullie van elkaar hebben gehouden?
Maar stopt liefde dan bij de dood?

Bovendien leef ik nu samen met een andere vrouw.

Vertelt dat jou iets over de relatie die ik met haar had?
Je bent toch niet bevooroordeeld, hoop ik?
Trek je nu al conclusies?
Of zegt dat iets over die vrouw...?
Marianne is haar naam.
En jawel... ook van haar houd ik zielsveel.
Als jij al begrijpt hoe dat kan... ik ben er nog steeds niet helemaal uit.

Laat ik dan ook meteen mijn eigen naam geven: Wim. Dan weet je nu misschien al genoeg en kun je dit boek wegleggen.

Linda was een vrouw die er niet van hield om in de verleden tijd te praten over iemand die is overleden, alsof hij er niet meer is. En toegegeven... daar houd ik ook niet van. Maar na wat ik inmiddels heb geleerd, durf ik het aan om dat nu wel te doen. Bepaalde karaktereigenschappen verdwijnen, maken plaats voor nieuwe. Het oude is verleden tijd. Je groeit, je verandert. Daarvoor ben je hier, want de Aarde is een leerschool. Als je niet wilt veranderen, waarom leef je dan nog? Dan ben je dus al volmaakt... en gelukkig.

Maar hoe dan ook: ze is, en blijft een heel bijzondere... ziel.

Linda werd in 1954 geboren in Rotterdam, maar verhuisde op zesjarige leeftijd naar Apeldoorn. Ikzelf werd geboren in 1960 en verhuisde nog datzelfde jaar ook naar Apeldoorn. Ik kwam op amper tweehonderd meter bij haar vandaan te wonen.

Een paar jaar later zat ik als kleine hummel achter op de fiets van mijn moeder, op weg naar de stad. Nou weet ik niet veel meer van toen ik zo klein was, maar één herinnering weet ik nog heel duidelijk, namelijk toen we voorbij Linda's huis fietsten.

Voor het huis op de grond zat een klein meisje met stijl, donker haar te spelen. Wat me zo trof was de gezellige, ingetogen sfeer van dat meisje dat zo in zichzelf aan het spelen was. Er was iets wat me ontzettend aantrok, zonder het te begrijpen. Ik nam me ernstig voor om binnenkort maar eens naar dit huis toe te wandelen en bij ze aan te kloppen. Ik zou thuis wel een keer weten te ontsnappen en vond het heel normaal om dat te gaan doen. Ik was toen even geen kleine jongen meer. Je zult als jonge moeder maar een wildvreemde peuter op je stoep zien staan die met een bloedernstig gezicht om de hand van je dochter vraagt.

Kort daarna verhuisde Linda naar Ulft, terwijl ik in Apeldoorn bleef wonen. Ik heb mijn plannen nooit uitgevoerd, maar ik heb er nog vaak aan gedacht.

Toen Linda wat ouder was, las ze samen met haar moeder het ene na het andere boek over reïncarnatie, ufo's, wichelroedelopen, Atlantis, Egypte, spookverschijningen, contacten met al dan niet verlichte wezens. Met haar moeder kon ze hele avonden praten over de dingen waar ze zich samen voor interesseerden.

Daarnaast interesseerde ze zich enorm voor dansen. Ze ging op balletles en wat later ook op jazzballet. Helaas werd ze afgewezen voor de balletacademie. Ze ging een lerarenopleiding kinderverzorging en opvoeding volgen, gecombineerd met handenarbeid.

Na deze opleiding ging ze naar Israël om te werken in een kibboets. Al op de eerste dag dat ze daar aankwam, werd ze verliefd op een Schotse jongen van Italiaanse afkomst. Andere mensen waarschuwden haar voor hem, maar zoals dat meestal gaat bij verliefdheid, had ze daar geen oren naar.

"Al direct op die eerste dag ging het mis", vertelde ze later.

En alles bleef fout gaan. Haar vriend maakte misbruik van haar. Zij verdiende wat geld in de kibboets, maar hij gaf het uit, stal het zelfs haar. Hij werkte op een booreiland en bleef steeds wekenlang van huis.

Uiteraard bleef haar grote hobby dansen en dat kon ze uitstekend! Dit waren de hoogtijdagen van de disco, en gedurende vele vrije avonden en nachten stond ze op de vloer als een ware disco-queen!

Ze kreeg gezelschap van een loslopende hond die haar om hulp kwam vragen, want hij was ziek. Ze ontfermde zich over het dier, maar dat betekende dat ze geregeld naar de dierenarts moest en het geld daarvoor was soms ineens verdwenen.

Na meer dan een jaar keerde ze terug naar Nederland, want haar geld was op. Ze wilde haar hond meenemen, maar ze kon het niet regelen dat hij met haar mee kon. Noodgedwongen moest ze de hond in een asiel achterlaten. Ze kon niet anders, maar sindsdien bleef ze het gevoel houden haar hond in de steek te hebben gelaten.

"Ik herinner me nog zo hoe hij me aankeek toen ik hem daar achterliet", zei ze weleens met tranen in haar ogen.

Pijn, die nooit meer is weggegaan.

Thuis in Nederland duurde het niet lang voor ze, eind jaren zeventig, een baan als lerares vond op een school in Apeldoorn. Haar vriend kwam enkele maanden later ook naar Nederland en wilde meteen met haar trouwen, omdat hij dan Nederlander was. Maar daar trapte ze niet in, want hun relatie ging niet al te best.

Ze kon maar niet los van hem komen en verdedigde hem door te zeggen dat hij in zijn jeugd erg beschadigd was. Ten slotte kwam hij vaak dagenlang helemaal niet meer thuis en bleek hij een vriend te hebben.

Tijdens een gesprek met haar ouders vroeg haar moeder aan haar: "Wil je dit nou echt je hele leven blijven volhouden?"

Dat was precies het duwtje dat ze nodig had en ze maakte ze een einde aan de relatie.

Samen met haar moeder bezocht Linda een helderziende vrouw, die haar voorspelde dat ze binnenkort een relatie zou krijgen met iemand anders, een jongeman met een baard en krullend haar op zijn hoofd.

Maar daar was ze helemaal niet klaar voor, vond ze. Ze was nog lang niet bekomen van het mislukken van haar 'huwelijk', zoals ze dat noemde, dat intussen al zeven jaar had geduurd.

Vermoeidheid

In 1983 ontmoette ik haar tijdens een van de volksdanslessen waar we allebei aan deelnamen. Na afloop van zo'n les ging ik voor het eerst met haar mee naar haar flat en na twee maanden groeiden deze bezoekjes uit tot een permanent samenwonen.

Voor mij, als zes jaar jongere en onzekere jongeman die tot dan toe nooit een nacht van huis was weggeweest, was dat een zeer gewaagde stap, die veel zei over de aantrekkingskracht tussen ons, die ik zelfs als peuter al had gevoeld.

Linda vroeg me later weleens: "Hoe heb je dat nou toch gedaan? Ik was helemaal niet toe aan een nieuwe relatie. Jij bent gewoon bij me in komen wonen."

Het zal voorbestemming geweest zijn. Alleen klopte mijn uiterlijk niet met de voorspelling van die helderziende vrouw, die luidde dat haar nieuwe partner een baard en krullend haar had. Mijn haar was keurig kortgeknipt met een nette scheiding en ik schoor me elke dag. Maar wat niet is kan veranderen en binnen twee maanden had ik een baard. Met permanentvloeistof lukte het bovendien prima om mij te voorzien van krullend haar boven mijn voorhoofd. Linda's glimlachje was veelbetekenend toen ze opmerkte: "Zo, nu klopt de voorspelling ten minste en kan ik je meenemen naar mijn ouders." Toch was de voorspelling juist, want die baard is nooit meer verdwenen en mijn haar is sindsdien springerig gebleven, ook zonder permanentvloeistof. Mijn ouders en mijn zus waren nogal overdonderd door mijn onverwachte vertrek en deze ingrijpende gedaanteverandering, maar ik voelde me van het ene op het andere moment mezelf worden.

We konden het uitstekend met elkaar vinden, maar er was één gevoel dat ik nooit helemaal kwijtraakte. Ik was altijd bang haar te verliezen. Wat ziet ze eigenlijk in mij?, vroeg ik me weleens af, want zij was heel zelfbewust, terwijl ik toen erg onzeker was, en bovendien zoveel jonger.

Een onverklaarbaar gevoel dat ik nooit kwijtraakte. Aan haar lag dat niet, want ze deed alles voor me.

Wat mij vooral opviel, waren haar ogen, maar behalve dat ik ze erg mooi vond, zag ik er heel veel verborgen verdriet in en ik nam me voor haar nooit in de steek te laten.

Haar werk beviel haar prima en de leerlingen waren gek op haar. Ze kon lesgeven op een manier die zeldzaam is. Rechtvaardig, met een scherp geheugen en goed gehoor, waardoor ze niet voor de gek te houden was. Als een leerling het te bont maakte, zette ze zo'n raddraaier desnoods finaal voor schut voor de rest van de klas. Maar dan had die leerling erom gevraagd en besefte met gekrenkte trots dat dit heel terecht was geweest. Zo werden de ergste leerlingen soms haar grootste fans. "Eindelijk een juf die me aankan!" Met klassen waarmee collega's de grootste moeite hadden, kon zij prima overweg en kreeg ze dingen gedaan die anderen niet voor mogelijk hielden. Een losse manier van lesgeven, zou je het kunnen noemen. Bij haar werkte dat.

De leerlingen droegen haar op handen en het was dan ook niet verwonderlijk dat ze haar op een bepaald moment uitriepen tot leerkracht van het jaar, van een school met meer dan honderd leerkrachten.

"Eindelijk gerechtigheid", zei ze met haar veelbetekenende glimlachje.

Haar flatje was voor ons samen al gauw niet groot genoeg meer en dus verhuisden we naar een eengezinswoning aan een park iets verderop. Ze liet me wel weten dat ze geen prijs stelde op trouwen en ook geen kinderen wilde. Dat vond ik helemaal niet erg, want ik was dezelfde mening toegedaan. We vonden het niet nodig. Maar wat we zelfs niet nodig vonden, was om elkaar een ring te geven. We hielden toch van elkaar en waarom zou je dat dan moeten bewijzen met een metalen ring?

Onze liefde voor elkaar zat erg diep, maar er zat ook een heel diep verdriet in haar, waar ze niet goed over kon praten. Soms gebeurde het dat ze op een intiem moment ineens begon te huilen. Tranen die ze alleen dan, op een gelukkig en veilig moment, kon uiten. Ik voelde dat er dan iets in haar blokkeerde, maar ik kwam er nooit achter wat haar zo dwars zat en dat deed pijn. Het had te maken met dat verdriet dat ik al vanaf onze eerste ontmoeting in haar ogen gezien had. Ik wilde haar graag dieper vanbinnen leren kennen en haar beschermen tegen dit verdriet, maar dit zat zo diep dat ze het zelf niet eens kon benoemen.

Ik had Linda leren kennen als een zeer energieke vriendin, die rustig halve nachten door kon werken als ze vond dat er iets af moest, een echte nachtbraker. Ook ik had daar geen moeite mee, maar moest toch wel wennen aan haar energie. Dat kende ik van niemand. Ze kon bij wijze van spreken alles tegelijk doen en haar hoofd er nog goed bij houden ook.

Maar een paar jaar later veranderde dat. In 1985 reed ze van school naar huis, tijdens een bijzonder heftig onweer. Het regende zo hard dat ze haast niets meer kon zien. Ze moest zelfs het zijraam openen om te zien waar ze was. Net op dat moment sloeg de bliksem in, direct naast of misschien wel in de auto. Een zuil van vuur, zo beschreef ze het. Het was een zeldzame, gigantische klap die heel Apeldoorn opschrok. In het autobedrijf naast de weg ontstond brand. Linda's auto kreeg een enorme opdonder en kwam dwars op de weg te staan. Elektriciteit viel op grote schaal uit en twee weken lang was er in grote delen van Apeldoorn geen televisie meer te ontvangen. Mensen vertelden ons dat Linda helemaal veilig was geweest in haar auto, omdat elke auto een stalen kooi heeft waar elektromagnetische velden niet doorheen kunnen komen, maar hoe het dan mogelijk was dat ze vanaf dat moment maandenlang een vreemd verlamd gevoel in haar hele linker lichaamshelft had, konden ze niet verklaren.

"Op dat moment begon mijn vermoeidheid", zei ze later.

Voor die tijd was ze levenslustig en actief, maar sindsdien raakte ze die levenslust kwijt en is ze nooit meer de oude geworden, altijd moe. Als ze van haar werk thuiskwam ging ze steeds vaker eerst op de bank liggen slapen terwijl ik het eten kookte. Daarna deed ze al het werk voor school. Haar vermoeidheid werd zelfs zo ernstig dat ze ook tijdens de vakanties niet meer in staat was haar accu op te laden.

Maar ze accepteerde nooit dat haar werk eronder leed. Haar leerlingen mochten niets tekortkomen en ze eiste van zichzelf dat ze haar werk afkreeg. Hoezeer ze ook leed onder haar eeuwige moe-zijn, op pure wilskracht slaagde ze erin haar werk te blijven doen.

Het zou nog vele jaren duren eer we erachter kwamen wat er op dat moment was gebeurd, waarom ze zo moe bleef en waarom er, wat we ook probeerden, helemaal niets werkte.

Als gevolg van het sterke elektromagnetische veld van die blikseminslag was er in haar lichaam een situatie ontstaan die sommige therapeuten tegenwoordig 'elektronen-spininversie' noemen, een verandering op atomair niveau die tot gevolg heeft dat de aura, ons energieveld dat alle prikkels van buitenaf filtert of afschermt, niet voldoende meer geënergetiseerd wordt. De aura wordt dun of ijl en laat daardoor meer prikkels door dan men aankan. De gevolgen op langere termijn zijn vooral toenemende chronische vermoeidheid en overgevoeligheid.

Maar daar waren we toen niet van op de hoogte. We ondervonden alleen de gevolgen.

Halverwege de jaren negentig kreeg haar jongere broer Arjen kanker. Hij doorliep de hele mallemolen: onderzoeken, operaties, chemokuren en alle ellende die daarbij hoort. Uiteindelijk, na een laatste operatie, werd hij 'kankervrij' verklaard, maar een week later overleed hij, na dagen van extreme hoofdpijn.

Linda had het hier erg moeilijk mee en werd bevestigd in haar toch al afwijzende houding tegen alles wat regulier en farmaceutisch was. Ze hield niet van doctoren, witte jassen en pilletjes. Ze gebruikte alleen 'de pil', die ze een heel geschikte uitvinding voor vrouwen vond, en daarnaast heel zelden paracetamol, maar dat was het.

Met Arjens ziekte begon er een periode van problemen in haar familie. Haar geliefde oma en haar tante overleden, haar ouders belandden meermaals in het ziekenhuis en hadden veel hulp nodig. Hulp, die Linda ze wilde geven. Maar met haar drukke baan en die eeuwige vermoeidheid bereik je al snel de grenzen van je kunnen.

Haar collega's raadden haar aan minder te gaan werken, maar het duurde heel lang eer ze daaraan toegaf. Na meerdere gesprekken met de bedrijfsarts kreeg ze uiteindelijk de mogelijkheid om korter te gaan werken. Zo hield ze een hele dag per week over voor zichzelf. Maar die dagen gebruikte ze om haar ouders te helpen, want die hadden haar hulp nodig, vond ze.

Eind jaren tachtig hadden we twee poezen in huis gehaald. Eerst een Heilige Birmaan, een mooie koninklijke poes met de naam Liselle. En een jaar later een 'gewone' zwarte poes met witte snorharen: Charonna. De twee poezen konden het goed met elkaar vinden en bezorgden ons veel vermaak en afleiding. Ze waren onze kinderen en werden flink verwend, maar daar zaten de poezen zelf heus niet mee.

Op een dag in de zomer ontstond er volkomen onverwachts een verschrikkelijke vechtpartij tussen die twee en het leek erop dat een van de poezen het niet zou overleven. In haar poging de katten van elkaar te scheiden, liep Linda lange krabben op haar armen en benen op, maar na enkele pogingen lukte het ons door een slaapzak over een van de poezen te gooien. Later zouden die krabben nog een belangrijke rol gaan spelen.

Na dat gevecht leunde ik verslagen tegen de deurpost van de tuindeur en had ik een zeldzaam gevoel, het gevoel dat ik op een keerpunt stond. Dit heeft verstrekkende gevolgen, was mijn gedachte.

En dat bleek, want het vertrouwen tussen de poezen was blijvend beschadigd. We konden het echter niet over ons hart verkrijgen een van de poezen weg te doen, en dus konden we ook niet meer op vakantie. Terwijl een vakantie Linda juist wat extra energie had kunnen geven.

Haar vermoeidheid bleef. Werken, slapen, eten, zorgen voor haar ouders en ter ontspanning eenmaal per week een avondje Argentijnse tango dansen of soms een middag samen winkelen in een stad. Zelfs in de lange zomervakanties slaagde ze er niet meer in om bij te komen. Normaal duurde het een paar weken en dan was ze weer min of meer zichzelf en kreeg ze weer fut om iets te ondernemen. Maar de laatste jaren was ook dat niet meer voldoende en wat ze zo heel graag wilde... gelukkig zijn, kwam niet naar buiten.

"Met jou ben ik gelukkig hoor", verzekerde ze mij. "En ook met onze poesjes, al kunnen ze het samen niet zo goed vinden."

Onze liefde voor elkaar zou toch genoeg moeten zijn om haar gelukkig te kunnen maken? Maar hoe dan?

De eenzame weg

In december 1999 werd ze uitgenodigd om een uitstrijkje te laten maken in het kader van het bevolkingsonderzoek. Ze gaf nooit gehoor aan zulke oproepen, maar omdat ze al een tijdje last van een lichte afscheiding had, vond ze dit een goede gelegenheid om er even naar te laten kijken.

Soms vroeg ze aan mij: "Hou ik genoeg van je?" Dat vond ik zo lief. Want eigenlijk vertelde ze me daarmee dat ze juist heel veel van mij hield, maar dat ze het idee had naar mij toe tekort te schieten in... houden van.

Wat moest ik daar nou op antwoorden? Eerlijk gezegd was er bij mij altijd die angst dat er een einde aan onze relatie zou komen. Misschien dat ze me op een dag niet meer hoefde. Of was het omdat ik mezelf niet goed genoeg vond voor haar? Het was een niet te verklaren angst haar te verliezen, een gevoel dat ik nooit helemaal kwijtraakte.

Ik zei dan iets in de trant van: "Ik weet dat je van me houdt. Maak je geen zorgen." Ik wilde haar geruststellen en haar laten weten dat het goed was, dat ze zich daarover geen zorgen hoefde te maken.

Een paar dagen na het onderzoek belde de huisarts met het bericht dat de uitslag van het onderzoek niet goed was. Er waren onrustige cellen gevonden, maar Linda leek door dat bericht totaal niet van slag. Ze was zelfs verbaasd dat ik me er wel zorgen over maakte. Het was alsof ze zich niet voor kon stellen dat er iets ernstigs met haar aan de hand zou kunnen zijn.

Uiteraard moest er nu een vervolgonderzoek komen. Om te beginnen bij de vrouwenarts in het ziekenhuis in Apeldoorn. Een paar dagen later gingen we daar naartoe.

In het ziekenhuis, op de afdeling gynaecologie, moesten we lang wachten, zittend naast vrouwen in blijde verwachting. We voelden hun verheerlijkte stemming en we beseften dat wij hier om een heel andere reden waren. Eén van hen probeerde een gesprek met ons aan te knopen, verwachtend dat een vrij jong uitziend stel zoals wij, daar met een prettige reden zou zitten. Ik wilde ze niet bezorgd maken, dus gaf ik een ontwijkend antwoord en glimlachte vaag. Linda zei niets.

Als allerlaatsten kwamen wij aan de beurt.

We kregen te horen wat we al wisten: onrustige cellen. Nu bestaat er een tabel die beschrijft in welk stadium zo'n 'proces', de term die steeds werd gebruikt, zich bevindt: pap1 tot en met pap5. De laatste betekent baarmoederhalskanker zonder enige twijfel. Bij Linda werd in eerste instantie pap4 geconstateerd. Er werden nog meer getallen genoemd, maar op zo'n moment onthoud je daar niet veel van.

De gynaecologe onderzocht met behulp van een kijkapparaatje hoe het er vanbinnen uitzag en was niet erg te spreken. We konden duidelijk haar verontruste reactie zien. Ze haalde er een collega bij, die tevens de oncoloog van deze afdeling was, een forse man die autoriteit uitstraalde. Ze hadden het over bepaalde cellen, er vielen diverse technische benamingen die ons niets zeiden, ofwel: het was niet erg duidelijk allemaal.

Wel duidelijk was dat er meer onderzoek nodig was. Zo moest er bloed worden afgenomen, er moest een MRI-scan worden gemaakt, een echo-onderzoek, een CT-scan, een borstfoto... "Tenminste", zei hij, Linda aankijkend, "als u het daarmee eens bent."

Tja... logisch toch. Wat moet je anders? Er was reden genoeg om die onderzoeken te laten doen en voor het juiste behandeltraject moet je eerst voldoende gegevens hebben.

Kerst 1999, vlak voor de eeuwwisseling. Dit soort berichten komen natuurlijk nooit gelegen, maar dit was wel een heel ongelukkig moment. Eerste kerstdag was de verjaardag van Linda's oudste broer, Rob. Dit was altijd een heel gezellige dag waarbij haar familie bijna altijd voltallig aanwezig was. We keken daar elk jaar naar uit, maar deze kerst werd hierdoor overschaduwd.

Niet iedereen was op de hoogte, want Linda had dit nieuws voor zich willen houden tot na de verjaardag, maar daar kwam natuurlijk niets van terecht. Ze begon na een bepaalde opmerking te huilen en kon uiteindelijk niet anders dan te vertellen wat er aan de hand was.

Direct na de kerstdagen begonnen de onderzoeken en ogenschijnlijk onaangedaan onderging Linda ze een voor een. Schijnbaar onaangedaan, maar toen ze na twee weken op de weegschaal ging staan, was ze maar liefst zeven kilo afgevallen! Puur van de stress. Haar normale gewicht was 52 kilo. Dan blijven er maar 45 over. Ze had ziekenhuizen altijd al verafschuwd, maar nu het haarzelf betrof bleek ze er helemaal niet tegen bestand, al was het haar niet aan te zien. Ze hield zich groot, stoer en sterk.

Tijdens de jaarwisseling, de eeuwwisseling zelfs, waren we thuis en toen de klok twaalf uur sloeg kusten we elkaar en wensten elkaar nog heel veel gelukkige jaren samen. Maar het was met een diepe ondertoon van wanhoop. We waren allebei erg bang voor wat dit nieuwe jaar zou brengen. Op de televisie begon dansmuziek te spelen en Linda doorbrak onze somberheid door me mee te trekken en te gaan dansen. Natuurlijk deed ze een paar van haar spectaculaire danspassen, maar toen huilde ze: "Dit is de laatste keer dat ik het kan. Als ik geopereerd ben, kan ik dit niet meer."

Nog tijdens de onderzoeksperiode gingen we op zoek naar alternatieve mogelijkheden om de reguliere behandeling te ondersteunen. We kwamen in contact met een aantal alternatieve therapeuten van wie wij het idee hadden dat ze elkaar goed aanvulden, want alleen op het ziekenhuis vertrouwen, konden we en wilden we niet.

Zo kwamen we in aanraking met elektro-acupunctuur. Roberto, een natuurarts in Arnhem, maakte daar gebruik van en hij was ons ten zeerste aangeraden vanwege zijn grote ervaring en deskundigheid. Het eerste dat hij deed was iriscopie, het bestuderen en in kaart brengen van de iris door een eenvoudige stereomicroscoop. Daarmee kon hij binnen een paar minuten een medische historie verkrijgen, zonder bloedonderzoek of röntgenfoto's, een techniek die hij uitstekend beheerste, want tot onze verbazing noemde hij het ene na het andere medische feit op dat perfect klopte bij Linda, zelfs qua tijdsbepaling.

Daarna ging hij meten door middel van elektro-acupunctuur. Daarbij worden met een sensor vele meridiaanpunten op handen en voeten gemeten. Die sensor is gekoppeld aan een apparaat dat aangeeft of zo'n punt in balans is of niet. Omdat die meridiaanpunten in verbinding staan met corresponderende organen kan er dus iets over die organen gezegd worden. Bovendien is het mogelijk om precies uit te zoeken met welk medicament dat orgaan weer in balans kan worden gebracht. Een heel precieze manier van diagnosticeren, waarvan wij ons verbaasd afvroegen waarom die niet allang regulier werd toegepast, want deze meetresultaten waren een enorme verdieping van de kennis omtrent Linda's ziekte. Uit de metingen bleek welke organen uit balans waren en dat haar lichaam op alle fronten heel hard aan het vechten was. Ze kreeg diverse middelen mee die haar lichaam hierin zouden ondersteunen.

We maakten ook een afspraak met Jacob, die een therapeutisch centrum in Eindhoven had. Hij werkte met een breed scala aan elektromagnetische resonantieapparatuur, waarmee ziekmakende elementen zoals bacteriën en virussen door frequenties vernietigd werden en tegelijkertijd het immuunsysteem versterkt werd. Hij had heel veel patiënten met ernstige ziekten, vooral kanker.

We leerden in korte tijd veel over de laatste ontwikkelingen op gezondheidsgebied binnen de alternatieve geneeskunde, die vooral te maken had met complexe trillingen en harmonische frequenties waarmee het lichaam kan worden gediagnosticeerd en behandeld. Gezien de ingewikkelde en zeer kostbare apparatuur niet zomaar een zijspoor buiten het reguliere circuit.

Een man die veel indruk op ons maakte was een Engelssprekende Tibetaanse genezer. Deze man beschikte in het geheel niet over apparatuur, maar werkte vanuit zijn eeuwenoude achtergrond en schreef als medicijn samengeperste kruidenmengsels voor. Zijn hele denkwijze over het menselijk lichaam berustte op eeuwenoude inzichten die de mens als één geheel bezien van ziel en lichaam samen.

Deze man was niet de eerste de beste genezer. Zijn vader was de lijfarts van de Dalai Lama geweest en hij deed qua scholing en ervaring niet onder voor hoogopgeleide westerse specialisten. Hij maakte voor het stellen van de diagnose ondermeer gebruik van de aloude oosterse polsdiagnose, waarbij hij met drie vingers tegelijkertijd haar hartslag bestudeerde. Een ervaren beoefenaar van deze techniek kan daar een schat aan informatie uit halen.

Hij sprak weinig, stelde zo nu en dan een vraag en dacht heel geconcentreerd na, mediterend bijna. Toen pakte hij Linda's patiëntenkaart en begon te schrijven in een taal waar wij niets van konden maken. Ten slotte keek hij ons aan en begon te vertellen wat zijn bevindingen waren. Hij zei dat hij geen röntgenogen had en niet over dure instrumenten beschikte, maar hij constateerde wel dat er sprake was van ontstekingachtige processen in haar buik. Of het om kankergezwellen ging, kon hij niet zeggen en we kregen de indruk dat dit in zijn ogen niet eens van belang was. Het ging hem niet om de benaming 'kanker', maar om wat er met Linda als geheel aan de hand was.

Hij schreef diverse kruiden voor en adviseerde haar te gaan mediteren. Hij vond rust voor haar erg belangrijk. Stress was niet goed. Daarbij keek hij mij aan, want daarin lag een taak voor mij. Hij was erg vriendelijk en zeer toegewijd en we mochten hem allebei.

Verder maakten we schriftelijk contact met Fiona, een mediamieke vrouw uit Zuid-Amerika. Zij kwam twee keer per jaar naar Nederland en behandelde binnen enkele weken honderden mensen. Haar manier van werken was dat ze in trance ging en dat er gedurende die tijd een reeds overleden arts door haar heen werkte. Dit medium was niet nieuw voor ons. We waren er de afgelopen jaren al vaker naartoe geweest en waren van mening dat ze 'zuiver' was. De consultprijs bestond uit een gift voor een kindertehuis in Zuid-Amerika en alles stond in het teken van het rooms-katholieke geloof. We hadden van diverse mensen goede berichten gehoord en ook onze ouders gingen elk half jaar naar haar toe.

Wat we ons afvroegen was waarom de overleden arts, Dottore, Linda niet eerder op de hoogte had gebracht van het feit dat ze baarmoederhalskanker had. We waren een paar maanden geleden, in oktober, nog bij hem geweest. Linda had daarbij aangegeven dat ze last van abnormale afscheiding had. Maar misschien was dat niet goed overgekomen vanwege de taalbarrière: het medium sprak Spaans en het contact verliep via een vertaalster. We schreven naar de vertaalster wat er uit het onderzoek was gekomen en vroegen of Dottore ons wilde helpen.

Het antwoord kwam een paar dagen later: "Doe wat de artsen zeggen en ik zal erbij aanwezig zijn."

Daar werden we niet heel veel wijzer van, want welke artsen bedoelde hij? De reguliere of de alternatieve, want we hadden met beiden contact. Later, bij navraag, hoorden we dat hij de alternatieve artsen bedoeld had. Hoe dan ook, we moesten dus afgaan op ons eigen gevoel en hopen dat we de juiste beslissingen namen. Maar dat bleek niet zo simpel...

In het begin van het nieuwe jaar kwam de uitslag. Zoals verwacht was er inderdaad een tumor geconstateerd die weliswaar niet erg groot was, maar helaas precies op de verkeerde plek zat: net op het overgangsweefsel tussen baarmoederhals en vagina. Het voorstel van de oncoloog was dat Linda zich zou laten bestralen. Hij stelde voor dat Linda voor een second opinion naar Amsterdam zou gaan. We moesten dan wel zelf de map met foto's en rapporten meenemen.

De specialisten in het AMC die ons te woord stonden, namen de map met onderzoeksgegevens in ontvangst, maar legden die meteen terzijde met de woorden dat ze die niet nodig hadden. Hij en zijn collega zouden Linda inwendig onderzoeken en daarbij afgaan op hun gevoelige vingers in plaats te kijken zoals gebruikelijk. Dat was veel nauwkeuriger, vertelden ze. Ik moest verbaasd denken aan de Tibetaanse arts die met de polsdiagnose ook op zijn gevoelige vingers afging.

Al na enkele minuten kwamen ze tot de conclusie dat er geopereerd moest worden. Bestraling alleen had geen zin, zeiden ze.

De operatie die ze voorstelden, was zeer ingrijpend. Er bestond een kleine kans op blijvende invaliditeit en een grote kans op verminderde controle over de blaas- en darmfuncties. De ziekenhuisopname zou zo'n zes weken duren en de revalidatietijd was naar verwachting een jaar. Bovendien, afhankelijk van wat ze vonden, zou er achteraf wellicht nog bestraling nodig zijn, met als mogelijk gevolg 'een buik die zou aanvoelen als beton'. De specialist stelde voor dat we direct naar de afsprakenbalie zouden gaan om de operatie in te plannen.

Maar hier gebeurde iets vreemds.

Dit onderzoek was toch een 'second opinion'? Met andere woorden: na dit onderzoek zouden we toch terug naar Apeldoorn gaan en dan van de gynaecoloog in Apeldoorn horen wat de beste optie was? Tenslotte was hun diagnose exact hetzelfde, alleen hun behandelplan was anders. Ik zei dat tegen hen, maar ze vertelden ons dat zij de behandeling nu overnamen en dat het geen zin had om dan eerst nog met Apeldoorn te gaan overleggen.

Dat overviel ons en ik vroeg of we hier nog even over mochten nadenken, maar de reactie was: "Waarom zou je dat doen? Hier moet geopereerd worden. Het is een grote operatie en we gaan niet kort door de bocht."

Ze keken ons nogal vreemd aan en wij vroegen ons af: zijn wij nou zo gek dat we bedenktijd vragen? Ik keek Linda aan en ik zag aan haar dat we er hetzelfde over dachten. Ik probeerde het nogmaals, maar bedenktijd vonden ze geen goed plan, zelfs geen week. Ik kreeg het gevoel alsof we alleen al door dit te noemen een overtreding begingen.

Dit zijn belangrijke momenten in je leven waarin beslissingen genomen worden die je verdere bestaan beïnvloeden en van ons werd verwacht direct in te stemmen met zoiets ingrijpends. Bij zulke beslissingen is het normaal dat je eerst alle opties overweegt alvorens een beslissing te nemen, maar hierbij werd ons geen keuze geboden. Er werd ons zelfs voorgehouden dat die keuze er niet was: hier *moet* geopereerd worden...

Linda en ik voelden elkaar goed aan en samen hielden we stand. Uiteindelijk, met duidelijke tegenzin van de artsen, kregen we gelegenheid om even in de wachtkamer alles tot ons door te laten dringen. Als we er samen over gesproken hadden, dan konden we aan de balie terecht om de operatie in te plannen.

Verdoofd liepen we naar buiten. Dit overviel ons. "Ze doen net alsof het niets voorstelt", zei ik.

We waren opstandig. Eigenlijk waren we gewoon boos. Zo ga je toch niet met patiënten om! Waarom telde de mening van Apeldoorn niet meer mee? Daar was een massa onderzoek gedaan en zij hadden het over bestraling gehad. Het maakte nogal een verschil in onze oren. Deze mannen hadden de scans en rapporten niet eens bestudeerd en concludeerden aan de hand van een minuutje voelen dat er een gigantische operatie nodig was voor een klein gezwelletje, waarvan alleen de locatie wat ongelukkig was. Het leek alsof ze bij voorbaat al wisten wat ze gingen doen en dat het voelen slechts een formaliteit was.

Wat we toen niet wisten, was dat hier sprake was van een gebrekkige communicatie. Ik had de envelop die wij hadden meegekregen voor het AMC geopend, de gegevens gekopieerd en zodoende de briefwisseling in handen gekregen. Achteraf bezien *zou* je daaruit kunnen aflezen dat de behandeling aan het AMC overgedragen werd en dat het dus niet ging om een second opinion. Naar ons toe was dit echter niet gecommuniceerd.

Dit 'onbeduidende' misverstand zou grote gevolgen hebben...

Deze artsen hielden zich aan de regels die waren opgesteld door de wet, het ziekenhuis, door de farmacie of wie het ook was die dit aanstuurde. In hun ogen handelden zij in het belang van Linda's gezondheid en was onze reactie onbegrijpelijk, maar waar zij geen rekening mee hielden, was dat er mensen bestaan die zelf de verantwoordelijkheid willen dragen voor hun leven. Die zich niet zomaar iets aan laten praten en die zelf willen beslissen op basis van de verkregen gegevens *en* op wat hun eigen innerlijke stem hen vertelt.

Linda was zeer teleurgesteld in ziekenhuizen vanwege de slechte ervaringen met haar overleden broer Arjen en bleek, mede hierdoor, totaal niet stressbestendig tegen ziekenhuizen, zoals haar snelle gewichtsverlies had laten zien.

Pas heel veel later begon ik te beseffen dat hier iets bijzonders gebeurde, bepalend voor de weg die we zouden gaan, alsof het zo had moeten zijn.

We hoefden niet lang te overleggen. We besloten om het heft in eigen hand te nemen en we vertelden aan de balie dat we eerst thuis wilden overdenken wat we zouden doen. We vertelden dat we binnen een week onze beslissing zouden laten weten.

Waar het precies door kwam, weet ik niet meer, maar terwijl we hierover praatten, kregen we allebei het gevoel, 'dit willen we niet'. Dat gevoel werd snel sterker en tegen de tijd dat we Apeldoorn binnenreden, waren we er allebei van overtuigd: 'we doen het niet'. Niet deze allesverwoestende operatie, waarbij de uitkomst bij lange na niet zeker was. Hoe was de prognose op langere termijn eigenlijk? Misschien konden we andere mensen spreken die hetzelfde hadden ondergaan. We werden steeds vechtlustiger.

In de dagen daarna kwamen we zowaar in contact met een vrouw die een jaar geleden precies dezelfde operatie had ondergaan. Zij zat nog steeds in een rolstoel.

Intussen hadden we een aantal, in onze ogen zeer vakbekwame, therapeuten opgespoord en we waren ervan overtuigd dat we via die weg een aantal heel goede kaarten in handen hadden voor Linda's genezing. We besloten voorlopig af te zien van de operatie. We hadden niet eens meer een week bedenktijd nodig. We wisten het nu al. Ons gevoel van opluchting was heel groot. In plaats van ons als veroordeelden naar de slachtbank te laten leiden, kozen we ervoor om onze eigen weg te gaan. Op een gegeven moment onderstreepte ze haar keuze met deze woorden: "Thuis kan ik vechten. In het ziekenhuis niet."

Maar toen maakten we een belangrijke fout: we belden niet terug naar Amsterdam en lieten niets meer van ons horen. "Dan hadden ze maar wat vriendelijker moeten zijn", zeiden we tegen elkaar, maar eigenlijk zagen we gewoon op tegen weer zo'n confrontatie. Dom, dom, dom.

Uiteraard liet de gynaecoloog in Apeldoorn zich zo niet afschepen. Hij wilde weten waarom Linda de operatie afwees en zich nu zelfs niet meer wilde laten bestralen. Hij probeerde Linda te overtuigen dat er geen heil te vinden was in het alternatieve circuit en dat we een heel verkeerde keuze maakten. Toen dat niet lukte, probeerde hij mij te overtuigen, zoekend naar openingen in onze verdediging. Maar ik was de afgelopen dagen tot de conclusie gekomen dat als zij deze weg wilde gaan, ik haar hoe dan ook zou steunen!

Gek genoeg had ik het vreemde gevoel dat dit inderdaad de beste keuze was. Ik kon dat gevoel niet plaatsen, maar had gewoon de innerlijke zekerheid dat dit de goede weg was. Maar zelfs als ik er anders over zou denken, wilde ik haar steunen, wilde ik haar vrij laten. Anders zou ze helemaal alleen komen te staan. Je houdt toch van elkaar? Dan steun je elkaar, dan ben je er voor elkaar en dan respecteer je elkaars keuze en ga je samen de weg die voor je ligt. Dan sta je sterk! Dan ben je één!

Maar hoe leg je dit uit aan een oncoloog? Een man van de wetenschap, die handelt op basis van rationele argumenten. Uiteindelijk begreep hij dat we niet te vermurwen waren en liet ons uit.

Zo begonnen we aan onze eenzame weg.

May it be

> *May it be when darkness falls*
> *Your heart will be true*
> *You walk a lonely road*
> *Oh! How far you are from home*
>
> Uit: *May it be*
> door Enya (tekst: Roma Ryan)

We schreven een nieuwe mail aan Dottore in Zuid-Amerika waarin we uitlegden wat er uit de onderzoeken was gekomen, welke beslissing we hadden genomen, welke alternatieve therapeuten we nu hadden ingeschakeld en vroegen hem of dat de artsen waren die hij bedoelde. Het antwoord kwam een paar dagen later: "Ze mag doorgaan met de alternatieve arts zonder operatie. Dat is de arts die Dottore bedoelt." Welke alternatieve arts bedoelde hij dan, want we hadden er meerdere, maar we voelden ons in elk geval gesterkt in ons besluit. Er was ons in de afgelopen jaren meermaals verteld dat Dottore een 'echte' arts was. Hij werkte niet met primitieve middelen. Hij kende zijn patiënten beter dan een aardse arts dat ooit zou kunnen. Hij werkte samen met gidsen en engelen en met hun hulp kon hij zelfs astrale operaties uitvoeren.

Ergens in de communicatie met de artsen en specialisten was iets fout gegaan en omdat Linda zich bij haar huisarts niet thuis voelde, hadden we ook met haar nauwelijks contact. Die had haar bij het eerste gesprek, na het uitstrijkje, met haar hand onder haar kin aan staan kijken met de woorden: "Gut, gut, wat erg toch, kind." Zo'n benadering werkte niet bij Linda.

Op dat moment wisten wij niet wat de specialisten en de huisarts nog voor ons zouden kunnen betekenen, want wij hadden voor een alternatieve weg gekozen. Ik denk dat, als zij meer begrip voor Linda's angsten hadden getoond en liefdevoller met haar gevoelens waren omgesprongen, we dan veel meer vertrouwen in hen hadden gehad. Ze hoefden het niet met ons eens te zijn, maar nu hadden we het gevoel er helemaal alleen voor te staan, vanuit de gedachte: als je niet precies doet wat wij zeggen, dan zoek je het zelf maar uit.

Waren wij dan zo'n uitzondering dat we keuzevrijheid wilden? Of lieten andere patiënten in vergelijkbare situaties zich altijd maar overtroeven?

Linda hield een heel schema bij van wat ze in moest nemen: capsules, homeopathische drankjes, Tibetaanse-kruidenpillen, kruidenelixers, orthomoleculaire drankjes, de kast stond er vol mee. Wij troostten ons met de gedachte dat deze middelen tenminste in harmonie met de natuur waren.

Tijdens de consulten kwamen we tussen lotgenoten te zitten, meestal mensen met ernstige ziekten zoals kanker, vaak zelfs al opgegeven door het ziekenhuis. De meesten hadden al heel wat achter de kiezen: ingrijpende operaties, bestralingen, chemokuren, maar vooral teleurstellingen.

We zagen hen regelmatig, omdat we vaak op dezelfde dag van de week afspraken. Dat werkte heel motiverend, want we zagen veel van die mensen opknappen. We hoorden schrikbarende verhalen van hen over wat hen overkomen was, vaak in het ziekenhuis, maar ook door toedoen van alternatieve therapeuten.

Eén vraag die een van onze therapeuten, Jacob, na een paar weken aan iedereen stelde was: "Heb je al gehuild?" We begrepen die vraag eerst niet, maar leerden al snel dat ziekten zoals kanker nooit alleen een lichamelijke oorzaak hebben, maar altijd vergezeld gaan van een diepliggend emotioneel verdriet, een oude onverwerkte pijn of frustratie, die zich, na jaren van ontkenning en wegstoppen, uiteindelijk lichamelijk kenbaar maakt, vragend om erkenning.

Door de juiste behandelingen worden zulke trauma's aangeraakt met als gevolg dat die mensen na een paar behandelingen erg emotioneel kunnen reageren en soms dagenlange huilbuien krijgen. Daardoor worden er blokkades opgeruimd die aan de basis van zulke ziekteprocessen staan, een heel belangrijk aspect van het genezingsproces.

Maar huilen... dat deed Linda niet. Ze was niet zo emotioneel en hele dagen huilen, zoals sommige andere vrouwen deden, overkwam haar niet.

Behalve dat we therapeuten bezochten, gingen we ook zelf aan de slag. We hadden in de loop van de jaren veel geleerd op spiritueel gebied en wisten dat je door visualisatie en meditatie een genezingsproces kunt ondersteunen. Het heeft te maken met positief denken, de kracht van de geest. Nou vonden we mediteren allebei erg moeilijk, maar wat ons wel goed afging, was om samen te visualiseren.

Ik werd Linda's gids in een zelfbedachte wereld van licht en vrede, en ik nam haar mee door te beginnen met: "Stel je voor je bevindt je in een prachtige tuin..."

Zo nam ik haar mee naar een grote ronde tuin waarin elk perkje een andere bloemenpracht toonde, waarin steeds een andere energie voelbaar was. In het midden van deze tuin bevond zich een heel mooie fontein waarboven een groot kristal zweefde en ik vertelde haar dat dit een bijzonder kristal was, want als ze zich daarop concentreerde en er haar handen omheen sloot, werd ze meegenomen naar een unieke plek, waar ze helemaal veilig was en die alleen voor haar bestemd was, *haar* plek.

Het kristal werkte hierbij als een teleportatiepoort en de plek waar ze terecht kwam was een strand. Maar geen gewoon strand...

Ik ontdekte dat visualisaties slechts begrensd worden door de grenzen van je fantasie. Maar ik was heel voorzichtig, want ik was hierbij haar gids en mocht haar niet kwijtraken. Ik besefte dat het niet voldoende is om simpel iets te zeggen als: "Een mooie fontein", verwachtend dat ze het zelf wel verder in kon vullen. Dat kan weleens te moeilijk zijn. Als het dan niet lukt, voelt het als: ik kan het toch niet, laat maar, het lukt niet. Want mislukkingen konden we nu niet gebruiken. Zeker niet hierbij, want diep vanbinnen voorvoelde ik dat dit heel belangrijk zou worden.

Op het strand waren vele vogels te vinden en die vogels wilden maar wat graag gevoerd worden. Ze voelde de vriendschap van alle vogels. Dat had Linda ook met de vogels in het park waar we vaak kwamen.

Daarna liet ik haar over het strand of door het water lopen, zodat ze kon ontspannen, genietend van zon en water. Maar na diverse visualisaties werd dat een beetje saai. Toen kreeg ik een gek idee... Geen beperkingen aan de fantasie, hè? Alles kan...?

Dus vertelde ik dat er, toen de avond viel en het donkerder werd, er in de verte een lichtstraal was, die als een helder baken vanuit de sterren een plek op het strand bescheen. Daar liet ik haar naartoe gaan. Dichterbij komend kon ze zien waar die lichtstraal op scheen. "Het is een oude steencirkel", zei ik, doelend op die oude mythische steencirkels waarvan er in Groot-Brittannië vele te vinden zijn.

Ze kon zelf vertellen hoe de stenen eruitzagen en zei dat het zes heel grote stenen waren. Oude stenen, verweerd, als stille wachters opgesteld rondom een zevende, platliggende steen. Dat was de steen die werd beschenen door de lichtstraal. Daarop kon ze gaan liggen. Die steen voelde niet hard, maar was precies geschikt voor haar en ze kon er heel comfortabel op liggen.

Als ze daar lag, werd ze beschenen door het sterrenlicht, waarvan ze zelf vertelde dat het uit de Plejaden kwam. Dit licht had alle kleuren van de regenboog in zich en ze kon het met haar gedachten richten. Dus liet ze het licht op en in haar buik schijnen, waarbij het groen van kleur werd. Ze kon zichzelf in gedachten verkleinen en was op die manier in staat om in haar buik te kijken. Zo was ze als waarneemster in haar eigen lichaam dat nu heel groot leek en kon het licht precies dirigeren naar de juiste plekken.

Ik liet haar beschrijven wat ze in haar baarmoeder zag. Daar was een ploeg kleine mannetjes in gekleurde pakken aan het werk. Deze ploeg was hard aan de slag om haar buik te ontdoen van alles wat er niet thuishoorde. De voorman vertelde dat er nog veel werk te doen was en dat zij hen niet moest storen, anders kwamen ze niet op tijd klaar. Hij draaide zich om en ging weer verder. Kennelijk vond hij Linda maar lastig.

Een andere keer vertelde ze dat er allemaal groene monstertjes in haar buik zaten. Die moesten een voor een naar buiten gewerkt worden. Dat deden we samen. Zij vertelde dat er hier of daar ergens nog eentje verstopt zat. Ik vulde dat aan: "Ja, wacht... hij loopt heel hard, maar ik kan hem inhalen en ik pak hem. Aha... hier jij! Hebbes." Ik sleepte hem mee naar buiten en gooide hem in het zoute water, waar hij natuurlijk niet tegen kon en verschrompelde tot er niets van over was.

"Dat vind ik zielig...", zei ze.

Oké, oké... ik was iets te wreed dit keer. Dus de volgende moest rennen voor zijn leven en waar hij heen ging, mocht hij zelf weten, maar eenmaal buiten de steencirkel kon hij niet meer terug.

Deze steencirkel was een heilige plek, en een centraal punt van waaruit Linda ontdekkingsreizen ondernam, want natuurlijk was het saai om alleen maar in de steencirkel te liggen, hoe zinnig ook. Dus vertelde ik haar op een keer dat er vanuit de sterrenhemel een heel grote vogel naar haar toe kwam vliegen. Na een paar rondjes boven de stenen te hebben gecirkeld, landde hij naast haar op de grond. Het bleek een erg vriendelijke vogel te zijn, met een heel lief 'gezicht'. Hij nodigde haar uit om op zijn rug te klimmen, zodat ze met hem mee kon vliegen.

Zo stegen ze op, richting zee. De steencirkel werd kleiner en kleiner en ze kreeg een steeds groter overzicht over het land en over de zee. Ik vroeg of de vogel haar mee wilde nemen naar Atlantis, naar het oude Atlantis onder de golven. Dat was geen enkel probleem en hij vloog razendsnel de oceaan over. In de buurt van waar Atlantis lag, dook hij met Linda onder de golven. Eenmaal onder de golven kwamen ze bij een grote piramide en daar aangekomen stapte ze af en liep de trappen van de piramide op. Ik was in de veronderstelling dat het om een Egyptische piramide ging, maar zij corrigeerde me en beschreef een oude Maya-piramide, met trappen aan de zijkant. Boven werd ze ontvangen door een hogepriester in een oranje gewaad. Hij vroeg Linda om op een verhoging te gaan liggen en gaf haar vervolgens met een Egyptische ankh een speciale behandeling.

Ik vroeg of ze van de priester ook iets meekreeg. En inderdaad... de hogepriester gaf haar een speciaal kristal. Dat kristal was niet mijn idee, maar kwam bij Linda vandaan. Het was een klein kristal, legde ze uit. Heel klein, zo'n samenklontering van puntige bergkristallen. Ze kon het zo in haar zak stoppen, maar als ze het uit haar zak haalde en boven een zieke plek hield, dan werd het een heel groot kristal en bleef het uit zichzelf zweven. Heel apart. Ze was zelf verbaasd over wat ze gekregen had.

Zo waren we samen aan het werk om haar ziekte te bestrijden. Linda liet zich heel gemakkelijk meevoeren in deze... fantasie, maar ik vond het woord 'fantasie' inmiddels niet toereikend meer voor het bevrijdende en verlichtende gevoel dat we allebei ervoeren als we hiermee bezig waren. Het was iets van ons samen, waarin ik haar kon helpen en bijstaan in haar moeilijke strijd. Ik voelde dat dit belangrijk voor haar was, heel belangrijk.

"Ik ben ziek hoor!"

In april, vijf maanden na de eerste onderzoeken, kwam Dottore weer naar Nederland. Daar hadden we naar uitgezien, want we beschouwden hem als de leidinggevende figuur in Linda's genezingsproces, omdat hij een astrale arts was.

Bij onze bezoeken aan hem verzekerde Dottore ons elke keer dat het de goede kant uitging met Linda. Ze kreeg daarbij astrale injecties in haar buik, injecties die door de onzichtbare begeleiders van Dottore exact 'op maat' werden samengesteld. Daarbij was geen injectienaald te zien, maar uit eigen ervaring wist ik dat die injecties erg pijnlijk konden zijn. Hij schreef diverse middelen voor en complimenteerde haar met het werk dat we al hadden verzet. Hij verwachtte dat ze beter zou worden en maakte zich duidelijk geen zorgen over de toekomst. Het zag er goed uit. Op onze vraag waarom Dottore bij het vorige bezoek aan Nederland niets had gezegd over een eventueel gezwel in haar buik was het antwoord van de vertaalster: "Blijf vertrouwen houden. Dottore weet wat hij doet. Hij zegt niet altijd wat hij ziet en daar heeft hij zijn redenen voor. Patiënten zouden ongerust kunnen worden als ze alles zouden weten en dat werkt niet in hun voordeel."

In feite hoorden we van alle therapeuten dat ze vooruitging. Jacob was echter wel terughoudend. Ik merkte aan hem dat hij er nog niet gerust op was. Hij wilde haar liefst zo frequent mogelijk behandelen. Het had ermee te maken dat ze nog steeds niet door een emotioneel proces heengegaan was.

Linda zelf zat daar niet mee. "Wat heeft dat voor zin?" vroeg ze. "Ik schiet er toch niets mee op als ik de hele dag loop te janken? Dat hoeft toch niet bij iedereen zo te gaan?" Ze vond het maar onzin. We pakten haar ziekte toch flink aan? Alleen niet regulier. We hadden een klein legertje aan therapeuten ingeschakeld en gaven daar aardig wat geld aan uit. We bespaarden het ziekenfonds en de staat handen vol geld. Alleen de farmacie was vermoedelijk niet blij, want die verdiende niets aan ons.

Haar gewicht, dat door de onderzoeken naar 45 kilo was gezakt, liet nog geen verbetering zien, ook niet gedurende de zomermaanden en dat baarde mij zorgen, maar al met al vonden we dat we het heel goed deden, want het was geen gemakkelijke weg die we aflegden.

Het lijkt misschien wel zo... je eigen weg gaan, maar zo eenvoudig is dat niet. Het betekent dat je zelf de volle verantwoordelijkheid neemt voor wat je doet. Een ernstige ziekte moet bestreden worden. Je moet beslissingen nemen. Wat doe je wel en wat doe je niet? Welke mensen kies je? Aan wie geef je je vertrouwen?

Wij hadden hier bewust voor gekozen. Weliswaar was onze keuze ook beïnvloed door angst, maar toch was het een heel bewuste keuze, want we wilden zelf de verantwoordelijkheid dragen voor Linda's genezingsproces. Anders was de verantwoordelijkheid door het ziekenhuis overgenomen en dan werd daar bepaald wat er gedaan zou worden. Wij hadden dan hooguit nog in te stemmen met het behandelplan, maar ons was zelfs die vraag niet gesteld. We ondervonden dat als je je laat onderzoeken, je haast verplicht wordt om het hele traject in te gaan. Zeg je a, dan moet je dus ook b, c en d zeggen. Je halverwege terugtrekken wordt niet gewaardeerd. Misschien begrijpelijk, gezien de kostbare onderzoeken, maar wie weet in zo'n geval van tevoren waar hij aan begint?

Al bleef haar gewicht voorlopig nog steken en bleven de huilbuien uit, ik merkte wel dat ze meer tot rust kwam. Ze begon de stress van school eindelijk los te laten en we ondernamen zo nu en dan leuke uitstapjes. Ze begon weer belangstelling te krijgen om iets te creëren, zoals het breien van truien, waar ze al lange tijd niet meer geen fut meer voor had gehad. Dat maakte me blij.

Na de zomer, in oktober, kwam Dottore opnieuw naar Nederland en toen we bij hem kwamen, bevestigde hij onze verwachtingen. Het ging heel goed met haar, er was veel vooruitgang geboekt en hij was heel tevreden. "Dankzij mijn werk en haar grote inzet is dit mogelijk geworden", waren zijn woorden. Hij maakte met zijn handen magnetiserende bewegingen boven haar lichaam, masseerde haar buik met een vettige substantie en gaf haar een hele reeks astrale injecties in haar buik. We gaven de envelop met geld bij de ingang af en met een blij gevoel vertrokken we huiswaarts.

Een paar dagen later gebeurde er iets wat Linda's emoties eindelijk losmaakte. We waren naar haar ouders gegaan om ze te helpen een nieuwe slaapkamerkast te plaatsen. Het was een flinke klus en aan het eind van de dag waren we allemaal moe. Linda, die vond dat ze altijd stoer en sterk moest zijn, had zich daarbij niet gespaard.

Het was al half twee in de nacht toen we afscheid namen bij de voordeur. Haar ouders kusten Linda, maar bedankten mij voor al het werk, blij dat alles was afgekomen. Ik had daarbij het gevoel dat ik nu iets moest zeggen in de trant van: Linda heeft toch ook hard gewerkt?, maar ik aarzelde, vermoedende dat Linda hier geen prijs op zou stellen en het moment ging voorbij.

Linda is iemand die andere mensen altijd complimentjes geeft. Wat echter maar zelden gebeurde, was dat zij zelf een compliment kreeg. In de auto op weg naar huis werd alles te veel voor haar. "Mijn ouders bedanken jou altijd voor alles wat je doet! Maar van mij vinden ze alles wat ik doe heel normaal. Ik kom speciaal voor hen de hele dag werken! Terwijl ik ziek ben! Ze bedanken me nooit! Ik doe dat toch allemaal maar wel steeds. Ik ben ziek hoor!"

Uiteraard wisten we heel goed hoe dankbaar ze haar waren, maar soms heb je het gewoon nodig dat iemand het ook tegen je zegt. Dit keer kon ze er niet meer tegen. Erg emotioneel was ze zelden en huilen deed ze bijna nooit, ook het afgelopen jaar niet. Het paste niet bij haar, maar als het een enkele keer gebeurde, kon ik haar altijd troosten met de dingen die ik op dat moment kon bedenken om te zeggen. Meestal was alleen al mijn aandacht of de klank van mijn stem genoeg. Maar dit keer lukte me dat niet en de hele weg naar huis bleef ze huilen, terwijl ze intussen de auto bestuurde langs het donkere kanaal van Dieren naar Apeldoorn. Was dit wat Jacob bedoelde met: "Heeft ze al gehuild?"

Het was intussen al twee uur in de nacht en het was heel erg stil op straat. Ik herinner me hoe we Apeldoorn binnenreden en een lange, volkomen lege weg voor ons zagen, met de verdwijnende oranje verlichting van lantaarnpalen in de verte. Overdag was die weg altijd druk bezet met auto's, maar nu reed er niemand en we kwamen ook niemand tegen terwijl we erover reden.

Het onderstreepte haar eenzame verdriet en symboliseerde onze weg naar de toekomst: eenzaam... maar wel verlicht.

When darkness falls

Een van Linda's hobby's was het breien van truien. Ze had er de laatste jaren geen energie en rust voor gehad. Maar nu wilde ze weer beginnen. Als ze breide was dat voor mij een teken dat ze lekker in haar vel zat, dat ze zich prettig voelde. Dat maakte me blij.

Het was avond en de vermoeienissen van de slaapkamerkast en het verdriet van de vorige nacht waren verdwenen. Misschien had het loskomen van dat verdriet er wel aan bijgedragen dat ze nu meer ontspannen was. Het gaf ook mij rust. Het was gezellig zo. Een van de poezen lag lekker naast mij op de bank te slapen.

Om een uur of elf had ze een nogal sterke aandrang en ze zei dat ze even naar het toilet ging. Even later hoorde ik haar luid roepen. Ik kon niet verstaan wat ze riep, maar ze klonk erg opgewonden. Ik holde naar haar toe, deed de deur open en zag haar zitten met een groot stuk toiletpapier in haar handen, knalrood van het bloed.

"Wat is dit?" vroeg ik. "Ben je ongesteld geworden?"

"De hele wc ligt er vol mee", zei ze. "En er zitten van die grote klonten bij."

"Zou het kunnen dat je lichaam nu eindelijk de kanker er uit gooit?" vroeg ik uiteindelijk, toen ik mijn gedachten weer op een rijtje had. Ze was bezig met steeds weer nieuwe stukken toiletpapier die allemaal knalrood werden.

"Hoe moet ik dat weten?" zei ze, nu wel aangedaan. "Er hangt geen naamkaartje aan!"

"Zou dit door de behandeling van Dottore komen?" vroeg ik, in een poging iets te verklaren wat ik niet begreep. Ik vond mezelf akelig rustig reageren. "Misschien heeft hij je vanmorgen wel geopereerd. En komt alles er nu eindelijk uit." Tenslotte waren we daar enkele dagen geleden nog geweest.

Ze kwam overeind, zodat ik een blik in de wc kon werpen. Zoveel bloed had ik nog nooit bij elkaar gezien, terwijl het meeste al was weggespoeld. Ik was blij dat ik niet flauwviel.

Tja, wat was dit nu weer? Een aanduiding dat haar lichaam zichzelf aan het genezen was? Maar met zoveel bloed? Of was dit het onvermijdelijke resultaat van ons eigen dokteren aan zo'n ernstige ziekte? Dit laatste zou ongetwijfeld het antwoord van de reguliere artsen zijn.

Die gedachte speelde in mijn achterhoofd en dwong me ertoe om al onze beslissingen grondig te heroverwegen. In feite was hiermee mijn grootste angst werkelijkheid geworden, want ik had al eens zoiets gelezen en me hier vaak zorgen over gemaakt. Waren we dan zo dom geweest?

Maar anderzijds vond ik onze beslissing ook heel logisch, want wie kon ons garanderen dat Linda via de reguliere weg beter af was? Ook die vooruitzichten waren beslist niet rooskleurig geweest.

Bepalend vond ik Linda's vrijheid van keuze en mijn eigen gevoel daarin. Ik had me tenslotte, toen ik haar net kende en het verdriet in haar ogen had gezien, al voorgenomen haar nooit in de steek te laten, haar altijd te zullen steunen. Wie weet was ik me toen al onbewust aan het voorbereiden. Ieder mens heeft het recht om vanuit vrijheid zijn keuzes te maken en daarbij verdien je het toch om gesteund te worden?

Toch bleef de twijfel, want misschien hadden we gewoon een heel verkeerde beslissing genomen. Als je kijkt naar de mogelijkheden die een ziekenhuis heeft, met alle hoogopgeleide specialisten, met al die apparatuur, het enorme gezag dat uit al die steeds groter wordende gebouwen straalt, en als je daarbij denkt aan de achterliggende ondersteuning van de multinationale farmacie, van ziekenfondsen en overheidsinstanties, dan kun je haast niet anders dan overtuigd zijn van hun gelijk en dan waren wij dus volkomen onverantwoord bezig.

Wat ook in mijn hoofd bleef hangen, was de vraag die Jacob uit Eindhoven had gesteld: "Heeft ze al gehuild?"

Gisteren, voor de allereerste keer, was er iets losgekomen van het enorme verdriet dat ik altijd al in haar aanwezig wist. Hield dat hier soms verband mee? Ik voelde dat het antwoord op die vraag belangrijk was.

De afgelopen maanden begon ik, al observerend en luisterend, te leren dat mensen met kanker niet werkelijk beter kunnen worden als ze niet ook een proces van transformatie doormaken. Gek genoeg gebeurt dat ook als ze in het ziekenhuis chemokuren moeten ondergaan waar ze doodziek van worden. Ze verliezen alle haren op hun lichaam, durven niemand meer onder ogen te komen, zijn constant misselijk, lusten niets meer, vermageren heel erg en moeten in spanning de resultaten van de volgende test afwachten.

Soms blijkt dat de chemokuren niet het beoogde resultaat hebben gehad, omdat de bloedwaardes nog steeds teveel afwijken. Dan kunnen aanvullende behandelingen voorgesteld worden, zoals bestraling. Bij andere mensen worden hele lichaamsdelen geamputeerd in een ultieme poging het lichaam te redden.

En als... alles 'goed' gaat moet iemand leren leven met de gevolgen van de operaties, bestralingen en chemokuren. Het leven wordt zelden meer zoals het voorheen was en vaak is er die angst... Blijft de tumor weg? Ben ik nu werkelijk genezen? Of zijn er nog verborgen uitzaaiingen?

Het kan niet anders dan dat mensen die dit meemaken door een heel emotioneel proces heen gaan, waarbij als het ware de onderste steen van hun ziel naar boven wordt gehaald. Alles staat op zijn kop: lichaam en ziel. Dan komen de tranen heus wel een keer naar buiten. Het ware gevoel, de pijn, de frustratie, het verdriet, komen aan de oppervlakte.

Er zijn mensen die na zo'n periode heel anders in het leven staan, die nu eindelijk blij kunnen zijn met wat het leven hen te bieden heeft, met de extra jaren die ze gekregen hebben. Hun leven is veranderd, want ze zijn zelf veranderd. Dat is de werkelijke genezing, vanuit transformatie!

Al met al vond ik niet dat Linda door een transformatieproces was heengegaan, tot gisteren in de auto dan. Toen was er iets losgekomen wat al heel lang aan haar geknaagd had. Eén klein stukje. Was dat het begin van haar genezing? Maar moest dat gepaard gaan met zo'n bloeding?

De volgende ochtend bleek het bloedverlies enorm groot te zijn. Het was zelfs zoveel dat ik me afvroeg hoeveel bloed je kunt verliezen voordat je het bewustzijn verliest. Ik vroeg of ik een ambulance moest bellen, maar daar had ze duidelijk geen zin in.

"En dan?" zei ze op een scherpe toon. "Wat kunnen die nou doen? En wat zeggen we dan?"

Omdat ze zo fel reageerde, ging ik niet tegen haar in. Dat was iets wat ik in de loop van de tijd had geleerd. Gewoon zeggen dat ze naar het ziekenhuis moest, was in elk geval verkeerd. Ik kon haar trouwens niet eens helemaal ongelijk geven.

We besloten om zo snel mogelijk Dottore te bellen om hem maar eens te laten vertellen wat hier aan de hand was. Vorige week nog, toen we voor het eerst na een half jaar weer bij hem waren, had hij Linda nog gecomplimenteerd en gezegd dat het heel goed met haar ging.

Bianca, de vertaalster, zei om te beginnen dat Linda zich geen zorgen moest maken, want Dottore hield zijn patiënten heel goed in de gaten en was altijd direct op de hoogte als er iets met hen aan de hand was. Als Linda een bloeding had gehad, dan wist hij dat allang en zou hij haar helpen. Ze adviseerde om Linda met haar benen omhoog te laten liggen en iets kouds op haar onderbuik te leggen tegen het bloeden. Na enig aandringen stemde ze erin toe om Dottore speciaal hierover een vraag te stellen zodra de gelegenheid zich voordeed.

In de loop van de ochtend belde ze terug met het antwoord van Dottore: "Alles wat eruit komt is goed. Ik heb deze bloedingen veroorzaakt. Er zaten nog kwaadaardige cellen in blaas, darmen en baarmoeder. Ik heb alles schoongemaakt. Alles is schoon. Ga met de benen omhoog liggen. Een bloedtransfusie is niet nodig. Heb vertrouwen."

Dat stelde ons min of meer gerust, maar we waren ook erg verbaasd te horen dat er kennelijk sprake was van tumorgroei in blaas en darmen. Dat had hij nooit eerder verteld. Waren er dan uitzaaiingen in haar buik? Waarom had hij haar dat niet verteld? Het ging toch zo goed? Ze had zelfs een compliment gekregen dat er zoveel vooruitgang was! Hier begrepen we niets van, maar we waren wel blij te horen dat ze niet naar het ziekenhuis hoefde. Dottore had alles onder controle en had zelfs doelbewust deze bloeding veroorzaakt in Linda's belang. Als hij daar zo stellig in was, dan vertrouwden wij daarop.

De bloedingen waren nog niet voorbij. Omdat ik dit toch niet helemaal vertrouwde belde ik die week nogmaals naar Bianca, maar het antwoord bleef: "Alles wat eruit komt is goed. Laat maar komen. Een bloedtransfusie is niet nodig."

Aan het eind van de week hielden de bloedingen op. Linda kon haar hart heel snel in haar oren horen kloppen en had moeite om zelfs maar een trap op te komen. Ze had al die tijd zo veel mogelijk met de benen omhoog gelegen en begon pijn in haar benen te krijgen. Ze probeerde weer normaal te gaan liggen, zodat haar benen en billen ontlast werden, maar ze was heel bang geworden van het zien van zoveel bloed dat uit haar eigen lichaam kwam en durfde nauwelijks overeind te komen.

Omdat de bloedingen zich uiteindelijk niet meer voordeden, gingen we twee weken later weer naar Dottore. We hadden een hoop vragen waar we graag antwoord op wilden hebben en terwijl hij haar de gebruikelijke astrale injecties gaf, stelden we die vragen, zoals waarom hij de vorige keer niet gezegd had dat hij nog kwaadaardige cellen in blaas, darmen en baarmoeder had gevonden. We waren sceptisch en ik zag Bianca van opzij begrijpend glimlachen.

Zijn antwoord was dat als hij alles zou vertellen, hij daar het grootste deel van de beschikbare tijd mee bezig zou zijn. Dan kon hij niet zoveel mensen op een ochtend behandelen. Ik wist van mijn vader, die voor Dottore al jaren de patiëntenregistratie bijhield, dat er op drukke dagen soms wel honderd mensen werden behandeld. Een andere vraag was of de bloedingen nu voorbij waren of dat we er nog meer konden verwachten. "Een beetje meer", was zijn antwoord.

"Nóg meer!" riep Linda. "Ik heb bijna niets meer over."

En die klonten? Wat waren dat? Hij herhaalde wat Bianca ons al verteld had. "Alles wat eruit komt is goed. Laat maar komen. Het is juist heel gevaarlijk als dat was blijven zitten", vertelde hij. "Het is maar goed dat het eruit komt. Ik heb de hele baarmoeder schoongemaakt en alles eruit gehaald. De bloedingen zijn een teken dat het goed gaat."

Hij benadrukte dat Linda vooral geduld en vertrouwen moest hebben. Het leek erop dat hij haar verweet dat ze dat niet genoeg had. Al met al was Linda wel wat gerustgesteld en in de weken daarna knapte ze geleidelijk op en verdween het kloppen van haar hart in haar oren.

Het pad wordt smaller

We waren de afgelopen tijd op zoek geweest naar een andere huisarts, maar dat viel niet mee, want het is ongebruikelijk dat mensen van huisarts veranderen. We kregen altijd de vraag waarom ze een andere huisarts zocht, want onderling kende men elkaar en als iemand niet tevreden is met een collega, dan roept dat vragen op. Linda zocht iemand bij wie ze zich veilig voelde, maar hoe breng je dat tactisch onder woorden? En welke huisarts zit er nou te wachten op een kankerpatiënte die niet luistert naar het ziekenhuis?

In de loop van november ontstonden er nieuwe bloedingen. Niet extreem, maar wel bedenkelijk. Nu wreekte zich onze eenzame positie, want Dottore zat ver weg in Colombia. Linda wilde haar huidige huisarts niet bezoeken en met de specialisten in het ziekenhuis was het contact verbroken.

Via via vonden we een ex-huisarts die zich had toegelegd op niet-reguliere behandelwijzen. Vanwege onze lastige positie was hij als ex-arts wel bereid een uitzondering te maken en een middel voor te schrijven dat bedoeld was tegen bloedingen: cyclokapron, een redelijk nieuw medicijn dat invloed uitoefent op de stolling van het bloed.

Om elke aanleiding voor nieuwe bloedingen te voorkomen, hield ze zich uiterst rustig, maar hoe voorzichtig ze ook deed, soms kwam er toch een beetje bloed mee. Nou stellen een paar druppeltjes bloed niet veel voor, maar bij haar kon dat een kwartiertje later de aanzet blijken voor een grote bloeding. Dat maakte haar heel onzeker en angstig. Altijd die spanning als ze naar de wc ging... Zal het dit keer goed gaan?

Toen er eind november weer een grote bloeding optrad, nam ze het nieuwe medicijn in en we waren opgelucht om te ontdekken dat dit middel inderdaad leek te werken. Een uur later was er hooguit nog wat verkleuring in de urine te zien.

De wetenschap dat we nu iets hadden tegen bloedingen gaf ons een veel veiliger en rustiger gevoel. Maar nu kregen we te maken met een ander probleem: kramp of pijn ergens diep in haar bilspieren, mogelijk als gevolg van het vele onnatuurlijke liggen met haar benen omhoog.

Ik probeerde van alles om haar van die pijn af te helpen: massage, een ultrasound massageapparaatje, massagegelei. Het hielp steeds even, maar niet voor langere tijd. De pijn begon haar steeds meer uit haar slaap te houden. Daartegen wilde ze wel een half tabletje paracetamol uitproberen. Dat gebruikte ze normaal nooit. Het werkte prima, maar na een uur of zes kwam de pijn langzaam weer terug.

Het was inmiddels eind november en we waren nu al een maand met deze ellende bezig. Linda wilde absoluut geen risico lopen op nieuwe bloedingen en dat betekende dat ze niet meer buiten de deur kwam. Alle afspraken die we nog hadden staan, zegde ik af, ook die voor mijzelf, zodat ik haar niet alleen hoefde te laten. Daar protesteerde ze tegen, maar ze was wel erg blij met mijn besluit. Ze was niet graag meer alleen.

Het doosje met cyclokapron-tabletten raakte op en we belden de ex-huisarts. Hij had er moeite mee om nieuwe tabletten voor te schrijven. Dat konden we wel begrijpen, want hij zat met ons in een lastige situatie: Linda, met baarmoederhalskanker, die niet naar haar huisarts ging en niet onder behandeling stond van een ziekenhuis, klopte bij hem aan voor medicijnen tegen bloedingen. Wat moet je dan als ex-huisarts?

Dat is natuurlijk een absurde situatie en ik kan me heel goed voorstellen dat mensen die dit lezen denken (of dat jij dit leest en denkt): die zijn hartstikke gek. Ik denk dat afhankelijk van hoe je opgevoed bent, wat je gestudeerd hebt, wat je meegemaakt hebt, en wat je in de media verneemt, je je een mening vormt over dergelijke situaties. Het zou me daarom niet verbazen als velen van jullie ons... 'onverantwoordelijk' zouden noemen.

Ik belde mijn eigen huisarts en deed mijn verhaal. Zijn reactie was precies die: onverantwoord. Hij drong er bij mij op aan om Linda over te halen zich onder behandeling te laten stellen van een regulier arts. Hij vroeg wat ze gebruikte en toen hij hoorde wat ze tegen de bloedingen nam, vergeleek hij dat middel met een kanonskogel, maar wat hij zelf zou voorschrijven vertelde hij niet.

Hij vroeg of het onze bedoeling was dat Linda bij hem in de praktijk kwam, maar ik wist van Linda dat ze dat niet wilde. Ze wilde gewoon een arts die naar haar wilde luisteren, echt luisteren, die openstond voor alternatieven. Een arts die zaken als homeopathie, elektroacupunctuur, bioresonantie, Tibetaanse-kruidenpreparaten en natuurgeneeskunde niet bij voorbaat afdeed als onzin, maar hier een open mind voor had. Als zo'n arts dan ook nog met Linda overweg kon, dan was dat helemaal mooi, maar een arts die accepteert dat er meer tussen Hemel en Aarde bestaat, had bij haar snel een streepje voor.

Ga er maar aanstaan! Dit was ons belangrijkste dilemma. Linda benadrukte meer dan eens dat ze helemaal niet tegen reguliere artsen was, maar dat die zo ontzettend overtuigd zijn van hun eigen gelijk. "Ze luisteren niet naar me!" zei ze.

Als er iets is wat voor bijna alle alternatieve therapeuten die we in de loop van de jaren hadden ontmoet geldt, en dat zijn er heel veel, dan is het wel dat ze de tijd nemen om te luisteren. En ook dat de meesten onder hen het menselijk lichaam als één geheel beschouwen en niet alleen kijken naar de kwaal op zich, of alleen naar dat deel van het lichaam waar iets aan de hand is. Uiteraard hoef je bij een gebroken arm of een splinter in het oog niet verder te kijken, al valt zelfs daar nog veel over te zeggen, maar daar heb ik het nu niet over.

Alle huisartsen en specialisten die we hadden gesproken, wezen alles wat niet volgens het reguliere boekje werkte resoluut af. Ze gaven er zelfs blijk van er helemaal niets van af te weten. 'Onbekend maakt onbemind' zegt men weleens, maar als ze al kennis of ervaring hadden op alternatief gebied, dan waren ze aan handen en voeten gebonden om daarover te praten.

Beroepshalve is er een grote blokkade, want een arts die openstaat voor alternatieve behandelingen zal dat niet snel toegeven. 'Alternatief' staat bekend om vele niet wetenschappelijk onderzochte en geteste behandelmethoden, met gevaar voor kwakzalverij. Wanneer een arts zich daar openlijk mee inlaat, dan begeeft hij zich op heel glad ijs, en voor een ziekenhuisspecialist, te midden van vele collega's en voor zijn inkomen afhankelijk van een ziekenhuis, is het zelfs ronduit bedreigend.

Zou het toeval zijn dat Silvia Millecam tegelijkertijd met Linda ziek was? Toen Linda van haar strijd hoorde, voelde ze zich erg met haar verbonden en als geen ander begreep ze haar keuzes. Ook Silvia wilde haar eigen weg gaan, maar nadat ze was overleden werd haar geval aangegrepen om de keuzevrijheid van kankerpatiënten ter discussie te stellen.

Uiteindelijk kregen we voor elkaar dat Linda toch nog negentig tabletten extra kreeg voorgeschreven van de ex-huisarts. Misschien ging hij daarmee buiten zijn boekje en het was daarom heel vriendelijk van hem. Hiermee konden we weer even vooruit, misschien wel tot eind december en dat leek in deze onzekere tijd heel ver weg. Dat gaf ons tijd om verder te zoeken naar een geschikte huisarts. Maar op dat moment hadden we nog geen flauw idee wat deze pillen nog teweeg zouden brengen.

Stille nacht... heilige nacht

In de maand december waren we erg op onszelf aangewezen. Ik kwam nauwelijks buiten de deur, hooguit om snel boodschappen te doen. Linda's ouders, mijn ouders en mijn zus Mieke waren de enigen die op bezoek kwamen. Zij boden ons hun hulp aan, maar omdat ik het huishouden in mijn eentje nog aankon, wezen we alle hulp van de hand.
Gelukkig bleven de bloedingen beperkt en ze begon weer wat op te knappen. Alleen de pijn in haar billen bleef, waardoor ze niet goed kon zitten of liggen. Ze kon inmiddels niet meer zonder paracetamol. De pijn was te nadrukkelijk aanwezig en verdween niet meer. Op een bepaald moment zei ze tegen mij: "Weet je dat het nu al zeven weken is! Zeven weken! Hoe lang gaat dit nog duren! Nog een week? Nog twee weken? Nog een maand? Weet jij het? Zeg het me!"
Er was iets anders waar we al vaker over hadden gesproken, maar het was er nooit van gekomen omdat het ons nooit zo belangrijk leek. We woonden al bijna zeventien jaar samen en hadden nooit het belang ingezien van trouwen. We vonden het niet nodig en wilden bovendien geen kinderen, als dat in deze tijd al een reden zou zijn om te trouwen.
Omdat we met zulke heftige bloedingen niet meer zeker waren van de toekomst leek het ons verstandig een samenlevingscontract en een testament op te laten stellen. We bespraken dit met een notaris en op 14 december was het dan zover. Linda had van tevoren geïnformeerd of het ondertekenen zo nodig thuis kon gebeuren, maar ze voelde zich op die dag safe genoeg om samen met mij naar de notaris te gaan.

Het notariskantoor was een steriele ruimte, maar het voelde toch speciaal, bijna alsof we trouwden. Tenslotte is ook een trouwplechtigheid in essentie niets meer dan het ondertekenen van een papiertje. Alle poespas er omheen maakt dat je de kriebels krijgt.
Ik had gezorgd voor gebakjes en trakteerde onszelf daar naderhand op. Dat was wel het minste dat ik kon doen. Ze was er wel blij mee, maar ik voelde de onderliggende gedachte bij haar waardoor ze die blijdschap

niet uitte. Onze liefde voor elkaar was zo groot dat we elkaar al onze bezittingen wilden nalaten, alleen zag het er voor het moment naar uit dat ik weleens degene zou kunnen worden die van een nalatenschap zou gaan profiteren. Kon ik haar nou maar eens echt gelukkig maken! Eindelijk eens, na al die verloren jaren van vermoeidheid.

Wat ons nu nog restte, was een boedellijst opstellen waarin beschreven werd wat van wie was. Dat vonden we geen leuke bezigheid en Linda verwoordde ons beider gevoel daarbij een keer heel treffend: "Ik vind het afschuwelijk om dat op te schrijven. Het lijkt wel alsof we gaan scheiden."

Juist met die woorden vertelde ze hoezeer ze van me hield.

Wat ze heel graag wilde was, zoals elk jaar, naar de verjaardag van haar oudste broer Rob gaan, die op eerste kerstdag jarig is. Zeker dit keer, maar dan moesten we het wel goed plannen.

Een paar dagen voor de kerst trad er een nieuwe bloeding op. Ze had met de dosis cyclokapron geëxperimenteerd omdat ze er zo lang mogelijk mee wilde doen. Ze probeerde zo min mogelijk in te nemen, maar nu moesten we de dosis toch weer verhogen.

We zaten allebei erg in spanning of ons bezoek wel door zou kunnen gaan. Ondanks de bloedingen ging ik door met de voorbereidingen. De avond voor het bezoek, kerstavond, ging ze alvast onder de douche. Daar kreeg ze toen een nieuwe bloeding. De cyclokapron was nu echter op, want we hadden geen arts kunnen vinden die het voor wilde schrijven.

"Wie kunnen we bellen?" vroeg ze.

Maar we konden niemand bedenken waar we wat aan zouden hebben. Rond een uur of tien was het opnieuw raak. Het ging ditmaal echt om een grote bloeding, dus ging ik bellen om te kijken wie er nachtdienst had. Maar het was kerstavond...

Ik kreeg uiteindelijk een nummer van een arts die nachtdienst zou moeten hebben.

"Wat zal ik doen?" vroeg ik haar.

"Als je belt sturen ze een ambulance", zei ze. "Dan ga ik direct naar het ziekenhuis."

Dat was ik met haar eens. Geen prettig vooruitzicht.

Ik probeerde in te schatten hoeveel bloed ze verloor en hoeveel tijd we dus nog hadden voor ik echt moest ingrijpen. Een akelige gok, met kans dat ze zou overlijden als ik de situatie verkeerd inschatte.

Wat later trad er weer een bloeding op en kort daarna nog een. Ze volgden veel te snel op elkaar en de hoeveelheden waren enorm. Linda raakte in paniek en riep dat ik dan maar een arts moest bellen en dat ze desnoods wel met een ambulance naar ziekenhuis wilde.

"Laten ze me dan maar opnemen! Laat die ambulance maar komen! Kunnen ze gelijk foto's maken! Dan halen ze alles er maar uit! Doe maar!" Ze was het zo ontzettend zat. Dit had ze nog niet eerder gezegd.

Met een heel dubbelzinnig gevoel pakte ik de hoorn. Enerzijds wist ik hoe noodzakelijk het was dat ik belde. Aan de andere kant wist ik ook dat ze dat wat ze nu zei niet hartgrondig meende. Een ander zou misschien van zo'n zwak moment gebruik hebben gemaakt en snel de dokter gebeld hebben. Ik wilde haar... hoe noem je dat... haar vrijheid, haar eigenwaarde niet ontnemen door nu ineens resoluut dingen te gaan regelen alleen vanuit een wat-iedereen-in-zo'n-geval-zou-doen-principe.

Ik belde het nummer van de dienstdoende arts dat ik had gekregen, maar weer werd ik doorverwezen. Ik belde het nieuwe nummer en kreeg, nog voor ik contact had, een akelig gevoel, want vanuit m'n ooghoek zag ik dat het slechts een paar minuten voor middernacht was. Dit was onderhand het ongelukkigste moment van het hele jaar om een noodarts te bellen, en dat bleek. Ik kreeg al direct de vraag naar mijn hoofd geslingerd waarom ik hem op dit moment belde. Hij klonk erg onvriendelijk en was duidelijk uit zijn fijne kerstavondsfeer gehaald. Ik probeerde hem duidelijk te maken dat we met een heel goede reden belden en dat ik dit moment echt niet opzettelijk had uitgekozen. Wij konden het ook niet helpen dat we hem nu nodig hadden.

Het verdere verloop van het gesprek kan ik me niet precies herinneren. Ik probeerde hem de situatie te schetsen, maar het gesprek verliep bijzonder stroef en ik kreeg het gevoel dat ik maar beter niet alles kon zeggen, al betwijfelde ik of hij wel luisterde naar wat ik zei.

De eindconclusie was dat hij het niet nodig vond om verdere stappen te ondernemen. Een ambulance was niet nodig, cyclokapron schreef hij niet voor en als we alsnog hulp nodig hadden, konden we het beste tot de volgende ochtend wachten. We hoefden niet bang te zijn dat ze zou doodbloeden. Hij was boos. Boos dat we hem op dat moment hadden gebeld.

Aangeslagen legde ik de hoorn neer en vertelde Linda wat ik te horen had gekregen. Ik wist werkelijk niet wat ik nu moest doen. 112 dan maar bellen? Haar dan maar in de auto zetten en zelf naar de eerste hulp brengen? We hadden er opeens niet zoveel belangstelling meer voor. Wat zouden we daar dan te horen krijgen van artsen die ook weer weggeroepen waren uit een gezellige kerstbijeenkomst met familie en kinderen?

Linda haalde haar schouders op. Ze wist het ook niet. Het moment om het ziekenhuis, het reguliere circuit, haar behandeling over te laten nemen, was hiermee de grond in gestampt.

"Dan ga ik maar dood", zei ze. "Dan moet dat maar."

Ze nam de telefoon van me over en belde haar ouders om te zeggen wat er was gebeurd en dat we de volgende dag niet zouden komen.

Die nacht verloor ze enorm veel bloed, maar rond een uur of vier 's nachts hield het op. Ze bleef leven, maar we waren geheel terug bij af. Ze voelde zich genoodzaakt om met haar benen omhoog te gaan liggen, koude kompressen op haar buik te leggen en zich heel rustig te houden. De pijn in haar rug was veel erger dan anders, maar paracetamol durfde ze niet in te nemen, want dat verdunde juist haar bloed en ze zat voortdurend in angst.

Wat een kerst!

Lopen in de nacht

Direct na de kerst belde ik een van de vrijwilligsters van Dottore in Zuid-Holland. Zij stelde voor dat ze zelf contact zou opnemen met de vertaalster van Dottore in Zuid-Amerika en van haar kregen we het telefoonnummer van Maria, die vlak bij ons in de buurt bleek te wonen. Zij was therapeute, kende Dottore heel goed en vertelde dat ze van hem had gehoord dat ze Linda moest behandelen. Het klonk alsof ze daar eigenlijk geen zin in had en voordat ze Linda daadwerkelijk wilde zien, stelde ze dan ook een voorwaarde, die ze zo te horen samen met Dottore had doorgesproken.

Ik stelde voor dat ze het telefoongesprek dan beter met Linda zelf kon voeren, maar dat kwam zo meteen, zei ze. Ze wilde dit eerst met mij bespreken. Ze vertelde dat Linda's ziekte heel complex was en dat er veel tijd in haar behandeling zou gaan zitten. Daarom was het absoluut noodzakelijk dat Linda hier helemaal achterstond en Linda moest voor de volle honderd procent vertrouwen hebben in Dottore en in haar. Zij kon, onder zijn begeleiding, de behandeling overnemen. Het was eerst niet duidelijk waarom dat 'honderd procent vertrouwen' zo benadrukt werd, maar later kwamen we erachter dat het niet de bedoeling was dat andere therapeuten tussenbeide kwamen. Die zouden het behandelplan kunnen ondermijnen en Maria liet doorschemeren dat Linda het dan niet zou overleven. Dat was de voorwaarde die werd gesteld.

Dat gezegd hebbende, wilde ze nu Linda zelf spreken, want Linda moest haar persoonlijk uitdrukkelijk om hulp vragen. Ik vertelde Linda wat ik had gehoord, maar ze zat daar niet mee, al las ik de verbazing op haar gezicht, en dus gaf ik haar de telefoon.

Nu moest er nog één ding afgewacht worden, zei Maria, en dat was of Dottore toestemming kreeg van zijn 'superieuren' om Linda op deze manier te gaan behandelen. Dat zouden we horen zodra we, over enkele dagen al, bij Maria waren.

Gedurende de maand december was de pijn zeer hevig geworden, waartegen paracetamol, zelfs in hoge doseringen, niet was opgewassen. Ze kon amper nog slapen, want de pijnlijke plek was zich aan het uitbreiden. Ze zei dat het aanvoelde alsof er zich, ergens bij haar stuitje, een heel groot ei bevond dat uit haar lichaam stak. Ik mocht haar daar niet eens meer aanraken en eigenlijk hoefde ik maar te wijzen naar die plek of ze ging al door de grond van de pijn. Ik besteedde veel tijd om haar te behandelen, maar moest daarbij telkens van tactiek veranderen omdat ze steeds minder verdroeg. De pijnlijke plek zelf masseren was verboden en dus moest ik wat anders verzinnen. Ik merkte verbaasd dat als ik heel voorzichtig mijn handen stil op de pijnlijke plek legde, of ze er vlak boven hield, de pijn ook minder werd. Merkwaardig. Zo werd ik er en passant wel toe aangezet mijn magnetische gaven te ontdekken.

Omdat Linda niet kon slapen, begon ze 's nachts te ijsberen. Ik had dat eerst niet door, omdat ik zelf wel kon slapen. Ik werd nog niet elke keer wakker als zij het bed uit ging, al begon mijn 'moederinstinct' zich al aardig te ontwikkelen. Ik denk niet dat ze dit al vaker had gedaan, maar op een nacht werd ik stevig met mijn neus op de feiten gedrukt.

Ik merkte dat ze niet meer naast me lag. Kennelijk was ze naar beneden gegaan en ik vroeg me af waarom ze niet terug kwam. Slaapdronken zocht ik haar op en vond haar in een donkere woonkamer, in haar nachthemd heen en weer lopend tussen de keuken en de zitbank in de woonkamer. Soms hield ze één of allebei haar handen op haar rug.

Ik ging op de bank zitten en observeerde haar een tijdje, terwijl ze met vermoeide stapjes richting keuken ging. Ze draaide zich weer om en kwam mijn kant uitlopen, voor zich uit starend met een lege blik in haar ogen of, als ik al iets in haar ogen zag, dan was het wanhoop. Het was midden in de winter, de verwarming stond uit en de kamer was op dit uur in de nacht door en door koud. Ik zat in mijn nachthemd na enkele minuten al te bibberen.

Ze vertelde dat ze niet kon liggen, maar wel kon lopen. "Ga jij maar weer naar bed," zei ze. "Ik kom straks wel."

"Hoe lang ben je al beneden?" vroeg ik, haar woorden negerend.

"Een paar uur", antwoordde ze, terwijl ze zich weer omdraaide.

"En al die tijd heb je gelopen?"

"Ik heb al een heel pad uitgesleten in het tapijt." Haar stem was toonloos.

Het bleek dat ze dit al een paar nachten deed, omdat ze niet kon slapen. De manier waarop ze liep, zag er pijnlijk vermoeid uit. Ik werd alleen van het kijken al doodmoe en voelde mijn hart samenknijpen bij het zien van dit tafereel, terwijl mijn nuchtere verstand ogenschijnlijk onaangedaan observeerde. Dit bestond niet, dit gebeurde niet echt.

Dat de kamer koud was, vond ze niet erg. "Warmte verergert de pijn", vertelde ze. Ik ging op mijn knieën zitten en voelde aan haar benen toen ze bij me kwam. Die waren ijskoud. Ze was tot op het bot verkleumd. Ik stond op, trok haar tegen me aan en hield een heel zielig vriendinnetje in mijn armen, koud van buiten... maar vooral vanbinnen, dat zich totaal geen raad meer wist.

"Zou je niet een tijdje mee naar boven komen?" vroeg ik. "Je bent ijskoud. Dat kan nooit goed voor je zijn."

Misschien voelde ze door mijn warmte hoe koud en hoe moe ze was, maar ze voelde zich zo ellendig dat ze helemaal naar binnen vluchtte, achter een dikke muur. Eigenlijk schreeuwde ze om aandacht, maar ze zei het tegenovergestelde. Een aanraking en een paar woorden waren genoeg. Ze ging mee naar boven. Ik wilde een kruik pakken, maar dat wees ze af. Ze nam een paracetamol en in bed mocht ik haar heel voorzichtig verwarmen met mijn lichaam, want alles deed pijn of was te veel. Het was inmiddels vroeg in de morgen, maar ons dag-en-nachtritme stelde de laatste tijd toch al niets meer voor. Ik was er aan gewend geraakt op de raarste tijden van de dag en de nacht in actie te moeten komen. Deze nacht was ze dusdanig vermoeid geraakt dat ze, in combinatie met de paracetamol, weer even kon slapen.

Dit was weer zo'n moment dat ik me bewust van werd van... ja... van wat eigenlijk? Het leek wel een horror.

Vooral 's nachts was haar pijn zo hevig. Overdag was er meer afleiding, kon ze mensen bellen, soms wat doen, maar bovenal... het was licht. Daglicht was voor haar altijd al belangrijk, maar nu leek het van levensbelang. Waarom toch?

Ik had al vaker voorgesteld een warme kruik tegen de zere plek te leggen, maar daar wilde ze eerst niet aan. Het idee alleen al van een heet ding tegen die gevoelige plek! Maar ik hield aan en uiteindelijk wilde ze het dan toch proberen.

Na wat experimenteren met de temperatuur en de hoeveelheid water kreeg de kruik haar goedkeuring. Die eerste keer leek het wel een wondermiddel, zo goed werkte het tegen de pijn. De tweede nacht probeerde ik hetzelfde te doen als de nacht ervoor. Het wondermiddel van gisteren gaf nu hooguit wat verlichting. Ik probeerde wat dingen te veranderen, maar het hielp niet. Uiteindelijk vielen we uitgeput in slaap. Minder dan een uur later schrok ik wakker door een boze kreet: "Die rot kruik!" riep ze en smeet hem in een hoek van de slaapkamer. Ze was in slaap gevallen terwijl ze bovenop de kruik lag. De harde rand had haar nu zoveel pijn bezorgd dat ze er wakker van was geworden. Anders was de pijn als ze wakker werd juist minder, maar nu verging ze ervan.

"Zal ik een nieuwe pijnstiller halen?" vroeg ik, maar dat wilde ze niet. "Die werkt nu toch niet meer!" zei ze. "Ik heb die andere nog maar twee uur geleden ingenomen en anders werkt de paracetamol helemaal niet meer! Wat moet ik *dan*?"

Ik kon haar geen antwoord geven.

Ze zuchtte: "Dan ga ik maar naar beneden."

"Wat ga je doen?" vroeg ik.

"Weet ik niet."

Ze ging naar de computerkamer, want hier stonden ook haar schoolspullen. Ik ging in de kamer ernaast wat rommelen. Ik hoorde haar bezig met haar spullen, soms hoorde ik haar iets verscheuren. Het was half drie in de nacht, maar wat maakte het uit?

Zo kwamen we weer een aantal uren verder die nacht. Tegen zessen was ze zo moe dat ze wilde proberen met nieuwe paracetamol te slapen. Als ze daarna wakker werd, was de dag begonnen en was het gelukkig weer licht.

Wat brengt de toekomst?

Op oudejaarsdag hadden we de eerste afspraak met Maria. Ze legde uit wat de bedoeling was en benadrukte weer dat ze van Linda honderd procent vertrouwen eiste. "Er kan maar één kapitein op een schip zijn", zei ze. We begrepen niet waarom ze daar zoveel waarde aan hechtte. Wat wist ze eigenlijk van ons, wat had ze gehoord? We hadden haar nog nooit echt ontmoet en hadden haar al helemaal niet verteld hoeveel en welke therapeuten we geraadpleegd hadden. Had ze dit van Dottore of had ze met andere mensen over ons gesproken en daar conclusies uit getrokken?

Dottore had van zijn 'meerderen' toestemming gekregen, zei ze, en dus mocht ze Linda behandelen. Ze had al een heleboel gegevens van Dottore gekregen en zou deze eerste sessie gebruiken om al die gegevens na te lopen en zo een totaalbeeld te krijgen van Linda's ziekte. Op basis daarvan zou ze samen met Dottore een behandelplan opstellen en dat als uitgangspunt gebruiken voor de verdere behandeling.

Daarop begon ze Linda een hele reeks vragen te stellen terwijl ze haar pols vasthield. Ze gebruikte een vorm van kinesiologie, waarbij de spierspanning reageert op het onderbewuste van de patiënt. Op die manier kun je als therapeut vragen stellen en via de spierspanning van de patiënt antwoorden krijgen, waarbij een bepaalde spiergroep als een soort leugendetector functioneert. Linda zei naderhand dat ze niet in staat was om een 'ja' of een 'nee' af te dwingen, want uiteraard had ze dat wel geprobeerd.

Ze werkte een lange vragenlijst af terwijl ze Linda's pols vasthield. Zo kreeg ze een uitgebreid beeld van haar verleden en van de actuele stand van zaken van haar ziekte. Op een bepaald moment doorliep ze in sneltreinvaart Linda's hele leven vanaf haar geboorte, om te zien of haar bevindingen tot zover klopten. Ze kwam ten slotte bij het heden uit, en ging toen verder, de toekomst in. Ze noemde diverse maanden op en toen ze bij januari 2002 aankwam stopte ze.

"Dat is gek", zei ze. Ze deed het nog een keer en bij januari hield ze op.

We vroegen wat er was en ze zei dat ze vanaf januari 2002 niet meer kon testen.

"Wil dat zeggen dat ze dan beter is?" vroeg ik.

Ze haalde haar schouders op. "Ik weet het niet", zei ze. "Het kan van alles betekenen."

Aan het eind van het consult vertelde ze haar bevindingen tot zover en ze vertelde dat de oorzaak van deze ziekte gelegen was in een drietal vorige levens. Daar zou ze in de volgende sessie mee aan het werk gaan.

Ook was er iets met Linda's bloed aan de hand dat maakte dat het niet goed stolde. Een tekort of juist de aanwezigheid van een bepaald element had hiermee te maken, maar de oorzaak hiervan lag wellicht heel ergens anders. Daarnaast speelden diverse situaties in haar huidige leven en de daaruit voortkomende frustraties een rol. Maar voordat ze aan het werk ging, zou ze via fax of e-mail alles met Dottore bespreken.

We hadden natuurlijk allang in de gaten dat er bij Linda veel meer aan de hand was dan alleen een gezwel in haar buik, en Maria's bevindingen bevestigden dit, maar de complexiteit van haar ziekteproces verbaasde ons. Waar Linda blij mee was, was dat Maria er via een bevriend contact voor gezorgd had dat Linda een recept voor cyclokapron meekreeg; dat gaf veel rust. Maar wat eigenlijk nog veel meer rust gaf, was dat er nu voor het eerst op een dieper niveau aan haar ziekte werd gewerkt. Ik vond het onbegrijpelijk dat hier regulier totaal aan voorbijgegaan werd. De technische mogelijkheden van de moderne geneeskunde zijn ongekend groot, maar waarom besteedt geen enkele reguliere arts ook maar enige aandacht aan de diepere oorzaken van een ziekte als kanker?

De jaarwisseling verliep gelukkig zonder problemen. Omdat het een bijzondere avond was keken we televisie. Er waren oliebollen en ik had wat lekkers in huis gehaald. Mijn ouders en mijn zus Mieke kwamen even op bezoek. Om twaalf uur zagen we het vuurwerk vanachter de ramen. We omhelsden en kusten elkaar en wensten elkaar een jaar vol gezondheid toe en nog heel veel jaren samen. We zeiden het met pijn en onzekerheid in ons hart, maar je voelt je op zo'n moment toch meegenomen in de vreugde die er alom is. Een moment van vrolijkheid en even vergeten in wat voor ellendige situatie je zit. Maar kort na middernacht, toen het meeste vuurwerk voorbij was, wilde Linda graag weer naar bed en waren we weer terug in de wereld die onze werkelijkheid was: slaapgebrek en pijn, heel veel pijn.

Ergens begin januari 2001 vonden we eindelijk een huisarts die geschikt leek. Storms, heette deze man. In eerste instantie kozen we hem omdat hij volgens zeggen niet helemaal afwijzend tegenover alternatieve opties stond. Merkwaardige bijkomstigheid was dat hij van alle huisartsen het dichtst bij ons woonde, bijna op loopafstand. Kennelijk liggen de oplossingen voor je problemen dichter bij huis dan je ze zoekt.

Hij luisterde aandachtig naar ons en nam daar gelukkig ruim de tijd voor. We speelden openkaart en ik denk dat hij erg verbaasd was, maar dat verborg hij goed. Ik had het gevoel dat ook hij niet goed raad wist met Linda, maar dat hij haar niet in de steek wilde laten. Misschien vond hij haar een typisch geval van wat er kan gebeuren als je je inlaat met alternatieve therapieën.

Hij bevestigde wat we al over hem gehoord hadden: hij had zich verdiept in de leer van Rudolf Steiner. Soms, als aanvulling, maakte hij gebruik van mogelijkheden die hem vanuit die hoek ten dienste stonden. Maar hij wilde heel duidelijk gesteld hebben dat hij exact werkte en wetenschappelijk geschoold was. Voordat hij iets kon doen wilde hij precies weten waar hij aan toe was. Om te beginnen wilde hij van Linda weten wat zij van hem wilde. "We moeten het eerst over het proces hebben", zei hij als een echte arts, die een ernstige ziekte niet bij de werkelijke naam noemt, maar ernaar verwees met 'het proces'.

Linda wond er geen doekjes om en gaf antwoord op de onuitgesproken vraag. Ze zei dat ze dacht dat de kanker weg was. "Daar hebben we al die therapieën voor gedaan," zei ze. "Iedereen zegt tegen me dat ik geen kanker meer heb. Er zitten alleen nog ontstekingen. Die veroorzaken die bloedingen." Daarmee generaliseerde ze alle therapeuten, want niet 'iedereen' had dat tegen haar gezegd, maar ik corrigeerde haar niet.

Deze arts benadrukte echter dat, vanuit zijn achtergrond en vanuit zijn visie, wij niets gedaan hadden. In regulier opzicht, bedoelde hij, hadden wij niets gedaan. Hoewel hij het niet uitsprak, merkten we dat hij ervan overtuigd was dat Linda wel degelijk een kankergezwel had dat die bloedingen veroorzaakte. Hij wilde haar echter niet tegen zich innemen door een welles-nietes-discussie te beginnen en zocht naar de juiste tactiek om haar te benaderen.

Hij vroeg of Linda zich opnieuw wilde laten onderzoeken. Maar àls ze zich liet onderzoeken, zo zei hij, dan moest hij er wel op kunnen rekenen dat ze zich liet behandelen. Geen halverwege omkeren. Daar bedankte Linda voor. Hij wendde zich tot mij en probeerde uit te vinden in hoeverre ik het eens was met haar keuze. Ik vroeg me af of hij nou van mij gedaan wilde krijgen dat ik zijn kant koos om Linda te overtuigen, of dat hij alleen wilde weten waar ik stond. Ik koos Linda's standpunt, maar liet wel merken dat we zijn gedachtegang begrepen en ons bewust waren van de consequenties.

Het klinkt misschien bizar dat Linda er zo van overtuigd was dat ze geen kanker meer had, gezien de bloedingen, de pijn en alle aanwijzingen die er waren. Je zou zeggen dat je dan toch stekeblind moet zijn, maar vergeet niet dat we toen midden in die situatie zaten. Dan heb je geen goed overzicht.

Hoe je de situatie ook bekijkt, onze vooruitzichten waren in *alle* opzichten erg onzeker. Die gedachte speelde een rol bij onze beslissing om de mogelijkheid die deze huisarts ons bood af te wijzen.

Nu, achteraf, tijdens het schrijven van dit boek, vallen dingen op hun plek, kan ik dingen op een rijtje zetten, zie ik signalen, worden verbanden duidelijk, en ontstaat er een groter beeld, dat gaande de jaren groeit en steeds verder wordt ingevuld. Het is alsof je met een ballon opstijgt vanuit je woonhuis. Eerst zie je alleen je kamer. Dan zie je het gehele huis, dan zie je de woonwijk, de hele stad, de wegen en de natuur eromheen, het hele land en tenslotte ga je rivieren en zeeën zien, continenten, en als je nog verder stijgt ga je zelfs kosmische verbanden ontdekken.

Hoe gek het nu mag klinken, misschien was het maar goed ook dat we toen dat overzicht niet hadden, want anders zouden we wellicht niet de weg gegaan zijn die ons zou brengen waar we moesten zijn.

Maar zelfs als we ervan overtuigd waren geweest dat de kanker niet verdwenen was en misschien wel gegroeid of zelfs uitgezaaid was, geloof ik niet dat we alsnog besloten hadden voor de reguliere weg, want hoe je onze situatie ook bekijkt, onze vooruitzichten waren in *alle* opzichten erg onzeker.

Wat ook een rol speelde, was dat we toen erg overtuigd waren van de kennis en de expertise van Dottore en Maria. Hij werd tenslotte een astrale arts genoemd, die vijftig jaar geleden, toen hij nog leefde, in Colombia, al duizenden mensen had geholpen. Een arts van de armen, een legende in dat land, zelfs nu nog. Sinds zijn dood had hij zich verder bekwaamd en nu hij vanuit de astrale wereld werkte, beschikte hij over een overzicht en een kennis waar elke aardse arts jaloers op zou zijn.

Om terug te komen op dokter Storms... Toen hij eenmaal zeker was van wat we wilden, dat we er niets voor voelden om alsnog het reguliere circuit in te gaan, wist hij waar hij met Linda aan toe was. Hij was het eens met Linda's verzoek om cyclokapron te gebruiken en vanaf dat moment waren we van die zorg in elk geval af... Ze zou gewoon een recept kunnen krijgen als ze het nodig had.

Amà

Wat we al een tijd niet meer hadden gedaan vanwege de bloedingen en de stress, waren de visualisaties. Het viel niet mee voor Linda om stil op bed te blijven liggen, maar als ze net wakker was, had ze nog niet zo heel veel pijn en dus was dat een goed moment daarvoor. Al bij een van de eerste keren gebeurde er iets heel merkwaardigs.

We begonnen de visualisatie zoals altijd, via de tuin en de heilige fontein met het kristal, naar de steencirkel waar Linda kon gaan liggen en beschenen werd door het licht van de sterren. Terwijl zij haar ogen dicht hield, konden we met elkaar praten. Natuurlijk geen diepgaande discussie, want ze moest wel bij de les blijven. Meestal hield ik mijn mond om het sterrenlicht uit de Plejaden zijn werk te laten doen en stelde ik zo nu en dan hooguit een vraag om er zeker van te zijn dat ze niet was afgedwaald.

Op een bepaald moment zei ze tegen me: "Er is iets naast me." Dat was vreemd. Kennelijk zag ze iets wat niet klopte. Ze kon het niet precies beschrijven, maar ze kreeg de indruk dat het niet om een 'iets' ging, maar om een 'iemand'. Dat was nog vreemder. Ik vroeg haar of het bedreigend was, want daar zaten we niet op te wachten, maar ze zei dat dit goed voelde. Deze persoon, man of vrouw, bleef gewoon bij haar en we kregen er op dat moment niet meer informatie over, dus lieten we het verder maar zo.

De volgende keer diende die 'iemand' zich weer aan en nu kon Linda er zelfs contact mee maken. Het ging inderdaad om een persoon, om een vrouw. Deze vrouw had een heel mooi gezicht, zei Linda na een tijdje, maar ze herkende haar niet. Ze droeg een licht gewaad en had blote voeten, waarmee ze naast Linda in het water speelde. Kennelijk stond de steencirkel half in zee. Dat had ik nooit geweten, maar ik had er ook nooit naar gevraagd.

Nu bleek dat er een dimensie bij kwam, want hierover hadden Linda noch ik controle. Dat ontdekten we tijdens een volgende visualisatie, want deze vrouw had zich nog niet laten zien en dus zei ik op een gegeven moment tegen Linda dat ze nu naast haar zat. Maar dat werkte niet. Linda zei dat ze wel de vorm zag van een vrouw, maar dat leek meer op een pop. Er zat geen leven in.

Deze vrouw kwam wanneer het haar uitkwam en niet wanneer Linda of ik dat beslisten. We waren heel sceptisch en vroegen ons af of het wel goed was wat er nu gebeurde. We wisten dat er een gevaar in zat om geesten op te roepen en op nog meer problemen zaten we niet te wachten.

Maar Linda zei na een paar keer: "Zij is een vriendin! Ik wilde altijd zo graag een vriendin met wie ik leuke dingen kan doen, met wie ik kan lachen en gek doen. En dit is een vriendin."

Opvallend was dat niet alleen Linda, maar ook ik heel blij werd als deze vrouw er was. Vreugde die zelfs ik kon voelen! We hadden contact gekregen met iemand uit... de Lichtwereld. Dat klinkt beladen en ik verwacht niet dat je dit zomaar aanneemt, maar het liefdevolle gevoel, de intense vreugde, het geluk... die waren heel echt en heel sterk aanwezig, vooral in Linda, maar dus ook in mij. Zij maakte ons blij! Haar aanwezigheid was een Licht voor ons in deze eenzame strijd. We kregen hulp!

Na verloop van tijd kregen we ook haar naam: Amà. Die naam hadden we toen nog nooit eerder gehoord, maar heeft bij mijn weten niets te maken met de inmiddels wereldwijd geliefde 'moeder Amà', afgezien dan van de Latijnse betekenis van deze naam: 'de beminde'.

Linda en Amà hadden samen veel plezier. Amà bracht ook steeds een klein wit hondje mee: Taksi. Linda vroeg of ze in de astrale wereld dan dieren bij zich mochten hebben. "Natuurlijk!" antwoordde Amà. "Waarom niet?"

Taksi was ondeugend en wilde steeds in de steencirkel komen en dat was niet de bedoeling. Amà pakte dan een bal of een stok waar hij hard achteraan holde of hij ging een gat graven in het zand. Maar dan wel een heel diep gat, zodat hij niet meer te zien was en er alleen zand over de rand vloog. Dat zag er dan weer heel vermakelijk uit.

Op een keer waren Linda en ik bezig om groene monstertjes te vangen in haar buik en ze weg te sturen, maar er waren twee monstertjes die we maar niet te pakken konden krijgen. Wat we ook probeerden, ze waren ons steeds te slim af.

Amà kwam er halverwege bij zitten, toekijkend hoe we bezig waren. We hadden al ontdekt dat Amà altijd bijzonder opgewekt was en niet voor één gat te vangen, dus we vroegen haar of ze ons wilde helpen. Ze had een onverwachte en ludieke oplossing. Ze vertelde die kleine monstertjes dat er een eindje verder op het strand een ijskraam stond waar ze heel lekkere sorbets verkochten en dat ze vandaag nog gratis waren ook.

Nou, dat vonden die monstertjes wel wat en ze vertrokken meteen richting ijskraam. Eenmaal buiten de steencirkel was er voor die ellendelingen geen mogelijkheid om terug te keren, maar dat was niet onze zorg. Wij moesten hier hartelijk om lachen. "De sufferds!" zeiden Amà en Linda tegen elkaar.

Een andere keer waren we aan het werk om Linda's buik schoon te maken. Soms legde ik mijn handen op haar buik en, terwijl zij in de steencirkel lag, probeerde ik me met mijn ogen dicht voor te stellen dat ik haar buik van binnenuit ontdeed van verkeerde energieën. Dat vroeg veel concentratie en creativiteit, maar gedurende deze maanden kreeg ik een haast fulltime opleiding om te leren healen, met mijn handen, via mijn stem, via mijn fantasie, hoe dan ook, om wegen te vinden haar te helpen. Steeds ontdekten we nieuwe, onvermoede mogelijkheden, of kregen we iets aangereikt dat ons verder hielp. Zo was ook Amà bij ons terechtgekomen.

Dit keer lukte het me maar niet om een grote zwarte bal met negatieve energie in haar buik weg te halen. Linda probeerde van binnenuit die bal weg te duwen en ik probeerde er van buiten af grip op te krijgen, maar steeds merkte ik dat ik er 'net naast' greep. We waren hier al even mee bezig toen Amà ten tonele verscheen. Linda hield me altijd op hoogte zodra zij erbij kwam zitten. Ik vroeg aan Linda of Amà iets wist om die bal met negatieve energie uit haar buik te verwijderen.

Haar antwoord was even humoristisch als onverwacht. "Wát bal?" zei ze en Linda beschreef dat Amà die bal uit haar buik oppakte en het ding met zo'n kracht wegschopte dat die boven de horizon uit kwam en de ruimte in schoot.

Even bleef het stil.

"Wauw" was Linda's beduusde reactie. "Zij moet vast een heel goede voetbalster zijn. Wat kan die goed schoppen!" En we begonnen allemaal te lachen.

We deden de visualisaties wanneer het maar uitkwam. Soms was er net een kleine bloeding geweest, of was ze door een voorval of door iets wat iemand haar had verteld erg depressief geworden en dan had ze het heel hard nodig om tussen de stenen te liggen. Als ze dan op het strand aankwam, stond Amà haar meestal al op te wachten. Ze was altijd op de hoogte van wat er was gebeurd, want Linda hoefde eigenlijk niets te zeggen.

Wat ze dan eerst deed, was Linda bij haar polsen vasthouden, terwijl Linda tegelijk Amà's polsen moest pakken. Linda zei dat ze daarvan een enorme hoeveelheid energie kreeg. "Dat voelt zó goed", zei ze. "Ik word er helemaal door opgeladen." Ze wilde dat ze zelf zoveel energie had.

Als er haast was, liet Amà geen tijd verloren gaan door rustig al pratend naar de stenen te lopen. Dan holden ze samen hand in hand hard naar de stenen toe. Amà in haar witte jurk met wapperende haren en Linda in haar korte gerafelde spijkerbroek en rode T-shirtje. Dat is een beeld dat veel indruk op mij maakte, want Linda zei zelf dat het zo heerlijk was... met zijn tweeën hand in hand hard hollen langs het strand, plenzend door het water. Geweldig vond ze dat. Ik zag het helemaal voor me.

Amà vond trouwens dat Linda zich maar weer eens wat beter moest kleden in huis. Linda besteedde altijd veel zorg aan haar uiterlijk en had kasten vol met mooie, zorgvuldig uitgezochte kleren, en nu liet ze het er bij zitten. "Als je leuke kleren aantrekt, voel je je minder ziek", zei Amà.

"Ja, jij hebt makkelijk praten", antwoordde Linda. "Jij hebt altijd hetzelfde witte jurkje aan." Daar moesten ze weer hartelijk om lachen.

Soms voelde ik me een beetje buitengesloten, omdat zij samen zo'n lol hadden en ik er niet bij was. Linda wist dat en zorgde ervoor me zo veel mogelijk in alles te betrekken. Ze vertelde wat Amà tegen haar had gezegd en als het niet tijdens de visualisatie kon, dan wel erna. Ze vroeg aan Amà wanneer ze overgegaan was, want we hadden het idee dat het nog niet zo heel lang geleden was gebeurd. Ze vertelde dat ze een aantal jaren geleden een auto-ongeluk had gehad en daarbij samen met haar hondje was omgekomen.

Linda vroeg of Amà nog terug moest naar de Aarde en ze vertelde dat ze inderdaad nog wel een keer zou gaan. In dat leven zou ze dan heel jong alweer komen te overlijden. Dat zou voor haar ouders een heel verdrietige, maar ook heel belangrijke levensles worden. "Maar voorlopig nog niet, hoor", stelde ze Linda gerust.

Ik vroeg, daarover nadenkend, of zij Linda's geleidegids was. Ik wist dat iedereen op Aarde een gids of engelbewaarder heeft, een astrale ziel die al heel ver in het Licht is en vanuit die dimensie ons leven op Aarde begeleidt, ervoor wakend dat er niet wordt afgeweken van het plan dat vooraf gemaakt is, uit liefde en respect voor de ziel die zelf heeft gekozen op Aarde bepaalde lessen te leren om te kunnen groeien in Liefde.

"Ik ben niet haar geleidegids", zei Amà via Linda tegen mij. "Maar ik ben wel een vriendin van haar."

Behalve Amà en Taksi was er nog iemand die bij Linda op het strand kwam. Dat was Zebra, een grappige zebra die niet zomaar een zebra was. Hij was duidelijk heel bewust aanwezig daar en al werd het niet verteld, ik vermoedde dat het misschien een menselijke ziel was die zich in de vorm van een zebra aan Linda presenteerde. Dat werkte beter voor haar, was niet zo confronterend en vanuit die rol kon hij haar gemakkelijker opvrolijken.

Ik had als airbrushschilder vroeger wenskaarten voor een uitgeverij ontworpen. Linda had daarbij soms ideeën aangedragen die ik had uitgewerkt. Een daarvan was een lekker gek schilderij: een zebra die op een strand bij ondergaande zon met een rietje van een sorbet stond te genieten. Linda vond die tekening heel erg mooi en het origineel hing sindsdien bij ons aan de muur.

Op een keer toen Linda net op het strand aankwam, werd ze opgewacht door Zebra. Hij had een hele grote rieten zonnehoed opgezet en stond bij een tafeltje met daarop... een sorbet. En hij had ook een rietje in zijn mond! Ze moesten daar allebei heel erg om lachen en sindsdien had Zebra vaak diezelfde zonnehoed op. Soms mocht Linda op zijn rug zitten, maar dat wiebelde nogal en dat was niet verstandig in verband met gevaar voor bloedingen. Ik begreep dat niet, want dit was toch 'slechts' een visualisatie? Dan kon dat toch geen kwaad? Maar ik ging er niet tegenin.

Deze visualisaties waren ontzettend belangrijk voor Linda, voor ons allebei trouwens. Nog afgezien van het helende vermogen dat visualisaties toch al in zich hebben, ben ik ervan overtuigd dat we hierdoor contact hadden gekregen met een Lichtwezen. Linda voelde zich gelukkig gedurende de contacten met Amà. Geluk dat ook ik duidelijk kon voelen en dat gedurende uren nadien bij me bleef en ons door een groot gedeelte van de dag heen hielp.

De vloek

De eerste maanden van 2001 waren we erg op onszelf aangewezen. Linda wilde niemand belasten met haar ziekte en wilde zelfs niet dat iemand zag dat ze ziek was. Een andere reden was dat Linda niet tegen drukte kon. Een bezoek eiste veel van haar en daarom stond ze dat maar zelden toe. In feite was alles haar te veel. Ze kon niet tegen bloemen, kookluchtjes, muziek, televisie en alles wat druk was. Waar die overgevoeligheid vandaan kwam, ging ik pas veel later begrijpen, want dit aspect van haar ziekte zou nog een heel belangrijke rol gaan spelen.

We vonden weer een nieuwe manier om Linda even van de pijn af te helpen: hete kompressen. Ik liep heen en weer met gloeiend hete doekjes, die ik op de pijnlijke plek legde. De pijn zakte op deze manier gedurende een korte tijd zodat ze even kon slapen.

Ik moest wel alle geluiden proberen buiten te sluiten, want ze werd van het kleinste geluidje weer wakker. Alle rituelen en voorzorgen ten spijt lukte het helaas niet om meer dan twee of drie uur per etmaal te slapen, en alleen al daarmee waren we de halve dag bezig.

De eerste maand van het nieuwe jaar hadden we veel afspraken met Maria. Tijdens de tweede sessie kwam een van Linda's vorige levens aan bod. Maria legde uit dat er bij een ziekte, net als bij een ui, laag voor laag van de buitenkant afgepeld moet worden om bij de kern te komen. Dat kunnen kleinere ziekteprocessen zijn, maar ook emotionele processen of zelfs niet-uitgewerkte zaken uit vorige levens.

Linda ging daarvoor in een gemakkelijke stoel zitten en Maria vroeg haar om haar ogen te sluiten en zich te ontspannen. Daarbij hield ze continu Linda's pols vast om te voelen wat er gebeurde en of Linda zuiver was in haar antwoorden. Linda liet zich gemakkelijk leiden, want tenslotte hadden we samen al heel veel visualisaties gedaan.

Ze kwam terecht in een leven als vrouw ergens in een klein vissersdorp. Het was zo'n duizend jaar geleden. De vissersgemeenschap was armoedig en de mannen bleven met zijn allen lang op zee.

Net als in het huidige leven 'zag' Linda meer dan de mensen om haar heen. Ze was erachter gekomen dat de priester van de gemeenschap niet zuiver was. Hij beheerde het gemeenschapsgeld, maar gebruikte dat meer voor zijn kerkgebouw en voor zichzelf dan voor het dorp. Ze kreeg de vrouwen zover dat ze bij elkaar kwamen om hem aan te spreken op zijn gedrag. Maar hij slaagde erin de vrouwen aan het twijfelen te brengen en Linda te isoleren. Een voor een vielen ze haar af, bang als ze waren voor de priester, of voor de macht die hij had en Linda kwam alleen te staan.

Tot zover leek Maria het eens te zijn met het verhaal dat Linda vertelde. Ook ik had het idee, kritisch kijkend en oplettend, dat deze informatie spontaan uit haar naar boven kwam. Toen kwam er een gedeelte dat merkwaardiger was.

Linda had al verschillende discussies met die priester in de kerk gehad en beschuldigde hem ervan dat hij haar bij een van die gelegenheden had aangerand. Maria, of Dottore, was het hier niet mee eens en wilde dat Linda beter naar dat leven keek. Wat Linda vertelde klopte niet, zei ze, maar ze wilde niet zeggen wat, want dat moest Linda zelf zeggen. Linda protesteerde, maar uiteindelijk kwam naar buiten dat de priester Linda niet had verkracht, maar dat Linda de priester eerst had verleid en hem nadien, ten overstaan van de gehele gemeenschap, had beschuldigd van seksueel misbruik. De conclusie daarvan was dat ze dit alles over zichzelf had afgeroepen.

Ik heb zelf in de loop van de tijd een aardig aantal van dit soort sessies ondergaan en die volgen steeds eenzelfde patroon. Het is een heel goede methode om spanningsvelden die mensen in hun leven dwarszitten bewust te maken en uit de weg te ruimen. Onverwerkte trauma's, zelfs die uit vorige levens, kunnen een mens op den duur verzwakken en ziek maken.

Het uitwerken daarvan door middel van regressie werkt echter alleen als het zuiver gebeurt. Daarbij moet de informatie uit de cliënt vrijwillig naar buiten komen, zonder druk. Degene die de sessie begeleidt, moet daarvoor de juiste vragen stellen. Diepliggende trauma's kunnen op die manier uitgewerkt worden, met als gevolg veel verheldering en ontspanning in het nu.

Hier gebeurde echter iets vreemds, want Maria vroeg net zo lang door totdat Linda toegaf dat zij de priester had verleid. Linda vertelde later thuis dat de priester haar had verkracht en niet andersom, maar omdat ze bang was dat Maria haar anders niet langer wilde behandelen, had ze maar toegegeven. Het is niet gebruikelijk dat een regressietherapeut bij voorbaat al weet waar de regressie heen zal gaan. Dat wordt meestal pas duidelijk als de patiënt het zelf vertelt. Het kan natuurlijk zo zijn dat Linda haar eigen rol liever niet onder ogen wilde zien, maar tegen mij hield ze vol dat de priester de schuldige was.

Nu ze schuld had bekend, was het volgende dat Maria van Linda wilde horen wat de priester tegen haar had gezegd in de kerk. Omdat Linda dat op dat moment niet wist, mocht ze daar tot de volgende sessie over nadenken. Samen bedachten we daarom een aannemelijk antwoord waar Maria hopelijk mee akkoord ging: "Hier zul je voor bloeden."

Kennelijk nam Maria daar genoegen mee, want bij de volgende afspraak ging ze verder en toen werd duidelijk wat er aan de hand was. Omdat Linda de priester verleid had en voor de gemeenschap te schande had proberen te zetten, sprak de priester een vloek uit. Maria vertelde dat dit vroeger vaker was gebeurd. Een vloek op zich is niet zo kwalijk, legde ze uit, maar als zo'n vloek wordt uitgesproken met de macht van de kerk erachter, dan is zo'n vloek bijzonder krachtig en kan vele incarnaties later nog doorwerken. Kennelijk was de kern van die vloek inderdaad: "Hier zul je voor bloeden."

Dus werd Linda ten overstaan van de hele gemeenschap door de priester veroordeeld en bovendien vervloekt.

Zoals deze informatie naar buiten was gekomen klopte niet. Tot op heden zou ik niet kunnen zeggen wat er nu wel of niet van waar is. Maar mijn indruk is dat de vragen die Maria stelde, sturend waren en dat niet al Linda's antwoorden uit haar gevoel kwamen, maar soms uit haar verstand, met als gevolg een mengeling van waarheid en fantasie. Wat is dan de therapeutische waarde?

Al met al... kennelijk was er sprake van een vloek die na duizend jaar nog steeds haar leven verziekte. Maria had van Dottore de kennis en de middelen doorgekregen om iets tegen die vloek te doen. Ze vertelde dat ze dit al meerdere malen bij de hand had gehad. Ze had, op instructie van Dottore, juist hiervoor een speciaal bewerkt houten kruis laten maken en citaten doorgekregen die uitgesproken moesten worden tijdens een ritueel dat Maria met behulp van Dottore zou uitvoeren.

Dat ritueel moest drie keer worden herhaald en dan pas zou die eeuwenoude vloek opgeheven zijn en kon er met de echte behandeling worden begonnen.

"Je hebt het toch maar wel uitgesproken!"

Het ging ons allemaal lang niet snel genoeg, want Linda was wanhopig om van de bloedingen en de pijn af te komen. Het legde zo'n enorme druk op ons leven dat het bijna niet vol te houden was. De nachten waren eindeloos lang en donker, maar nu waren zelfs de dagen amper nog door te komen.

Het probleem zat in de medicijnen. De cyclokapron en de paracetamol werkten elkaar tegen. Om beide medicijnen toch in te kunnen nemen verdeelden we de dag in vier minidagen van zes uur. Zo'n mini-dag volgde een vast patroon. Zodra ze wakker werd probeerde ze eerst zo lang mogelijk te blijven liggen, want de pijn was dan nog hanteerbaar. Dan maakte ze mij wakker zodat ik wat eten klaar kon maken.

We hadden de wekker gezet om ons te waarschuwen wanneer ze weer een cyclokapron moest innemen. Direct daarna begon de pijn op te spelen, maar voordat ze daarna paracetamol kon innemen moest ze minimaal twee uur wachten, anders had het geen enkel effect. Dat was de periode dat ik heel druk met haar was om iets tegen de pijn te doen, want hoe lager het pijnniveau, hoe groter de kans dat ze zou kunnen slapen. Daarna kon ze proberen een half uurtje of, als ze geluk had, een uurtje te slapen en dan was er weer minidag voorbij. Zo'n schema is extreem uitputtend en hield in dat we op de gekste momenten van de dag en de nacht naar bed gingen, opstonden en aten.

Linda's grootste probleem, naast pijn en slaapgebrek, was dat ze niets te doen had. Ze durfde het huis niet uit, afgezien van een enkel bezoek aan Maria. Ze was niet in staat een boek te lezen, televisie te kijken, of iets te doen waar concentratie voor nodig was. Wat ze wel kon, was mensen bellen die haar konden helpen of die naar haar wilden luisteren. Ze sprak het meest met haar bezorgde ouders. Zij legden nooit de telefoon neer, ze waren nooit zogenaamd niet thuis en hadden altijd wel iets te vertellen.

Gedurende die tijd kwam ik amper meer toe aan mijn freelancewerk als kalligraaf voor TNO, of aan het huishouden. De katten verzorgen was het enige wat ik nooit oversloeg, al het andere gebeurde niet of zelden.

Langzamerhand begon ik een heel zwaar, drukkend gevoel op mijn borst te krijgen. Een gevoel dat hoort bij het niet krijgen van voldoende slaap over een lange periode. Het was alsof ik moest hijgen om voldoende adem te krijgen. Achteraf vind ik het moeilijk te bevatten hoe we dit vol konden houden. Ik denk dat het vooral mogelijk was omdat er heel veel mensen geweest zijn die ons hebben gesteund, in stilte aan ons hebben gedacht, voor ons hebben gebeden, energie hebben gestuurd, een kaarsje hebben gebrand, en wie weet wat nog meer. Niet alleen mensen op Aarde, maar, zoals je inmiddels begrijpt, kregen we ook heel veel hulp vanuit de Lichtwereld, van gene zijde, al waren we ons alleen van Amà en Zebra bewust.

In de loop van de maand februari kwamen mijn moeder en mijn zus met de mededeling dat zij het nu welletjes vonden en ons kwamen helpen. Protesteren mocht ik niet, want ze kwamen gewoon, geen gezeur. Aan de telefoon had ik elke keer gezegd dat het wel ging, dat ze niet hoefden te komen. Natuurlijk was dat niet waar, maar Linda kon niet goed tegen de drukte van andere mensen in huis.

Ik maakte me grote zorgen over Linda's gewicht. Na de eerste onderzoeken eind 1999 was haar gewicht van haar normale 52 kilo gezakt naar 45 kilo. Die zeven kilo had ze er nooit meer bij gekregen. In januari woog ze nog maar 42 of 43 kilo.

Op een avond wilde Linda een andere pijnstiller proberen. Tramadol, een effectief en veilig middel, was ons verzekerd. De eerste dosis die ze nam, was te laag en ik gaf haar nog een tablet. Hier werd ze zo misselijk van dat al het eten er weer uit kwam.

Overbodig te zeggen dat haar gewicht de volgende dag definitief met zo'n vier ons was verminderd. De pijn was die nacht wonder boven wonder enige tijd gezakt, maar omdat ze zo beroerd was, kwam er van slapen nog steeds niets terecht. Wat een prijs voor een paar uur pijnvermindering!

Uiteindelijk hielden we het toch maar bij wat we al hadden: paracetamol. Linda was gewoon veel te gevoelig. Ook die algehele overgevoeligheid en het averechtse reageren op medicamenten hadden vermoedelijk te maken met het wegvallen van haar beschermende energieveld, haar aura. Alleen wisten we dat toen nog niet.

Maria voerde het ritueel om de vloek op te heffen uit. Ze prevelde daarbij de Latijnse citaten die haar gedicteerd waren door Dottore, terwijl ze het houten kruis over en langs Linda heen en weer bewoog. Het zag er heel mystiek uit. Wij hoopten maar dat hiermee de vloek definitief ongedaan werd gemaakt.

Daarna ging ze verder met een ander leven. Dat leven leek erg op het eerste, want weer stond Linda alleen tegenover een vertegenwoordiger van de rooms-katholieke kerk in haar strijd om rechtvaardigheid. De omstandigheden waren anders, maar in essentie kwam het op hetzelfde neer, maar ditmaal was er geen sprake van een vervloeking.

Het derde leven dat een rol speelde was curieus. In dat leven, hooguit enkele honderden jaren geleden, had Linda gestudeerd in wat voor die tijd de reguliere gezondheidskunde zou kunnen zijn en keek zij neer op de kruidenvrouwtjes uit de omgeving. Hij, want ze was een man in dat leven, was een soort dorpsarts, die erg overtuigd was van zijn gelijk. Hij verwierp de bijzondere kennis en methoden van mensen die dat al vanaf hun geboorte met de paplepel ingegoten hadden gekregen. Linda geloofde dat dit best waar kon zijn, maar ze had van dat leven veel geleerd, zei ze, en keek nu heel anders tegen die dingen aan.

Deze beide levens waren lang niet zo beladen als het eerste. Saillant detail: het medium, Fiona, en dus ook Dottore, werkte onder de noemer van diezelfde kerk. Terwijl het medium in trance ging, werd door alle vrijwilligers en alle aanwezige cliënten de roomse versie van het Onze Vader gezongen. Er was in de praktijk zelfs een foto aanwezig van het medium in gesprek met de paus die kennelijk van haar werk op de hoogte was. Misschien was Dottore daarom dé aangewezen persoon om de vloek op te heffen.

Nu dat was gebeurd, kreeg Linda van Maria enkele minuscule korreltjes toegediend die tot doel hadden een bepaald aspect van haar ziekte te behandelen. Een van de schillen rondom haar ziekteprobleem, zogezegd.

Behalve Linda's vorige levens kwam natuurlijk ook haar huidige leven aan bod. Het ging erom te ontdekken welke gebeurtenissen hadden bijgedragen aan het ontstaan van haar ziekte, hoe ze daarop had gereageerd, of die waren verwerkt of dat ze nog steeds onbewust aan haar knaagden. Op een bepaald moment werd ook ik betrokken in het gesprek, waarbij het erom ging of ik iets toe kon voegen aan wat Linda zelf vertelde. Ik noemde Linda's harde werken. Ze ging zó op in haar werk, was zó perfectionistisch, dat daar al haar tijd en energie in gingen zitten. Ik vertelde erbij dat ik me daardoor weleens tekortgedaan voelde en dat ik het jammer vond dat ze maar zo weinig tijd had, altijd aan het werk en altijd moe. We kwamen zelden echt aan elkaar toe.

Terwijl ik dit zei, besefte ik dat dit verkeerd uitgelegd kon worden, maar omdat Maria het gesprek leidde, was er geen gelegenheid om dit te nuanceren. Ik drukte me nogal ongelukkig uit door het als een tekort van haar te omschrijven, maar eenmaal uitgesproken woorden kun je niet terugnemen.

Op weg naar huis voelde ik al dat het mis was. Ze vroeg nog een keer naar die opmerking van me en ik probeerde het uit te leggen, maar kon niet de juiste woorden vinden en versterkte onbedoeld zelfs nog wat ik had gezegd. Thuisgekomen deden we de dingen die we normaal ook deden. Ik gaf haar de cyclokapron en wat later de paracetamol. Ze at haar eten op, maar ik voelde de hele tijd een verwijt in de lucht hangen.

Of was het teleurstelling? Ik zag het in de manier waarop ze naar mij keek. Ik zag het in haar houding, zelfs als ik haar van achteren bekeek. Ze praatte niet en wilde me niet vertellen wat haar precies dwarszat. Ik voelde wel waar het zo ongeveer om ging, maar kwam er in mijn eentje niet uit.

Haar vechtlust was totaal verdwenen. Ik voelde me ellendig en liep op mijn tenen omdat ze me geen kans gaf om, wat er dan ook was, uit te praten en recht te zetten. Ik had het gevoel mijn vriendinnetje te verliezen en vroeg God ons te helpen. Er was iets helemaal fout gegaan. Hoe moest het nu verder?

De volgende dag pakte ze zonder iets te zeggen een paar blanco blaadjes met kleurpotloden en begon te tekenen. Ik zat erbij, maar ze reageerde niet op me, alsof ik niet bestond. Haar bewegingen waren kortaf en hoekig en ik wist niets beters te doen dan af te wachten wat er op papier zou komen. Ze tekende een put van bovenaf gezien, met vrolijk gekleurde plantjes erom heen. De put zelf was helemaal zwart en daaruit stak een hand met wijd gespreide vingers.

Ik begon te praten omdat ik dacht te begrijpen wat er aan de hand was. Dat zij hulp zocht. Dat ze nu helemaal op de bodem van de put was gekomen, helemaal op zichzelf was teruggeworpen. Dat ze altijd zo sterk en stoer was geweest. Dat ze nooit afhankelijk van anderen was geweest en daarom nooit om hulp had hoeven vragen en dat ze daartoe eindelijk in staat was.

Het was een monoloog, want ze reageerde niet. Ik zei dat ik steeds bij haar was, dat ik haar hielp om uit de put te klimmen, helpend de treden te vinden. Het was vast niet allemaal psychologisch verantwoord wat ik zei, maar uiteindelijk begon ze terug te praten. Ik voelde dat ik nog steeds niet de kern geraakt had van waar het eigenlijk om ging. Ik was aan het gissen en voelde me niet prettig, voelde die spanning en die afschuwelijke onzekerheid iets fout te hebben gedaan, maar het niet te begrijpen.

Ik kwam bij wat ik gisteren gezegd had. Ik voelde heus wel dat daar iets fout gegaan was, maar het drong niet tot me door waar het 'm nou precies in zat. Ik vertelde dat ik haar helemaal niet verweet dat we maar zo weinig tijd voor elkaar gehad hadden. Dat de situatie gewoon niet anders geweest was. Ik voelde dat ik daar begon te raken aan het probleem, dat ik warm begon te worden.

"Maar je hebt het toch maar wel uitgesproken!" zei ze ineens. "En nog niet eens rechtstreeks tegen mij!"

Want zij had juist zo ontzettend veel voor mij over, altijd al. Ik had tenslotte geen vaste baan, kon altijd thuis blijven, als freelancer werken en certificaten schrijven, terwijl zij elke dag vreselijk hard moest ploeteren, de hele dag op school en elke avond, elk weekend en bijna elke vakantie thuis ook nog.

Altijd was zij moe en nooit had ze tijd om iets leuks te doen, nooit tijd en energie om zelf eens iets te maken, terwijl ze zo ontzettend creatief was. Zij verdiende het geld waarvan wij konden leven en ik kon daar pas de laatste jaren wat tegenover zetten. Nooit had zij daar moeilijk over gedaan. Dat is iets heel bijzonders en ik dacht dat ik me dat altijd goed had gerealiseerd.

Maar waarom maakte ik dan nu, bij Maria zo'n opmerking! Dat deed haar pijn, veel meer dan ik had beseft. Ik had haar werkelijk op haar ziel getrapt. Woorden uit de mond van haar enige vriendje, voor wie ze altijd alles had gedaan, voor wie ze zo hard werkte. Dat begreep ze niet, ze voelde zich verschrikkelijk teleurgesteld.

Het duurde lang en ik had veel woorden nodig om haar duidelijk te maken dat het me speet dat ik dat zo had gezegd, dat het ook niet terecht was. "Ik hou van je!" zei ik tegen haar. "Ik wil niets liever dan dat je beter wordt. Daar vechten we toch voor! Daar doe jij zo ontzettend je best voor. Voor mij! Voor je ouders. En voor onze poesjes."

Ze reageerde niet direct op alles wat ik zei, maar ik voelde dat de spanning langzaam verdween en nadien deed ze weer gewoon tegen me. Ze had het me vergeven en ik had een heel belangrijke les geleerd.

You walk a lonely road

We hadden voor eind februari nog een afspraak staan met Roberto, de natuurarts in Arnhem. Maria had echter gesteld dat er maar één kapitein op een schip kon zijn en we wisten niet wat we aan moesten met deze afspraak. Linda had iets nodig waaruit bleek dat het beter met haar ging en Roberto's metingen konden dat laten zien. We waren al twee maanden met Maria bezig en we zagen geen vooruitgang. Tussen Linda en Maria was geen werkelijke vertrouwensband. Maria kon dat nog zo eisen, maar zo werkt dat niet. De enige reden dat we Roberto niet meer gezien hadden, waren de bloedingen waardoor Linda niet zo ver durfde te reizen.

Uiteindelijk besloten we om wel naar deze afspraak toe te gaan, maar alles wat Roberto zei openlijk te bespreken met Maria. Linda zou niet buiten haar om iets innemen. Roberto mocht alleen testen en de resultaten ervan laten zien.

Toen we bij hem waren, was hij blij om ons te zien, want hij leefde erg met Linda mee. Hij ging meten en meteen bleek dat bijna al Linda's meridiaanpunten in onbalans waren. Hij schrok daar eerst van, maar ontdekte al snel dat het om een toxoplasmosebelasting ging. Precies datzelfde had Maria een paar dagen daarvoor ook al getest. Linda had het middel zelfs bij zich. Dus zaten Maria en Roberto op dezelfde lijn. Het enige wat Roberto concludeerde, was dat hij een iets andere potentie als best werkzaam uittestte.

We hadden ons voorgenomen om openkaart te spelen met Maria en dus belde ik haar op om haar te vertellen dat we bij Roberto waren geweest en dat hij tot dezelfde conclusie was gekomen. Ik legde uit dat we haar niet wilden passeren, maar dat deze afspraak al lang geleden was gemaakt. Ik had beter mijn mond kunnen houden, want Maria was in haar wiek geschoten. Ze had honderd procent vertrouwen van ons geëist en hieruit bleek dat we dat niet hadden. Dus kon zij niet goed behandelen en trok ze zich terug. Ze wilde geen consulten meer doen.

Dit was toch niet geloven! We waren alleen naar Roberto geweest om te zien hoe het ging. We bespraken alles met haar. En dan kregen we deze reactie! Linda belde Maria zelf op en uiteindelijk stemde ze erin toe dit met Dottore te bespreken. Hij zou dit toch zeker wel begrijpen?

Kennelijk was dat zo, want een paar dagen later belde ze ons terug en was nu vriendelijker. Ze stemde erin toe Linda nog één keer uit te testen op een paar middelen en ze gaf daar een recept voor. Maar daar bleef het bij. De behandelingen werden niet voortgezet.

Maria's houding was kenmerkend voor de houding van meerdere mensen, die vonden dat Linda veel te ver ging in haar manier van aandacht naar zich toe trekken. Ik denk dat die houding veroorzaakt werd doordat Linda er totaal niet ziek uitzag. Zij had geen operaties, bestralingen en chemokuren ondergaan. Ze had dus al haar mooie lange haren nog en zag er totaal ongeschonden uit. Ze kleedde zich altijd goed en maakte zich mooi op als ze naar buiten ging.

Een kankerpatiënte? Daar was niets van te zien. En juist zij eiste alle aandacht van Dottore. Er waren tenslotte nog veel meer patiënten en vele daarvan waren óók erg ziek. Dit rijmde gewoon niet met elkaar.

Daarnaast speelde er nog iets mee, dat ik toen niet besefte. Linda en ik waren heel nauw met elkaar verbonden en haar ziekte eiste alles van ons. Al onze energie, tijd en zelfs al onze slaap werd daarvoor opgeofferd. Dat was mij nog veel meer aan te zien dan Linda, want ik was wel zichtbaar vermagerd in mijn gezicht en zag er grauw en ingevallen uit vanwege het slaaptekort en ik gebruikte geen make-up. Mensen vroegen mij soms hoe ik dit volhield, daarbij suggererend dat Linda veel te veel van mij eiste en ik merkte dat ik Linda moest verdedigen.

Onze keuzes, die inhielden dat Linda in haar strijd een enorme wissel op mij trok, werden niet begrepen. Maar haar keuzes waren ook mijn keuzes. Wij waren met elkaar verbonden. Dan ben je niet alleen ziek. Dan ben je dat samen! En dan vecht je samen voor wat je waard bent! Dat is één zijn!

Het viel ons op dat geen van onze andere therapeuten er ooit moeite mee had gehad dat we meerdere therapeuten bezochten. In een ziekenhuis werken tenslotte ook meerdere specialisten samen aan het bestrijden van een ernstige ziekte.

Vertrouwen... honderd procent vertrouwen ontstaat niet door een schakelaartje over te halen en te zeggen: vanaf nu heb ik honderd procent vertrouwen. Werkelijk vertrouwen heeft met Liefde te maken. Je geeft je vertrouwen aan iemand en daarmee stel je je ogenschijnlijk zwak op. Zo'n vertrouwen bouw je in de loop van jaren op, of het komt heel diep van binnenuit, vanuit liefde, zoals Amà dat zonder enige moeite van ons had gekregen.

Kun je, mag je dan van iemand volledig vertrouwen eisen? Is dat niet iets heel anders met een heel andere naam: overgave?

Maar ziekenhuizen waren al niet anders. Ook die eisten onze totale overgave. Van alternatieven waren ze niet gediend en hun machtspositie was daarbij uitermate sterk. De meeste mensen vinden dat heel normaal, of ze weten niet beter, en dus werkt dat systeem voor hen.

Maar Linda was geen normale patiënte.

You walk a lonely road. O how far you are from home...

Een overwinning?

Er waren vele mensen op de hoogte van onze strijd, die met ons begaan waren, veel meer dan wij op dat moment beseften. Ik schermde Linda zo veel mogelijk af van alle contacten waar ze geen energie voor had of waarvan ik wist dat ze die niet aankon, maar sommige mensen slaagden erin tot haar door te dringen vanwege hun vriendelijkheid en oordeelloze houding.

Kevin was zo iemand, een vriendelijke man die wonderwel goed overweg kon met Linda en daarnaast over bepaalde magnetische gaven beschikte die hij gratis ten dienste stelde. Tijdens een behandeling zakte de pijn al na een paar minuten.

Elke vier of vijf dagen kwam hij langs en na een paar keer vroeg Linda hoe het er met haar voorstond. Hij moest daar even over nadenken en toen mat hij op de rand van de tafel een flinke afstand af en zei: "Zover moet je nog." Daarna mat hij met zijn vingers een heel klein stukje af en zei: "Zover ben je nu."

"Zó weinig nog maar!" zei Linda. Maar ze klonk niet echt teleurgesteld. Hij leek zijn kennis ergens diep vanbinnen op te pakken en hij kon goed met haar overweg. Dit eerlijke antwoord voelde vreemd genoeg toch heel goed.

Het uitzoeken van haar schoolspullen, kasten vol, dat ze in de nachtelijke uren had gedaan ter afleiding, was allang klaar. Ze kon nu niets anders meer bedenken wat ze zou kunnen doen.

"Wat moet ik nu!?" vroeg ze meer dan eens aan mij. We wisten het geen van beiden. Voor bijna alles was concentratie nodig. Tijdens het uitzoeken was ze in beweging. Een boek lezen kon ze niet. Video of televisie kijken was te lawaaiig en te onrustig. Een spelletje hield ze maar een kwartiertje vol. Liggen deed pijn.

Dus ging ze weer lopen, urenlang heen en weer lopen. Soms liep ze krom als een oud vrouwtje met twee handen op haar pijnlijke rug, kreunend van de pijn. Ze deed dit het liefst in het donker, in de kou. Ik bleef al die tijd in de buurt zodat ze niet alleen was. Ik had meestal iets warms voor haar klaarliggen, zoals sokken en een zachte trui, maar die wilde ze niet altijd aan, want als ze koud was, had ze minder pijn. Ze drong er weleens op aan dat ik naar bed zou gaan.

Ik probeerde haar op te beuren door tegen haar te praten, zoekend naar gespreksstof. Ik wist hoe belangrijk het was dat ze niet het gevoel had hier helemaal alleen voor te staan. Maar op een bepaald moment ontdekte ik een andere reden waarom ik maar wat blij was dat ik niet lag te slapen.

Soms werd de pijn haar werkelijk te veel...

Op een vrieskoude nacht, terwijl het buiten sneeuwde pakte ze de huissleutels en liep naar de tuindeur. Ze draaide de sleutel om en opende de deur. Ik vroeg wat ze ging doen, maar ze haalde haar schouders op en gaf geen antwoord. Ze wilde naar buiten stappen, maar ze had alleen haar nachthemd aan!

"Naar buiten?!" vroeg ik. "Je bent gek! Het sneeuwt! Je bevriest van de kou! Zo krijg je nog een longontsteking. Hoe moet je *dan* nog beter worden?"

Ik liep naar haar toe en pakte haar bij haar schouders. Ik voelde dat ze op het punt stond in huilen uit te barsten. "Ik kan dit niet meer", snikte ze. "Ik kan het niet! Ik wil zó graag voor jou vechten! Voor onze poesjes. Maar dit kan ik toch niet? Snappen ze dat daarboven nou niet? Het kan ook weleens te veel zijn, hoor!"

Ik probeerde van alles aan te halen om haar op te beuren. Maar ik kon haast niets bedenken. Wat zeg je in zo'n geval: "Stil maar meisje... het komt goed? Maak je maar geen zorgen? Vertrouw me maar? Droog je tranen? Het gaat wel weer over?"

In een film werkt zoiets altijd. De hoofdpersoon die met tranen over haar wangen getroost wordt door haar geliefde ziet er met glanzende wangen alleen maar mooier uit. Hoe romantisch! Een echte love story! Deze film was werkelijkheid, en deze werkelijkheid was keihard. Niks geen romantiek. Een paar troostende woorden hielpen hier niet. Ik kon niets bedenken dat haar in de verste verte zou kunnen troosten op een moment als dit. Ik kon niets tegen de pijn doen. Niets en niemand kon dat. Tranen luchten op, zegt men weleens. Maar dat gebeurde nu niet. Het was afschuwelijk.

Na een tijd voor de open deur te hebben gestaan, liet ze zich door mij omdraaien en mocht ik haar even in mijn armen nemen, kon ik haar hoofd vasthouden, terwijl tranen over haar wangen rolden. Ze was ijskoud geworden. Ik praatte en zei van alles tegen haar, maar ik weet de woorden niet meer.

Het enige wat telde was dat ik bij haar was, dat ik tegen haar praatte, dat ze mijn stem kon horen, zodat ze zich niet alleen voelde.
Ik was blij dat ik haar had kunnen tegenhouden. Midden in de nacht in de sneeuw naar buiten lopen terwijl het vroor! Stel dat ik had liggen slapen terwijl zij de tuin in gelopen was. Dan had ik haar waarschijnlijk dood gevonden ergens onder een struik. Dat zou ik mezelf nooit vergeven, maar wat als ze dit weer deed? Ik vroeg me zelfs af of ik haar wel moest tegenhouden. Maar die vragen drukte ik snel weer weg. Daar wilde ik niet aan denken.
Een paar nachten later al gebeurde er weer zoiets. De pijn begon enorm op te spelen. In de slaapkamer hield ze het niet uit en ze zei dat ze naar beneden wilde. Ik vroeg wat ze ging doen, maar ik wist het antwoord natuurlijk al: lopen. Ze pakte een paar warme sokken van mij aan en trok zowaar uit eigen beweging ook een joggingbroek en een zachte trui aan. Tegen mij zei ze dat ik boven kon blijven. Half bewust ging er een alarmbelletje af, want m'n hart begon anders te kloppen. "O jee", dacht ik.
Ze ging naar beneden en ik volgde haar op de voet. Ze ging eerst naar de wc en ging toen voor de spiegel staan om haar haren te kammen. Het voelde heel vreemd om haar zo bezig te zien alsof ze naar haar werk ging. Daarbij maakte ze zich altijd op en verzorgde ze haar haren voor de spiegel, maar nu gedroeg ze zich afstandelijk, sprak niet en haar bewegingen vertelden me dat ze niet wilde dat ik haar ergens mee hielp.
Als je samenwoont, van elkaar houdt, dan ben je heel gevoelig voor elkaar. Er is nauwelijks iets voor nodig om te weten dat er 'iets' is, in positieve of in negatieve zin. Nu voelde ik afstand tussen ons en het was alsof m'n hart werd ingeklemd. Spanning. Ik ging als het ware op m'n tenen lopen. Opgeroepen door enkele woorden, maar eigenlijk nog meer door wat ze *niet* uitsprak. Ze was klaar in de badkamer en liep de trap af. Ik begreep het niet, want we hadden geen ruzie. Waarom had ik dan toch zo'n rotgevoel? Wat was hier aan de hand? Wat ging ze doen?

Toen ineens holde ik naar boven en pakte snel zelf ook een broek en ik haastte me in een trui terwijl ik de trap weer af rende. Ze zat nog bij de tafel en was bezig haar laarzen aan te trekken.

"Waar gaan we heen?" vroeg ik op een alledaagse toon, terwijl ik donders goed wist dat ze iets ging doen waar ze mij niet bij wilde hebben. Ze gaf geen antwoord en vroeg om de autosleutels. Na enige aarzeling besloot ik ze haar te geven met de woorden: "Zal ik rijden?"

Wilde ze met de auto ergens heen? Wat had ze zich nu in haar hoofd gehaald. Autorijden?! Waarheen? Naar haar ouders? Waarheen anders? Waar kun je heen midden in de nacht?

Zonder iets te zeggen pakte ze de sleutels aan, draaide zich om, opende de buitendeur en trok die direct achter zich dicht.

Half in paniek zocht ik op de plank. Er moest nog een tweede autosleutel liggen. Tijdens het zoeken gooide ik alles opzij, maar gelukkig vond ik hem. Ik pakte mijn jas niet eens en rende de kou in naar de auto. Ze zat er al in en was bezig de stoel te verstellen, maar dat ging niet zo snel. Ik rende naar de andere kant van de auto, opende de deur en ging naast haar zitten.

"Wat doe je nou?" zei ze. "Snap je het dan niet?" Ik haalde mijn schouders op.

"Ik weet niet waar je naar toe gaat, maar ik ga met je mee."

"Ik moet alleen gaan", zei ze. "Jij moet hier blijven, bij onze poesjes."

"Waar ga je dan naartoe?" vroeg ik. "Naar je ouders?"

Ze gaf geen antwoord.

Ik probeerde van alles te bedenken, maar het drong eerst niet tot me door, omdat ik die mogelijkheid niet toe durfde te laten in mijn gedachten. Wat moest ze nou toch op dit uur met een auto? Ze had geen tas met kleren meegenomen. Ze had trouwens helemaal niets meegenomen.

Wacht eens... Ik kreeg een heel akelig vermoeden. "Wil je dan tegen een boom aanrijden of zoiets?"

Ze zweeg een tijdje. "Zoiets." Ze mompelde het meer dan dat ze het zei. Ze keek voor zich uit. Er knapte iets in haar. Het was eruit.

Ik zocht naar woorden. Kon ze niet vinden. Wat zeg je tegen iemand die van plan is zelfmoord te plegen? Ik wist totaal niet wat ik moest zeggen. Ten slotte vroeg ik: "En daarvoor moest je je haar kammen?"

Langzaamaan kreeg ik uit haar wat haar bedoeling was. Ze had met de auto het kanaal in willen rijden. Dat was het gemakkelijkst. Niemand raakte er dan gewond, geen ongelukken. Ik zou het wel redden. Ik kon heel goed de poezen verzorgen, dat had ze al gezien. Haar ouders, haar broers en ik zouden verdriet hebben, maar daar kwamen we wel overheen. Het was beter zo.

Ik zei dat ik me heel erg zorgen zou maken als ze dat zou doen, want ik zou niet weten waar ze het water in was gereden. Ik zou me geen raad weten als ze was verdwenen. Ik zou overal gaan zoeken. Ik zou mezelf verwijten maken. Dat ik het verkeerd had gedaan. Dat ik tekort was geschoten. De poesjes zouden haar missen. Haar ouders hadden al een zoon verloren en nu ook een dochter? Ik geloof dat ik probeerde op haar geweten in te praten, haar een schuldgevoel te geven. Ik wist dat ik geen foute dingen moest zeggen, want haar leven stond op het spel. Anders verwijderde ik haar van me en werd het steeds gemakkelijker om zelfmoord te plegen.

Uiteindelijk ging ze mee naar binnen. Maar het voelde niet als een overwinning. Ik had haar niet overtuigd. Voor nu had ik haar weer in huis kunnen halen. Ik wist dat ze vannacht niet weer iets zou ondernemen. Maar morgen? En overmorgen? En hoeveel nachten als deze zouden er nog komen?

Ik bedacht iets om dit te voorkomen. Ik verstopte de sleutels. Oververmoeid als ik was, onthield ik de plek niet goed. Toen we een paar dagen later naar Roberto zouden gaan, kon ik de autosleutels dus niet vinden, zelfs niet de reservesleutels. Daar stond ik dan, terwijl zij ongeduldig achter me stond te wachten. Ik voelde me nogal dom toen ik de sleutels onder het tapijt vond. Een absurde plaats!

"Je dacht toch niet echt dat ik het kanaal in zou rijden?" vroeg ze heel rustig, bijna verontschuldigend. "Dat kan ik toch helemaal niet?"

Daarmee verbaasde ze me. Net alsof ze nu totaal iemand anders was en helemaal geen zelfmoordgedachten had gehad. Dat hoorde toch niet bij haar? Dat zou ze toch nooit kunnen? Hoe kon ik het denken!

Ik was even stil. "Dan kun je erg goed toneelspelen", zei ik toen.

Ik was even opgelucht, maar besefte ook de ernst van de situatie. Het gevaar dat steeds op de loer lag. En ook het dilemma... *Mag* je iemand tegenhouden die zelfmoord wil plegen? *Moet* je iemand tegenhouden? Is het een plicht? En hoe zit dat dan als iemand zoveel pijn heeft, zo'n ontzettend goede reden heeft om het te doen? Wat zou ik zelf doen in zo'n situatie?

Accepteren

In april zou Dottore weer naar Nederland komen, maar april kwam niet snel dichterbij. Nog nooit duurde een winter zo lang als dit keer. Elke dag was een overwinning en al die tijd hing Linda's leven aan een zijden draadje. April... was het maar vast april. Dan was ze vast al opgeknapt en kon ze met Dottore's hulp helemaal beter worden.

We waren bezig om, zonder de begeleiding van Maria, de cyclokapron af te bouwen. Dat ging heel goed, want lange tijd had ze nauwelijks last van bloedingen.

Linda belde een paar keer per week met een vriend van mij, Sattia, die oosterse kennis had van mediteren. Hij stelde voor dat Linda de mantra *Om Nama Shivaya* ging uitspreken. Niet één keer, maar, zoals dat met mantra's hoort, duizenden malen. Of dat ze de naam *Hahnuman* opschreef. Ten minste achtduizend keer.

De kracht van materialisatie, de kracht van het denken. Het aanroepen van hulp. Jezelf in het Licht plaatsen. We begrepen het belang ervan en gingen het vanaf dat moment toepassen in onze dagelijkse rituelen, meestal voor het slapengaan. Als ze dan 's nachts krom van de pijn door de kamer liep, herhaalde ze die woorden: Om Nama Shivaya. Urenlang, monotoon, soms met een stem die geen kracht meer had om elk woord verstaanbaar uit te spreken.

Bidden deden we bijna nooit. Linda deed dat alleen op school met de leerlingen. De enkele keer dat ik bad, voelde ik me niet op mijn gemak. Om nu ineens te gaan bidden, vond ik hypocriet: nooit bidden en als het dan heel erg slecht met je gaat ineens wel gaan bidden, met een instelling van 'baat het niet, schaadt het niet'. Dat vond ik flauwekul. Als je bidt, probeer dan oprecht te zijn. Maar wanneer ben je dat? Was ik zuiver als ik nu begon te bidden, of was het alleen maar een gelegenheidshulpvraag?

Almachtige Vader...

Het is niet zo mijn gewoonte om te bidden...
Dat ik het nu wel doe is eigenlijk alleen maar omdat mijn vriendinnetje Linda zo ontzettend ziek is.
Ik wil U vragen om hulp voor haar.
Maar ik weet dat het misschien niet de bedoeling is dat zij zal genezen.
Dat is ook niet wat ik U wil vragen.
Eigenlijk wil ik U helemaal niet om hulp vragen.
Ik weet dat we die allang van U en Uw helpers krijgen.
Ik dank U voor al die hulp die er om ons heen is.
Ik voel het misschien niet, maar ik weet het wel.
Dat moet wel, want anders hielden we het nooit zo lang uit.
Dank U voor alles.
Amen

Dat was voor mij al een heel lang gebed. Ik heb niet vaak gebeden en ook nu doe ik dat maar zelden. Het ligt nog steeds niet zo in mijn aard om dat te doen, zeker niet als vaste gewoonte, hoe goed ook. Geloof, zoals de kerk dat voorschrijft... daar voelden we ons niet bij thuis. We hadden geen geloof nodig om te weten dat er meer is, dat er een andere wereld is. Dat er een God is. We hadden zelfs contact met die wereld gekregen en dat voelde heel goed. Juist daarbij voelden we iets van die... Liefde.

Maar wat ik toen bad, meende ik wel. Nou ja... eigenlijk schreeuwde alles in me maar één woord: help! Maar ik had zo'n idee dat de Almachtige Vader – ik kan me niet zo goed vinden in dat woordje 'God' – heel goed op de hoogte was van onze situatie en ons heus niet in de steek liet. Als de Alkracht werkelijk Liefde is, dan zal het Hem pijn doen om Zijn, of Haar, kinderen zo te zien lijden. Hij of Zij zou vanuit die onmetelijke Liefde nooit ook maar één wezen in de steek laten. Als Hij dan toch toestaat dat er iets ergs gebeurt, dan is daar vast een heel goede reden voor.

Maar het was dan wel een reden die wij totaal niet begrepen. Ik hoor Linda nog roepen. De woorden galmen nog altijd na in mijn hoofd: "Waarom dan toch? *Waarom*! Dit heeft toch geen enkele zin? Moet ik *hier* iets van leren? Nou, dan heeft het nu toch lang genoeg geduurd! Ik weet het nu wel hoor! Genoeg is genoeg! Waarom gebeurt dit dan? Waaróm! Wáárom! Zeg het me!"

Ze keek mij daarbij soms heel indringend aan, vragend, eisend zelfs om hulp. Boos, wanhopig, in de steek gelaten. Of ze riep het gewoon naar boven, naar wie daarboven dan ook wilde luisteren, *als* er al geluisterd werd, want daar merkte ze niets van. De pijn werd niet minder, alleen maar meer. Dan luisterde er toch niemand?! Dan werd ze toch in de steek gelaten?

Ik kon haar niet antwoorden. Het was heel vreemd, maar eigenlijk wist ik het antwoord, of in elk geval een deel ervan, zonder het te kunnen omschrijven. Ik voelde een antwoord in me, maar ik kon het niet verwoorden. In elk geval niet in woorden die zij zou accepteren.

Want daar ging het volgens mij precies om. Ik kende mijn vriendinnetje nu al bijna achttien jaar en was vol bewondering voor haar. Ze straalde in mijn ogen altijd iets uit van 'zekerheid', van weten waar ze mee bezig is, van overtuiging, zelfvertrouwen. Bij haar had ik het gevoel dat mijn bestaan zin had, door haar had ik zelfvertrouwen gekregen. Zij zou nooit iets doen zonder goede reden.

Als er iets was dat niet klopte in haar ogen of als er iets onrechtvaardigs gebeurde... dan ging ze daar wat aan doen, dan bedacht ze oplossingen. Op school waren er legio van dat soort situaties. Als ze daar niet in slaagde, of als iets om wat voor reden dan ook gewoon niet ging, dan had ze daar grote moeite mee. Dat kon ze niet uitstaan. Dat verzet, dat zich niet kunnen neerleggen bij, het niet kunnen loslaten van wat er om haar heen verkeerd ging, op school, in haar eigen familie, met de poezen, daar zag ik haar vaak mee worstelen. Daar piekerde ze veel over. Ze zocht naar oplossingen, naar iets dat ze kon doen om het onrecht of het probleem op te lossen. Als de situatie het in haar ogen vereiste, dan kon ze zichzelf totaal wegcijferen. Dat deed ze voor mij, voor haar familie, voor de school en, zoals ze het afgelopen jaar ruimschoots bewezen had, ook voor zichzelf, vechtend tegen haar eigen ziekte. Als je je er maar voldoende voor inzet, als je er maar voldoende energie in pompt, over voldoende opties beschikt, maar voldoende kaarten kunt uitspelen, dan is toch elk probleem op te lossen? Niet?

Maar wat... als de situatie je boven je hoofd groeit en je, al je enorme inspanningen ten spijt, niet kunt voorkomen dat alles toch zijn eigen weg gaat en zelfs volkomen uit de hand loopt? Wat als je steeds zieker wordt en je meer en meer pijn hebt, als je het gevecht begint te verliezen... Wat dan? Hoe ga je daar dan mee om?

We spraken natuurlijk veel met elkaar over wat er met haar aan de hand was. We zochten naar redenen, naar antwoorden, naar oplossingen, naar dingen die we eraan konden doen. We zochten naar de zin van dit alles. Waarom moest zij zo ontzettend veel pijn lijden? Waarom al die bloedingen? Waarom werkten de pijnstillers niet? Waarom kon zij niet slapen?

"Misschien moet je wel leren accepteren", zei ik op een gedurfd moment tegen haar. Ik was voorzichtig om dat uit te spreken, haar reactie al vermoedende.

"Wát moet ik dan accepteren!" knalde ze eruit. (Die reactie bedoelde ik dus.)

"Moet ik dan maar accepteren dat de directie aan de cijfers van mijn leerlingen zit te rotzooien, waar ik een heel jaar aan heb gewerkt? Moet ik dan maar accepteren dat onze poezen met elkaar vechten? Moet ik dan maar accepteren dat mijn ouders om de beurt in het ziekenhuis liggen? Moet ik dan maar accepteren dat loslopende honden de eenden in het park vermoorden omdat de gemeente alle schuilplaatsen heeft weggehakt en die mensen hun honden niet aanlijnen? Moet ik dat dan maar gewoon accepteren? En deze pijn dan! Hoe kan ik deze pijn nou accepteren? Hoe kan ik deze ziekte accepteren? Dat kan ik toch niet? Hoe kunnen ze dat nou van me verlangen!"

Op zulke momenten, zelf ook zoekend naar antwoorden, midden in een situatie die je totaal niet wilt accepteren, had ik de grootste moeite om haar antwoorden te geven. Waren er trouwens wel antwoorden? Wat zeg je in zo'n situatie? Moest ik dan tegen haar zeggen dat ze dat inderdaad maar gewoon moest accepteren? Dat ze er toch niets aan kon doen? Dat het voorbestemd was? Dat ze het zich niet zo aan moest trekken? Dat ze het maar gewoon van zich af moest zetten? Stil maar meisje, het komt wel weer goed...? Het gaat wel weer over?

Dan moest ik haar het antwoord schuldig blijven. "Ik weet het niet", zei ik dan met een vaag hoofdschudden en schouders ophalen. "Ik weet het ook niet."

Misschien zijn dat redenen dat je hulp van boven zoekt. Dat je van God, of van Allah, of van Shiva, wilt weten wat hier nou toch de zin van is. God heeft toch de wereld geschapen? We voelden ons geconfronteerd met de zin van dit alles, of misschien moet ik zeggen 'de onzin', want zo voelde het.

Mede daardoor ontstond er bij ons de behoefte iets te doen wat we ook nog nooit hadden gedaan... het zingen van mantra's. Nou deed Linda dat al met Om Nama Shivaya. Dat deed ze zonder dat we er iets van begrepen. Mantra's zijn vergelijkbaar met gebeden of teksten die op een gedragen manier worden gezongen en waarbij de klank van het zingen minstens zo belangrijk is als de inhoud van wat er wordt gezongen. Wij dachten dat je met het zingen van mantra's de kosmos vraagt om naar jou toe te komen, maar nu begrijp ik dat juist precies het andersom is: je verhoogt je eigen trilling zodat je zelf meer in contact komt met de kosmos.

Wat het effect van al deze mantra's en gebeden dan ook was, achteraf bezien weet ik dat het ons wel degelijk in trilling bracht met de kosmos, met de goddelijke kracht. Een kracht die we nog heel hard nodig zouden hebben.

Een lange weg

We hadden het zo uitgerekend dat als Dottore in april weer in Nederland was, Linda klaar zou zijn met de toxoplasmosekuur, en ook de cyclokapron vrijwel afgebouwd zou zijn. Een lange weg om te gaan vanaf januari, eigenlijk al vanaf oktober, toen Dottore voor het laatst in Nederland was geweest.

We geloofden dat wat Maria was begonnen door Dottore voltooid zou worden. Geen enkele aardse arts of therapeut kon zich met hem meten. Zijn mogelijkheden waren vrijwel onbegrensd. Maar wat bovenal belangrijk was: hij werkte vanuit de Godsbron, vanuit onvoorwaardelijke Liefde.

Pas in de allerlaatste weken, begin april, begon Linda echt het gevoel te krijgen dat ze van die afschuwelijke pillen af kon komen. Ze gebruikte nu nog maar heel kleine hoeveelheden, die ik met behulp van een schilmesje van de grote pillen afschraapte.

Ik ging op zoek naar meer informatie over het middel cyclokapron. Ik kreeg daarbij tegenstrijdige informatie. Er werd zelfs gezegd dat dit middel in Linda's situatie niet zinvol was. Als dat echt waar was, dan had Linda deze pillen voor niets ingenomen. Hadden we deze ellende van zes-urige etmalen dan helemaal niet hoeven te doorstaan? Dan had ze meer kunnen slapen, had ze lang niet zoveel paracetamol hoeven innemen, had ze veel minder pijn gehad, was haar weerstand veel beter geweest, had ze meer kunnen eten en was ik niet zo extreem uitgeput. Dan kon toch niet waar zijn!

We maakten er maar niet zo'n punt van omdat we het niet zeker wisten, maar het knaagde wel en voegde weer iets toe aan ons gevoel van eenzaamheid.

Linda was op weg om beter te worden. De toxoplasmose was vrijwel uit haar lichaam. Ze hoefde nog nauwelijks pillen in te nemen. Ze sliep al weer wat beter. Er was natuurlijk nog steeds sprake van kanker en het gevaar voor bloedingen was nog niet geweken, maar we hadden heel hard gewerkt om de oorzaken daarvan, gelegen in vorige levens, weg te nemen. We hadden een onvoorstelbaar zware tijd achter de rug. Dottore zou over een paar dagen in Nederland zijn en dan zouden we meer weten.

Het was zo'n verademing! Behalve dat Linda steeds kleinere doseringen cyclokapron innam, verlengden we ook de tussenliggende perioden. Het scheelde enorm veel, want de pijn was ook de periode daarna veel minder. Ik merkte dat ze zelfs met heel kleine hoeveelheden cyclokapron nog steeds veel pijn kreeg als ze iets innam. Dat verbaasde me, want het klopte niet. Het leek wel een averechts placebo-effect, een allergische reactie op die pillen.

Ik kon het toen nog niet weten, maar ook deze reactie had te maken met het wegvallen van haar energieveld, haar aura, waardoor ze overgevoelig was geworden.

Eind april, eindelijk was het zover. Dottore was weer in Nederland, helaas niet meteen in Apeldoorn, onze woonplaats. Natuurlijk wilden we graag zo snel mogelijk naar hem toe, maar dan zouden we naar Zeeland moeten. Maar zou Linda zo'n lange tijd in de auto kunnen zitten? Het was bijna twee uur rijden. Hoe kon ze dat volhouden?

Gelukkig hadden we Kevin die nog steeds elke week langs kwam. Misschien kon hij Linda vlak voor de autorit behandelen, zodat ze het vol zou houden. Zijn kortdurende behandelingen met zijn speciale technieken werkten bij Linda altijd heel erg goed. Nooit werd de pijn door een behandeling van hem erger.

Ook daar hadden we inmiddels ervaring mee. Verschillende mensen met wie we contact hadden, wilden Linda op afstand helpen en stuurden energie naar haar. Gek als het klinkt, kon ze daar niet altijd tegen. Soms kreeg ze daardoor juist meer pijn. Maar dat gebeurde niet bij iedereen. Sattia bijvoorbeeld deed het elke dag als onderdeel van zijn meditaties. Daarvan waren wij op de hoogte en Linda had van hem het gevoel dat hij wist wat hij deed. Hoe kwam het dan dat zij soms precies kon vertellen op welke momenten sommige andere mensen haar energie stuurden waar zij wel last van had?

Ook hiervan leerde ik later dat het te maken had met haar ernstig verzwakte energieveld. Daardoor was ze haar bescherming kwijt en was ze super gevoelig geworden, dus ook voor mensen die haar ongevraagd veel energie stuurden. Als we die mensen er voorzichtig op wezen, kregen we opmerkingen terug dat ze ons ondankbaar vonden. Eén argument was dat je nooit te veel energie kunt sturen, omdat het teveel automatisch wegvloeit.

Misschien is dat waar, maar ik zag Linda's reacties op zulke momenten. Wij hadden zelf ook weleens energie gestuurd naar zieke mensen, dus ik kon me hun verontwaardigde reactie best voorstellen. Ik vermoed dat het erom gaat *hoe* je die energie stuurt. Gedachten zijn krachten en wat je uitzendt, wordt altijd ergens in de kosmos ontvangen.

Pomp je gewoon veel energie in een zieke op afstand omdat je vindt dat het moet? Misschien ben je bezig om vanuit je ego mensen te helpen. 'Kijk mij eens.' Zo probeer jij te bepalen wat wel en wat niet goed is voor de zieke. Maar weet jij dat zo goed dan? Misschien probeer je iets te doen wat op dat moment precies het verkeerde is. Als je dat niet weet, is het beter om gewoon een kaarsje te branden, vanuit liefde, zonder te willen sturen. Dat hoeft niemand te weten en je laat de ziekte, het transformatieproces, over aan de kosmos. De Alkracht, de engelen, onze gidsen, weten precies wat je voor een ander doet en zullen je inzet zeker waarderen en jouw energie op de best mogelijke manier inzetten.

Kevin was heel vriendelijk en heel rustig. Hij had het gevoel dat Linda weliswaar heel langzaam, maar toch vooruitging. Hij had ook gehoord van Dottore. Op de dag dat we naar Zeeland zouden gaan, gaf hij Linda 's morgens, vlak voordat we weg zouden rijden, nog een behandeling. Dottore zou er wel voor zorgen dat ze de terugreis weer goed aankon, verwachtten we.

We zouden vlak na de middag hopelijk als eersten aan de beurt komen voor de middagconsulten en hadden ruim voldoende tijd uitgetrokken om de afstand te overbruggen. Na de eerste kilometers in Apeldoorn zette ik de auto langs de kant van de weg. Ik voorzag de bestuurdersplaats van zachte schapenvachten en Linda nam zelf plaats achter het stuur. Ze wilde heel graag zelf autorijden om niet misselijk te worden. "Je moet wel goed opletten hoor", zei ze. "Je mag niet gaan slapen of iets anders gaan zitten doen."

Al na een paar kilometer bleek dat ze het autorijden prima aankon. Ze reed uitstekend. Ik ervoer een van die zeldzame momenten waarop ik volop genoot. Dit voelde als vroeger... vroeger toen alles nog normaal was. Ik was gewend samen in de auto te zitten met haar achter het stuur. Dit herinnerde aan tijden van onbezorgdheid, aan autoritten naar de winkel, naar haar ouders, naar de dansles, om te gaan winkelen in Duitsland. Gezellig met elkaar praten terwijl ik het landschap in me opnam en zij me op roofvogels wees die zij altijd en overal op paaltjes langs de weg wist te vinden.

Onderweg ging alles goed en we kwamen veel te vroeg in Zeeland aan. Omdat we nog iets vergeten waren mee te nemen, zochten we een winkel op. We vonden een heel gezellig klein winkelcentrum en ik vroeg haar of ze wilde blijven zitten of dat ze mee wilde lopen. Maar ze wilde graag mee en zo liepen we onverwachts ineens samen tussen de winkels. Het was leuk om haar te zien genieten van het buiten zijn en het kijken naar winkels. Het was heerlijk voor haar om even te voelen hoe het ook al weer was. Maandenlang had ze opgesloten gezeten in huis, met alleen een paar bezoekjes aan de verschillende therapeuten. En nu liep ze hier... buiten, terwijl de zon scheen.

Mooi op tijd kwamen we bij Dottore aan. We schreven ons in en na overleg mocht Linda als eerste. We hadden het echt goed getimed, want we waren nauwelijks binnen of Bianca, de vertaalster, kondigde aan dat ze zouden beginnen. Dus waren we meteen getuige van het inleidende gebed om Fiona, het medium, te helpen in trance te komen en het aansluitende Onze Vader.

Nog tijdens het gebed werden we binnengelaten bij Bianca en Fiona, die nu in trance was en dus de persoonlijkheid van Dottore in zich herbergde. Zachte muziek speelde op de achtergrond en er hing een lichte geur van medicamenten en wierook. Hij, of eigenlijk Fiona, had zoals gebruikelijk zijn ogen gesloten en stond rustig achter de behandelbank te wachten. Bianca was er om hem dingen aan te reiken en als vertaalster op te treden tussen Dottore, die alleen Spaans sprak, en ons. Ze vertaalde de vragen die we thuis hadden bedacht en uitgeprint en stelde ze aan Dottore. Daarbij vroeg ze soms wat extra uitleg aan ons. Intussen ging Linda op de behandelbank liggen. Dottore en Bianca waren helemaal op elkaar ingespeeld, want zonder dat er woorden nodig waren, kreeg hij van Bianca een schaal aangereikt met watten. Hij ging met zijn handen vlak over Linda's lichaam heen en maakte gebaren die ik al eerder had gezien en die deden vermoeden dat hij aan het magnetiseren was. Soms leek het of hij energie in haar aura perste. Intussen legde hij uit wat hij waarnam en gaf antwoord op onze vragen.

"Het gaat heel goed", vertaalde Bianca. "Er is veel vooruitgang geboekt. Aan zijn werk en jullie inzet is dit te danken."

Hij vertelde dat hij haar steeds had begeleid en haar ook in de komende tijd zou behandelen. "Zonder mijn hulp zou ze allang zijn doodgebloed", zei hij. Dat klonk veelzeggend. Ook als hij straks niet meer in Nederland zou zijn, gingen zijn behandelingen door. Hij schreef een paar middelen voor die we bij de ingang konden kopen.

Van terzijde sloeg ik alles gade en nam alle indrukken in me op, sloeg ze op en dacht veel na over wat ik zag. Ik vond het machtig interessant om een astrale arts door middel van Fiona aan het werk te zien. Nu begon hij Linda's buik te masseren. Hij gebruikte weer die vettige substantie en smeerde dat stevig over haar buik. Naderhand zei Linda dat hij dat heel hardhandig deed en we hoopten maar dat haar buik dat kon hebben. Daarna zag ik dat hij Linda diverse astrale injecties gaf in haar hele buikstreek. Ik zag geen naald, alleen het dotje watten waarmee hij de prikken depte. Uit eigen ervaring wist ik dat die injecties erg pijnlijk waren, want meestal hield hij de naald akelig lang in de huid en bewoog hem nog wat heen en weer ook. Iedereen die bij hem kwam kreeg ze, maar Linda kreeg er wel erg veel. Maar waarom deden ze toch zo'n pijn?

We hadden geluk, want Bianca zei ineens: "Aanschouw het licht." Ze bedoelde een verlichte plek rondom het hart van Fiona. Fiona had een witte doktersjas aan en op die plek lichtte de jas gelig of oranjeachtig op. We hadden het al vaker gezien bij andere gelegenheden. Eerlijk gezegd vonden we dit niet nodig, want het zag er wat nepperig uit. Dat was een oneerbiedige gedachte natuurlijk.

Linda vroeg of hij ook iets aan haar rug kon doen en ze wees hem de plekken aan waar ze altijd veel pijn had. Vooral die uitstekende bekkenbotten links en rechts van haar onderrug. Ze moest zich omdraaien en ik zag dat Dottore haar precies op die botten meerdere injecties gaf.

Ik was wel blij dat Dottore ruim de tijd voor haar nam, want we waren al bijna tien minuten binnen en dat was ongewoon veel. Meestal waren de mensen maar heel kort binnen. Wat Dottore benadrukte was dat we vooral vertrouwen moesten hebben.

Weer dat vertrouwen! Alsof we dat niet in ruime mate hadden! Maar die opmerking vergaven we hem en Bianca. Ik mocht zelf ook even plaatsnemen op de bank. Ik kreeg slechts één injectie, want ik had geen klachten. We bedankten hem en Bianca voor de hulp en maakten plaats voor de volgende patiënt.

Linda droeg altijd en overal een klein fotootje van Dottore als een amulet bij zich, zelfs in bed. Ze bad zelfs tot hem, begreep ik, al zei ze dat niet zo nadrukkelijk.

Bij de uitgang kochten we de kruidenpreparaten die Dottore ons had voorgeschreven en we leverden de envelop in. We hadden er zoals altijd vijftig gulden in gestopt. Een heel bedrag voor een paar minuten, maar dat was voor het kindertehuis.

Eenmaal in de auto vertelde ze dat die injecties haar vreselijke pijn hadden gedaan! En dat precies op die gevoelige plekken. Ze deden nu nog steeds heel erg pijn. Niets pijnvermindering!

We aten de meegenomen broodjes en cake en dronken pakjes vruchtensap. Daarna gaf ik haar een paracetamol en reed het eerste stukje naar huis. Verderop wisselden we weer van plek en reed ze zelf over de snelweg. Maar de terugrit was afschuwelijk. Alles deed zo'n pijn en het duurde zó lang eer we thuis waren! Ze zat het laatste stuk continu te draaien op haar stoel, ze wist zich geen raad. Wat wij, en ook Kevin, van Dottore verwacht hadden, klopte niet. De pijn werd juist erger in plaats van minder.

De week erop was Dottore in België, vlak over de grens bij Limburg. We besloten ook daar naartoe te gaan en hetzelfde ritueel herhaalde zich.

De nederlaag

Ruim twee maanden was het nu al goed gegaan, vrijwel zonder bloedverlies. Maar nu, de dag na ons bezoek aan Dottore in België, begon het weer. Gelukkig leek het een kleine bloeding te zijn, maar het was natuurlijk geen goed teken.
"Wil je een cyclokapron?" vroeg ik. Maar ze schudde haar hoofd.
"Nee. Ik wil niet weer terug naar die afschuwelijke pillen", zei ze.
"Misschien stopt het zo meteen vanzelf."
Ze ging snel op bed liggen om zich rustig te houden. Gespannen wachtten we af. Dit kon toch eigenlijk niet? Ze nam al weken nauwelijks nog cyclokapron in en al die tijd was het goed gegaan. Er was zoveel vooruitgang geboekt. Van iedereen kregen we de indruk dat het steeds beter ging. Gisteren nog, bij Dottore, werd zelfs nog gezegd hoe goed het ging. Dus hoe kon dit?
Een half uur later kreeg ze een enorme bloeding. Het was zo hevig dat ze toch weer aan de cyclokapron wilde. We besloten dat ik naar België zou bellen. Het antwoord was dat we ons niet ongerust moesten maken. "Dottore zorgt voor al zijn patiënten", was het antwoord van Bianca. Ook deze bloeding was hem al bekend. Hij had al maatregelen genomen. "Bloedtransfusies zijn niet nodig. Dottore heeft alles onder controle."
"Heb vooral vertrouwen", herhaalde ze tegen mij. "Linda raakt snel in paniek en dat doet haar geen goed. Als ze geen vertrouwen heeft, kan Dottore nog zoveel doen, maar dan ondermijnt zij zelf de behandelingen. Laat ze zich vooral rustig houden."
Het bloeden stopte echter niet. Het werd steeds heviger. Er kwam een groot donkerrood, leverachtig voorwerp uit. Was het misschien het gezwel dat naar buiten werd gewerkt? Later hoorde ik dat het ging om een bloeding die zich eerder had voorgedaan in de baarmoeder. Bloed uit de bloedvaten in de baarmoeder stolt direct.
Of het met de benen omhoog gaan liggen dan wel zo verstandig was, betwijfelde ik. Je houdt het bloed langer binnen, terwijl de bloeding in feite gewoon doorgaat, en dus houd je jezelf voor de gek. Maar ik ben

geen deskundige. Wel veroorzaakte deze houding heel veel pijn. Ik ben ervan overtuigd dat ze zich een hoop pijn had kunnen besparen als ze niet steeds maar met haar benen omhoog had gelegen.

"Zal ik toch een ambulance bellen?" vroeg ik, want dit was wel heel veel bloed. We hadden het er nog niet over gehad, maar ik vond dat ik deze vraag, die op mijn tong brandde, moest stellen. We moesten deze mogelijkheid in overweging nemen en besproken hebben, ook al had Dottore iets anders gezegd. Hoeveel bloed ze verloor, was nauwelijks in te schatten omdat veel ervan meteen wegspoelde. "Beginnen je oren alweer te bonken?" vroeg ik, want dat leek mij een veeg teken.

Ze twijfelde, ze wist het niet. Ze wist zich geen raad, maar hield zich nog vrij kalm. We belden haar ouders, om even te praten en om te overleggen. Met zijn vieren kwamen we tot de conclusie dat Linda een bevriende sjamane, Shasta, moest bellen. Ook Shasta kende Dottore en ook zij kwam bij hem op consult. Bijna iedereen die we kenden ging naar hem toe.

"Je moet nú naar het ziekenhuis anders gaat het fout", zei ze. Dat was wat haar gidsen vertelden.

Dat leek ons een heel wijs besluit. Net het duwtje dat we nodig hadden om de knoop door te hakken en belde de ambulance. Dit kon echt niet langer zo. Ze verloor veel te veel bloed in een veel te korte tijd. Na dat gesprek keek ik Linda aan. Dit was een nederlaag. Al die tijd hadden we geprobeerd te voorkomen dat ze in het ziekenhuis terecht zou komen. Geen vreemd bloed in haar lichaam. Geen operaties. Niet andere mensen over haar laten beslissen terwijl ze onder narcose was. Maar wat moesten we anders? Dit kon toch zo niet langer?

"Misschien geven ze je alleen maar een bloedtransfusie", zei ik.

Wat betekent het eigenlijk als je met een ambulance naar het ziekenhuis wordt gebracht? Dat je automatisch alle touwtjes uit handen geeft? Was ik haar nu voorgoed kwijt? Zou ze ooit nog thuiskomen of ging ze nu alsnog de hele mallemolen in die we al die tijd hadden vermeden?

We zouden er snel genoeg achter komen. Anderzijds voelde ik ook een soort rust, want nu werd ze misschien behandeld door mensen die wisten waar ze mee bezig waren en werd het nemen van beslissingen de taak van anderen. Weer dat dilemma.

We betwijfelden of die specialisten wel zo goed wisten wat ze deden. Ze werkten volgens voorgeschreven regels en hadden de wet achter zich, maar hoe begaan waren ze werkelijk met hun patiënten? Wisten ze alles wel zo goed als je zou mogen verwachten? We hadden veel verhalen gehoord over het tegendeel, over de vele fouten die er in ziekenhuizen worden gemaakt. Ziekenhuisbacteriën, antibiotica die niet meer werkt, medicijnen die helemaal niets natuurlijks meer in zich hebben, patiënten die worden gereduceerd tot een ziekte of een kwaal in plaats van een mens, chirurgen die hun patiënten alleen maar van een dossier kennen, specialisten die door de farmaceutische industrie met snoepreisjes overgehaald worden om middelen voor te schrijven die alleen een financieel belang dienen, chemokuren met een vernietigende werking... We waren bang. Hadden we hiervoor al deze moeite gedaan?

Toen hoorde ik heel in de verte de sirene. Dat is een geluid dat je, als je het eenmaal in zo'n situatie hebt gehoord, daarna nooit meer los kunt zien van de herinnering die het bij je oproept.

Een ambulance op het woonerf hier: dat zou de buurt niet over het hoofd zien. Ik dacht niet dat iemand van onze buren op de hoogte was van wat hier gebeurde. Daar zou nu in één keer verandering in komen. Ik hield de deur open voor het ambulancepersoneel, terwijl ik achter hen zag dat er om de ambulance al een aantal buurjongetjes rondliepen. Het nieuws van dag...

De ambulance-medewerkers waren heel vriendelijk. Overal waren bloedspetters te zien, ook dat grote leverachtige voorwerp. Vrij overtuigend leek me, voor als er nog twijfels mochten bestaan over de noodzakelijkheid van dit bezoek.

Van terzijde bekeek ik het tafereel. Twee vrouwen in groengele pakken, het leken wel regenpakken. Een grote kist met materialen. Portofoons aan hun middel die zo nu en dan piepten. Linda op de wc. Overal roodgekleurd toiletpapier. Een van de vrouwen zat in haar stugge krakerige kleding naast Linda gehurkt om een infuus aan te brengen. Er lagen een paar slangetjes op de grond. Een naald met dop was weggeworpen... te dik. Gescheurde plastic zakjes waar naalden in hadden gezeten. Onze eigen telefoon die met snoer en al op de grond lag. Hij ging af. Ik nam op en vertelde, zonder te luisteren wie het was, dat ze nu met haar bezig waren en legde direct weer neer. Ik zou straks wel terugbellen.

Het infuus zat er in. Er werd meteen een fles met een zoutoplossing aan gehangen zodat haar bloedvolume in elk geval weer aangevuld werd. Linda hield vol dat ze zelf de trap wel af kon lopen. Ze had nog geen trui aan en liep met haar blote benen voorzichtig de trap af. Beneden hadden ze de brancard al op wieltjes in de kamer gezet en we keken elkaar nog even aan.

"Ik kom weer terug vriendje", zei ze. "Ik kom weer terug."

"Ik hou van je", antwoordde ik. Wie weet zou ik het nooit meer tegen haar kunnen zeggen. En ze antwoordde me: "Ik hou van je."

Linda stapte op de brancard en werd ingepakt door de verzorgsters. Riemen werden aangetrokken en half rijdend, half tillend werd ze naar buiten gebracht terwijl ik erachteraan liep. Ze vroegen of ik mee wilde rijden, maar daar zag ik vanaf. Ik moest misschien nog wat spullen ophalen en dan was het veel handiger als ik een auto bij me had. Terwijl ik toekeek, werd mijn vriendinnetje in de ambulance geschoven. De klep ging dicht en vanuit de ambulance keek ze me aan en duwde haar vingertoppen tegen het glas. Ik deed hetzelfde.

Ik keek de ambulance na toen die met zwaailicht, maar zonder sirene, het woonerf afreed. Daar ging mijn vriendinnetje... zonder mij. Ik stond op dezelfde plek op de parkeerplaats als waar ik altijd stond als ze 's morgens naar school ging. Maar zwaaien had nu geen zin. De buurjongetjes die op gepaste afstand toekeken nam ik nauwelijks waar.

Ik draaide me om. Wat moest ik nu doen? O ja... Ik pakte nog wat spullen bij elkaar. Ik keek nog even in de badkamer. Overal waren bloedspetters. Ik ging even bij elke poes kijken en praatte tegen ze om ze gerust te stellen. Ze waren van streek door de paniekerige drukte, zware stemmen en vreemde geluiden. Ik maakte me zorgen om hen. Huisdieren pakken emoties op, maar tonen ze niet. Ik voorzag ze allebei van voer, water en schone kattenbakken. Mijn ouders zouden zo direct komen om alles op te ruimen. Daar zouden ze weleens van kunnen schrikken gezien alle bloed. Ik vroeg me af of ik alvast wat moest opruimen om de schok te verzachten, maar uiteindelijk besloot ik alles te laten liggen zoals het was. Misschien was het wel beter dat hun ogen geopend werden voor de rauwe werkelijkheid. Maar ik zou hier later nog vaak over nadenken, want zonder het me bewust te beseffen 'wist' ik dat dit een belangrijk keuzemoment was. Een moment dat nog een grote rol zou gaan spelen.

Binnen een paar minuten was ik klaar. Ik pakte de reistas, de autosleutel, de huissleutel, deed een jas aan, sloot de deur achter me, draaide de sleutel om, liep naar de auto, opende het portier, stapte in en... toen wist ik het niet meer. Wat is de kortste route naar het ziekenhuis? Hoe moet ik rijden? Zo iets eenvoudigs. Welk ziekenhuis is het? Waar ligt dat ook alweer? Ik kon me de weg erheen niet meer voorstellen en wist niet eens of ik na het woonerf links- of rechtsaf moest slaan.

Maar ik kon hier niet blijven en dus vertrok ik op goed geluk en sloeg op de hoofdweg rechtsaf, erop rekenend dat ik op routine de weg wel zou vinden. Ik hield me aan de maximumsnelheid, maar ik reed een heel eind om. Ik kon geen betere weg bedenken. Ik maakte me alleen zorgen over de benzinevoorraad. Het lampje had gisteren al vele kilometers gebrand en ik was vergeten te tanken. Benzine... het leek wel bloed.

In het ziekenhuis was Linda net gearriveerd op de EHBO-afdeling, die bestond uit een stuk of zes bedden, afgeschermd door gordijntjes. Twee mensen van het verplegend personeel kwamen erbij. Ze namen de bloeddruk op en er werd bloed afgenomen voor onderzoek. Toen kwamen de vragen...

Linda gaf zo veel mogelijk zelf de antwoorden, maar aarzelde om op sommige vragen volledige openheid te geven. Ik had het idee dat het verstandig was om openkaart te spelen. Wat had het ons tot dusver gebracht? Irritatie bij de artsen, want die begrepen ons niet en dachten in de trant van: "Nou, zoek het dan maar zelf uit, jij bent tenslotte ziek, wij niet."

Maar *hoe* speel je dan openkaart? Want wat we ook steeds merkten, was de onverholen afkeer van alles wat alternatief was. Als we te veel vertelden, te eerlijk waren, kregen we zoveel onbegrip dat het resultaat hetzelfde was. Irritatie en onbegrip. Kon dan niemand zich verplaatsen in een eigenwijze en bange patiënte zoals Linda?

De verpleegkundige die de vragen stelde, wist natuurlijk niets van Linda, dus vroeg zij eerst of de bloedingen iets met zwangerschap of met menstruele bloedingen te maken konden hebben. Ik voelde de spanning bij Linda toen ze hierover vragen begon te stellen en was benieuwd wat ze ging antwoorden.

"Wat denkt u zelf dat de oorzaak van de bloedingen is?" vroeg de verpleegkundige heel slim. Dé hamvraag...

"Als ik dat zeg, dan zijn jullie meteen bevooroordeeld", antwoordde Linda, die meteen in de verdediging schoot.

De verpleegkundige keek haar niet begrijpend aan. "Waarom zouden wij bevooroordeeld zijn?" vroeg ze. "Wij willen alleen een zo volledig mogelijk beeld krijgen. Dat is in uw eigen belang. Ik begrijp hieruit dat er al sprake is van een voorgeschiedenis? Want dan kunnen we een patiëntendossier opvragen."

Linda aarzelde en zei toen op wat heftiger toon: "Ik wil zo graag dat jullie onbevooroordeeld zijn. Als jullie mijn dossier inkijken, dan staat jullie mening meteen al vast. Kanker! Wil niet meewerken aan operatie!"

Deze verpleegkundige was gelukkig heel vriendelijk en deed haar best zich in Linda's situatie te verplaatsen en begreep haar. Misschien kwam dat omdat ze zelf een vrouw was en deze angsten kende. Ze stelde de juiste vragen en Linda vertelde haar verhaal.

Wij wilden graag dat ze nu eindelijk eens onderzochten hoe het er echt voorstond, want Linda was ervan overtuigd dat deze bloedingen niet aan baarmoederhalskanker toegeschreven moesten worden, hooguit aan de gevolgen daarvan, ontstekingen bijvoorbeeld. Het lijkt absurd om dit te lezen, zeker vanuit regulier oogpunt gezien, maar gezien de enorme moeite die we hadden gedaan om die tumor te bestrijden, en ook gezien de vorderingen die ze volgens zeggen van bijvoorbeeld Dottore had gemaakt, was dit niet zo'n vreemde houding.

Nu dit gesprek en de eerste onderzoeken waren voltooid, was de conclusie dat ze inderdaad snel bloed nodig had, maar niet zo snel dat ze niet kon wachten op bloed van haar specifieke bloedgroep, want de bloedingen waren voor het moment gestopt. Het donorbloed moest uit Deventer komen. In de tussentijd werden we naar een aparte afdeling gebracht en overgedragen aan een gynaecoloog die daarvoor speciaal was opgeroepen en nog in zijn gewone kleding liep. Het was gelukkig niet dezelfde gynaecoloog die Linda had doorverwezen naar Amsterdam.

Hij kreeg Linda's dossier aangereikt en begon met ons een gesprek over de bevindingen tot nu toe en over de situatie van het moment. Hij wilde van ons weten wat we nu eigenlijk wilden.

Tja... eigenlijk hadden we verwacht dat zij dat zouden bepalen. Linda was tenslotte met de ambulance hier gekomen. Uiteraard verwachtten we een bloedtransfusie. Maar ik kreeg de indruk dat zelfs dat niet eens vanzelfsprekend was en dat behandeling al helemaal geen automatisch traject was. Uit het dossier was uiteraard naar voren gekomen dat Linda een onwillige patiënte was die zich niet aan eerdere behandelvoorstellen had onderworpen. Daarmee rekening houdend, wilde deze arts Linda niet automatisch een behandeling opdringen. Hij stelde ons voor een keuze. Ofwel ze werd nu opgenomen, onderzocht en behandeld volgens de werkwijze zoals het ziekenhuis goedachtte, ofwel ze ging nu naar huis. Ze kreeg dan nog wel eerst een bloedtransfusie, maar dat was het dan.

Ik probeerde een paar keer gedaan te krijgen om ook een echo te laten maken, zodat we ten minste iets zouden weten, maar dat lukte niet.

Beng! Daar ging weer een deur dicht.

Deze arts werkte volgens het boekje. In mijn ogen handelde hij terecht... vanuit zijn achtergrond. Maar waarom voelden wij ons dan zo onbegrepen? En alleen?

Moest ik Linda nu overhalen of zelfs onder druk zetten? Waarschijnlijk zou ze naar me luisteren. Zo lang en zo hard te hebben gestreden en dan nu alsnog het ziekenhuis in? Maar hoe waren de vooruitzichten, want daar hadden we geen weet van. Daarvoor moest ze eerst onderzocht worden.

De weg die deze arts voorstelde, was de meest voor de hand liggende optie en absoluut de gemakkelijkste. Maar was het ook de beste weg? Want nu *ja* zeggen, was *ja* zeggen tegen alles.

Als het ziekenhuis een operatie voorstelde, dan werd het een operatie. Stelden ze bestralingen voor of een chemokuur, dan had ze dat maar met zich te laten doen. Desnoods zouden ze alles achter elkaar inzetten. Als later zou blijken dat het niet werkte, dan had ze voor niets al die ellende ondergaan, hooguit als studieobject voor de artsen. Een voordeel was misschien de pijnbestrijding. Maar aangezien ze op bijna geen enkele pijnstiller normaal reageerde, vond ik ook dat vooruitzicht twijfelachtig. Ze beschikten natuurlijk ook over morfine, maar dat kon ook via onze huisarts worden voorgeschreven. Maar die man had een keer een opmerking gemaakt over morfine: als we daaraan zouden beginnen, was het 'einde verhaal'.

In het ziekenhuis zouden de specialisten bepalen wanneer ze morfine zou krijgen. Gezien Linda's extreme pijn zouden ze daar direct al mee beginnen. Met andere woorden... de specialisten hadden dan alle macht over haar. Zij konden middels morfine dan zelfs bepalen hoe lang ze haar leven nog levenswaardig vonden. Was ik het daarmee eens?

Weer stonden we voor een alles-of-niets-keuze. Voor mij was het vooral van belang Linda te steunen, achter haar te staan, zelfs al zou ze iets anders kiezen dan ik zou doen. Maar dat was niet zo. Ik wilde haar voor alles vrijlaten in haar keuze en *welke* die keuze ook was, ik was het met haar eens. Haar keuze was mijn keuze. We waren één. We dachten hetzelfde... en we besloten wederom onze eigen weg te gaan. De eenzame.

Korte tijd later arriveerde het bloed, drie zakjes. Het was uiteindelijk ruim na middernacht dat ze in een apart kamertje de bloedtransfusie kreeg toegediend. Mieke, mijn zus, kwam ons opzoeken en vroeg of ze ons ergens mee kon helpen, maar alleen al haar bezoek gaf ons het gevoel ten minste niet helemaal alleen te zijn in dit 's nachts erg stille ziekenhuis.

Voor mijn aller-, allerliefste vriendje

De volgende ochtend vroeg waren we weer thuis. Een thuis dat helaas geen veiligheid kon bieden tegen deze ellende. We hadden hier nu al zoveel pijn meegemaakt dat het geen opluchting gaf weer thuis te zijn. Wat moesten we nu? In het ziekenhuis hadden we het advies gekregen de cyclokapron niet meer dan twee keer per dag in te nemen. Dat was in elk geval beter dan elke zes uur.

Mijn ouders en Mieke hadden ons huis opgeruimd. Ik belde ze om ze te bedanken. Ik hoorde aan mijn moeders stem dat ze vreselijk geschrokken waren van al dat bloed en die enorme bloedklont. In feite werden ze nu voor het eerst geconfronteerd met Linda's ziekte. Tot gisteravond hadden ze haar nooit ziek gezien, alleen maar mijn verhalen gehoord. Dit was de realiteit.

De week erop was Dottore in Apeldoorn. Gezien de laatste ontwikkelingen zaten we vol met vragen en daar wilden we heel graag over praten. We waren gespannen, onzeker en heel bang voor wat we te horen zouden krijgen. Eigenlijk verwachtten we dat Dottore Linda zou adviseren zich in het ziekenhuis te laten opnemen. Dat hij niet in staat was om haar met dit ziektebeeld en haar extreme pijn adequaat te behandelen. Dat was niet wat we wilden horen, maar we rekenden erop dat het zijn woorden zouden zijn.

Wij mochten als eersten bij Dottore komen. Bianca zei dat Dottore al op de hoogte was en dat hij Linda al een astrale bloedtransfusie had gegeven door middel van injecties. Ze voegde eraan toe dat zo'n injectie een heel bijzondere stof bevat die wel zes keer zo geconcentreerd is als bloed.

Dottore beantwoordde al onze vragen. Hij vertelde dat Linda een speciale behandeling zou krijgen. Hij zou Linda met een speciaal team van astrale artsen iedere avond tussen
21.00 en 22.00 uur gaan behandelen. Bianca zei dat Dottore dit zelden deed, dat het zelfs zeer ongebruikelijk was. Hij vertelde nadrukkelijk dat

Linda beter mocht worden, maar dat ze vooral veel vertrouwen moest hebben en zelf hard moest meewerken.

Aan het eind van het consult mocht Linda vlak voor Dottore komen staan en zijn handen vasthouden en gedurende een aantal minuten prevelde Dottore een gebed. We verstonden het niet, maar we begrepen dat de goddelijke wereld zich tot het uiterste zou inspannen om haar te helpen beter te worden. Wat Dottore verder van haar wilde, was dat ze vlees zou gaan eten, rood vlees, biefstuk. We begrepen dat vlees normaal gesproken goed is om aan te sterken, maar Linda was al bijna haar leven lang vegetariër. Dan was vlees toch helemaal niet goed voor haar? We stelden er vragen over en vroegen of er iets anders was om aan haar bloed snel op peil te krijgen. Uiteindelijk vond hij heel sterke vleesbouillon ook voldoende.

We hadden met angst en beven naar dit consult uitgekeken. Stel dat Dottore haar niet meer verder had willen helpen. Stel dat ze naar het ziekenhuis had gemoeten. Mócht ze wel beter worden of was ze ten dode opgeschreven? Dottore had nu zijn antwoord gegeven en dankzij hem was er haast een wonder gebeurd. Toen we door de gang liepen op weg naar de tafel waar de medicijnen werden verkocht, huilde Linda door vrijgekomen emoties en kon ze haar stem niet meer in bedwang houden. "Ik mag beter worden!" riep ze. "Ik mag beter worden!" Ze bedankte iedereen en was in alle staten van blijdschap.

Ik liep naar de medicijntafel en ontmoette halverwege Maria. Met gemengde gevoelens sprak ik even met haar, tenslotte had zij ons laten vallen, maar ondanks dat had ze ook respect afgedwongen. Zij deelde Linda's opgeluchte stemming niet, maar maakte in plaats daarvan een opmerking die me zorgelijk stemde: "Jij krijgt nog heel wat voor je kiezen."

In de anderhalve week dat Dottore in Apeldoorn verbleef, kwamen we diverse malen bij hem en tijdens elk bezoek kreeg ze injecties, soms heel veel. Ik vroeg Linda of ze vleesbouillon ging nemen, maar alleen al van het idee moest ze kokhalzen. Maar hij was zo stellig geweest dat ze toestemde dat ik een pot met ingemaakt rundvlees haalde om sterke bouillon van te trekken. Toen dat een tijdje op het fornuis had staan pruttelen, kwam Linda beneden en ging bijna over haar nek van de lucht. Dit ging tegen al haar principes in en het stond haar zó tegen dat ze ten slotte zei dat ze nog liever zelf doodging dan dat ze dieren zou laten doden om in leven te blijven.

Zoals Dottore had gezegd, ging ze elke avond om 21.00 uur op bed liggen. Ze had dan haar medicijnen ingenomen, ik had het bed opgemaakt en haar behandeld, we hadden al onze gebeden en mantra's opgezegd, ofwel het hele ritueel dat we in die periode in de mode hadden was afgewerkt. Linda had een ingelijst fotootje van Dottore naast zich in de vensterbank gezet en ze had een kaartje met zijn foto in haar handen, haar talisman. Ik stelde me voor hoe ze bij Linda alle kankercellen aan het weghalen waren met een precisie die alleen astrale artsen is gegeven.

Soms viel ze daarbij in slaap. Ik was uitgeput en ging daarom soms naast haar liggen om ook te slapen, maar tot twee keer toe die week gebeurde er iets heel merkwaardigs.

Nog terwijl Dottore aan het werk zou moeten zijn, schrok Linda met een schreeuw wakker, helemaal in paniek, want ze droomde dat ze werd verkracht. Het ergste was nog dat ík degene was die haar verkrachtte en dat was zo levensecht dat ik minutenlang nodig had om haar te overtuigen dat dit niet echt was. Onnodig te zeggen dat de pijn ook terug was. Dromen hebben vaak een symbolische betekenis en ik huiverde voor de uitleg die je hieraan zou kunnen geven. Het wilde toch niet zeggen dat ik Linda mijn persoonlijke keuzes opdrong en haar zo in het dagelijkse leven energetisch verkrachtte?

We begrepen er niets van. Ze droomde nooit, misschien eens per jaar, en nu had ze twee nachtmerries achter elkaar. Ik besloot daarom om maar niet meer naast haar te slapen als Dottore aan het werk was en sindsdien droomde ze niet meer.

Er gebeurde ook iets tijdens een van onze bezoeken aan Dottore. Aan het eind van het consult kregen we iets merkwaardigs te horen. Hij kwam voor mij staan. Hij begon ermee te zeggen dat hij zich ernstig zorgen maakte over mijn ouders. Zij waren deze week ook bij hem geweest en hun gezondheid was niet al te best. Ze moesten alle stress vermijden en daarom was het beter als wij hen niet meer zouden vragen ons te helpen. Hij ging echter nog verder en vertelde dat het ook beter was ze voorlopig niet meer te ontmoeten. Als we via de telefoon contact hadden en het ging op dat moment niet zo goed met Linda, dan mochten we dat beslist niet vertellen en in plaats daarvan desnoods maar een leugentje vertellen. Zo hoefde mijn moeder zich niet nodeloos ongerust te maken.

Nodeloos?

Mijn vaders gezondheid was ook niet goed, vooral zijn hart niet. Ook voor hem was het van belang om niet geconfronteerd te worden met Linda's problemen. Ze moesten de weinige tijd die ze samen nog hadden aan elkaar kunnen besteden om in dit leven nog af te kunnen maken wat nodig was.

Als we dat niet zouden doen, zouden de darmklachten van mijn moeder kunnen verergeren en zou hij uiteindelijk niets meer kunnen doen om dat te voorkomen. Dan zou het in darmkanker kunnen veranderen. "Zij is eigenlijk nog zieker dan Linda", waren zijn letterlijke woorden. Hij deed een beroep op ons begrip voor deze situatie en klonk heel ernstig. Toen voegde hij er nog iets aan toe. Hij zei dat Linda snel in paniek raakt en dat dit haar gezondheid geen goed deed. Het was van groot belang dat ze vertrouwen had. Ze kon beter worden, maar dan zou ze echt vertrouwen moeten hebben. Kennelijk hadden we dat nog steeds niet voldoende. Tegen mij zei hij dat als ze weer eens in paniek was en allerlei mensen opbelde voor hulp, ik haar maar alleen moest laten, want ik moest ook voor mezelf zorgen, in het belang van mijn eigen gezondheid, want ik maakte me veel meer zorgen dan nodig was...

Op dat moment drong de omvang van wat hij vertelde niet tot ons door, want anders had ik direct een aantal vragen afgevuurd. Ik wist uiteraard van mijn moeders darmklachten af en begreep heel goed dat we haar moesten ontzien. Natuurlijk! Maar juist daar hadden we al die tijd zo ons best voor gedaan. Daarom hadden we mijn ouders maandenlang op afstand gehouden. Pas in februari werd het mijn moeder en Mieke echt te gek en hadden we hun hulp maar te aanvaarden, of we nou wilden of niet. Zo hadden ze het ons gezegd, met een glimlach weliswaar. Maar geen protest. Dat hadden zij zo bepaald. Ik kon die hulp maar al te goed gebruiken, want ik kon het allang niet meer in m'n eentje aan.

Ook voor henzelf was het belangrijk om iets te kunnen en te mogen doen. Je voelt je in zo'n situatie beter als je iets kunt doen, wat dan ook. Alles beter dan met lege handen te staan en afwachten. Wel voerde

Linda tijdens die bezoeken een show op om er maar zo goed mogelijk uit te zien, ook om ze niet ongeruster te maken dan nodig was. En nu kregen we te verstaan dat we hun hulp maar helemaal moesten weigeren!

Snapte Dottore dat nou niet! Waarom wist hij niet wat we allemaal al deden om mijn ouders te ontzien? Hij was een astrale arts die zijn patiënten elke nacht bezocht! Hij *moest* dit toch weten!

Ik had een vermoeden van wat er was gebeurd. Ik denk dat mijn ouders aan Bianca, Maria en Dottore verteld hadden wat ze kortgeleden bij ons thuis hadden aangetroffen na de grote bloeding. Zij hadden al dat bloed opgeruimd. De ernst van Linda's ziekte was niet eerder tot mijn ouders doorgedrongen. Ik kon me hun schrik en het feit dat ze er met Bianca en Dottore over hadden gesproken prima voorstellen, ik had er tenslotte zelf aan bijgedragen, maar ging zijn verzoek niet veel te ver? Nu mocht ik mijn ouders niet eens meer thuis ontvangen en ik zag mezelf ook niet voor een koetjes-en-kalfjes-bezoek bij hen langsgaan, intussen Linda alleen thuislatend. Daar was ze veel te ziek voor. En dan maar gezellig over van alles praten om mijn ouders te ontzien, behalve over dat ene waar mijn hoofd compleet van overliep: Linda's afschuwelijke ziekte! Dus wat hadden we voor keuze? Waarom vroeg hij dit?

De volgende avond belde mijn moeder mij op. Dat had ik al wel verwacht, want zij waren die dag ook bij Dottore geweest. Maar dit telefoongesprek verliep heel anders dan ik ooit had kunnen voorzien. Ze vroeg hoe het met Linda ging en hoe het met mij ging. Rekening houdende met wat Dottore mij had opgedragen, vertelde ik dat het best goed ging. Dottore was heel tevreden geweest. Ik zei dat Linda zelfs beter zou kunnen worden, bla bla bla. Maar terwijl ik sprak, voelde ik dat ze iets wilde zeggen.

Wat ze ons duidelijk probeerde te maken, was dat ze ons voorlopig niet meer wilde, of kon, of mocht... zien. Niet omdat ze niet van ons hield, maar omdat dat voor haar gezondheid het beste was. Omdat Dottore dat tegen haar had gezegd. Ze vertelde dat Mieke zo veel mogelijk bij ons zou blijven komen om ons te helpen. Zij zou een tussenpersoon zijn. Zo konden we toch contact met elkaar houden.

Ik antwoordde dat wij hetzelfde van Dottore hadden gehoord, maar bracht ertegenin dat het toch niet verkeerd was als ze zo nu en dan een paar borden kwamen afwassen. Maar dat wilde ze niet. Ik hoorde aan haar stem dat ze zichzelf niet meer onder controle had en even later gaf ze de telefoon aan mijn vader.

Ik probeerde met hem verder te praten, maar kon hem ook niet bereiken. Wat hij er nog aan toevoegde, was dat we hen voorlopig ook niet meer moesten bellen. Dottore had gezegd dat ze alle stress moesten vermijden en dat ze rust moesten houden en dat Linda's ziekte slecht was voor hun gezondheid. Ook hij klonk helemaal overstuur. Daarna verbrak hij de verbinding.

Zo had ik hen nog nooit meegemaakt. Zo kende ik mijn ouders niet. Wat was hier aan de hand?! Wat was er gebeurd? Wat had Dottore... in Gods naam... tegen hen gezegd?

Ik vertelde Linda wat ik te horen had gekregen. Zij begreep er ook niets van. Zo'n raar gesprek had ik nog nooit met mijn ouders gevoerd. Dit was zó tegenstrijdig met hun aard. Ze zouden ons nooit zo in de steek laten. Waarom deden ze zo?

Ik pakte de telefoon weer op, draaide hun nummer en kreeg mijn vader nogmaals aan de lijn. Hij klonk afwerend en wilde ons duidelijk niet spreken. Hij was zichzelf niet. Maar ik hield aan en wilde weten wat er aan de hand was. Waarom deden ze zo? Ze hoefden toch niet alles te doen wat Dottore zei? Toen reageerde hij boos, in paniek bijna: "Mijn vrouw is heel erg ziek en als ze nu niet voor zichzelf zorgt, zal ze niet lang meer te leven hebben."

Op de achtergrond hoorde ik mijn moeder iets onverstaanbaars zeggen met een vreemd hoge stem. Daarna legde hij de telefoon neer en was de verbinding verbroken.

Twee woorden bleven in mijn oren nadreunen: mijn vrouw. *Zijn vrouw* was toch ook *mijn moeder*? Voor het eerst in mijn hele leven deed mijn vader alsof ik geen deel van de familie, van zijn gezin uitmaakte. Dit paste niet bij hen. Het klopte totaal niet.

Omdat Dottore nog steeds in Apeldoorn was, maakten we zo veel mogelijk gebruik van de gelegenheid om hem te bezoeken. Aangezien mijn ouders hetzelfde deden was het niet zo vreemd dat we hen bij het volgende bezoek ontmoetten. Ze zagen ons staan en ik herinner me nog steeds mijn vaders reactie toen hij ons zag, want ik probeerde hem op afstand te begroeten, maar hij wendde zijn hoofd af en trok mijn moeder snel mee een kamertje in. Ik kreeg het gevoel alsof we een gevaarlijke, besmettelijke ziekte hadden. Dat was het laatste dat ik voor lange tijd van mijn ouders zou zien en dat ik me van hen zou herinneren.

Twee dagen later kreeg Linda 's avonds een nieuwe, zeer ernstige bloeding. Binnen anderhalf uur tijd verloor zij zoveel bloed dat ik me wederom gedwongen voelde een ambulance te bellen. Er was echter één groot verschil met de vorige keer: ik heb mijn ouders niet gebeld. Ze wisten van niets.

Na de bloedtransfusie gingen we maar weer naar huis. Wat moesten we anders nog doen in dat ziekenhuis? We waren echter wel iets wijzer geworden, want tijdens de bloedtransfusie kreeg Linda een andere pijnstiller toegediend, een zetpil, dyclofenac genaamd. Wat we niet van pijnstillers gewend waren, was dat deze werkte. Binnen een uur zakte de pijn. We kregen een recept mee.

Waren we nu weer buiten het boekje van Dottore gegaan? Hij had tenslotte verteld dat zijn astrale injecties veel beter waren en dat Linda helemaal geen bloed nodig had van het ziekenhuis. Hadden we het vertrouwen nu weer beschaamd? In plaats van te bellen besloten we om hem en de vertaalster een brief te schrijven waarin we Linda's toestand nauwkeurig beschreven, want tijdens de consulten had ik altijd de indruk dat Bianca maar half luisterde en alles wat ik zei afwimpelde met de woorden dat Dottore dat allang wist. We schreven dat we hem enorm vertrouwden, maar dat we dit allemaal niet begrepen. Hij had toch verteld dat ze beter kon worden? Het leek alleen maar slechter te gaan. Hoe kwam dat toch? Het was echt een vriendelijke, maar ook kritische brief waarin we om steun en antwoorden vroegen. Aan het eind bedankten we hem voor al zijn inspanningen.

De daarop volgende week voelde Linda zich voldoende opgeknapt om Dottore in België te bezoeken. Ik belde 's morgens naar België om aan te geven dat we die dag langs zouden komen, maar een half uur later ging de telefoon. Ik nam op en kreeg Bianca aan de lijn.

Zij drong erop aan dat we niet naar België zouden komen, want Dottore kon haar prima op afstand behandelen. Dat vond ik vreemd, want als hij zelfs een zieke patiënt als Linda op afstand kon behandelen, dan kon hij net zo goed in Colombia blijven.

Ze vervolgde: "Linda heeft door de bloedtransfusies zoveel vreemd bloed in haar lichaam gekregen dat er geen druppel eigen bloed meer in haar lichaam zit. Dottore kan er daarom niet meer doorheen komen. Hij kan haar niet meer beter maken."

En ze besloot met: "Linda moet zich gaan voorbereiden op haar overgang. Dottore zal goed voor haar blijven zorgen, ook als zij is overgegaan."

Ik schrok geweldig. Wat was dit nu weer! Ze praatte nog even door, maar ik was zo perplex dat ik amper in staat was om te reageren of vragen te stellen. Toen ik de telefoon neerlegde, was het alsof we een enorme klap in ons gezicht hadden gekregen.

Bianca had opgemerkt dat Linda dit zelf al wel had zien aankomen. Dat ze dit toch zelf ook wel wist. Van die opmerking begrepen we niets! Juist Dottore had ons keer op keer verteld hoe goed het ging. Zij had dat zelf vertaald! Hoe kwam ze daarbij? Ze had bij een van de bezoeken zelfs opgemerkt: "Het gaat heel goed met Linda, alleen beseft ze het zelf nog niet."

Dit was waar we al die tijd zo ontzettend bang voor waren geweest. Inderdaad hadden we dit al zien aankomen, zeker na de laatste bloedingen en de opmerkingen in het ziekenhuis. Maar *niet* door wat Dottore en Bianca keer op keer hadden verteld. We hadden alleen nooit verwacht om het op zo'n manier te horen te krijgen. Waarom was vreemd bloed zo'n probleem voor Dottore? Dat had hij ons nooit verteld. Wat hadden we nou helemaal voor keus gehad? Het bloedverlies was extreem geweest. Het was toch zeker niet verboden om het ziekenhuis in te schakelen? Iedereen die bij hem kwam, ging daarnaast toch ook gewoon naar de eigen huisarts of, als het nodig was, naar het ziekenhuis? Hij had alleen gezegd dat hij het zelf beter kon. Hij stuurde als astrale arts de handen van de chirurg. Dat vertelden ze zelf! Hadden we dan elke keer thuis moeten afwachten? Had ze thuis moeten doodbloeden? Hadden we dan nu niet genoeg vertrouwen gehad? Was dat het? Kwam het dan allemaal neer op dat ene woord: vertrouwen?

De dagen na dat telefoontje waren we volkomen van de kaart. Linda belde haar ouders om het laatste nieuws te vertellen. Ze belde ook andere mensen om het van zich af te praten, maar mijn ouders kon ik niet bellen. Ik voelde me dubbel getroffen. Nu ik de hulp van mijn ouders meer dan ooit in mijn volwassen leven nodig had, waren ze er niet voor ons. Ik belde Mieke wel op en liet het aan haar over wat zij mijn ouders zou vertellen. Het interesseerde me niet, maar we spraken af dat ze voorlopig niets zou zeggen.

Linda's ouders begrepen er niets van. Haar moeder was ronduit boos vanwege dat telefoontje van Bianca. Ze vond het intens gemeen van haar en van Dottore. We wisten totaal niet wat we moesten doen en dachten lange tijd alleen maar aan dat ene: doodgaan. Zelfs Dottore had zijn handen van haar afgetrokken. "Hij zou haar blijven behandelen", had Bianca gezegd. Ja, ja, daar geloofden we niet meer in.

's Avonds wilde Linda een schrijfblok en een pen. Ze begon briefjes te schrijven. Een briefje voor haar vader, een briefje voor haar moeder, en voor nog een aantal mensen. De briefjes waren maar kort, heel kort. Meestal maar een paar zinnen en dan wist ze het niet verder. Al die tijd zei ze geen woord en keek mij niet aan, maar ze stond wel toe dat ik mee keek. Het waren afscheidsbriefjes.

Ze schreef bijvoorbeeld dit briefje aan haar jongste broer, Marco, die onlangs een zoon, Ilian, had gekregen:

Voor mijn lieve kleine broertje die al heel lang niet zo klein meer is. Omdat je toch best een stuk jonger bent dan ik heb ik altijd het gevoel gehad dat ik een stuk van je leven gemist heb, toen je op het atheneum zat bijvoorbeeld. En nu je al zo'n tijd in Limburg woont, heb ik je veel te weinig gezien. En in die tijd dat je het echt moeilijk had met Ilian kon ik er niet voor je zijn omdat ik zelf te veel problemen had en je niet nog meer ongerust wilde maken dan je al was. Al die tijd heb ik zelf geloofd dat ik beter zou worden maar nu lijkt het er niet meer op.

Ik ben trots op je dat je zoveel bereikt hebt en als ik bij jullie was, was ik best jaloers op jullie grote tuin, maar ik gunde hem jullie van harte omdat ik veel van je houd al ik heb ik dat misschien nooit gezegd.

Daarna begon ze nog aan verscheidene andere briefjes, maar bij geen van alle kwam ze verder dan een paar zinnen.

Uiteindelijk begon ze aan een briefje voor mij en bovenaan begon ze met: "*Voor mijn aller-, allerliefste vriendje.*"

Maar de pen weigerde dienst. Ik pakte snel een andere en las mee:

Hier zou eigenlijk moeten staan: En ze leefden nog lang en gelukkig. Dat is ons ook steeds beloofd. Ik heb er spijt van dat ik de school steeds zoveel tijd en aandacht heb gegeven, dat had voor jou moeten zijn. Toch hebben we best veel leuke dingen samen gedaan: Indonesië, Florence, en zo. Weinig vrouwen kunnen zeggen dat ze een man hebben die winkelen leuk vindt. Met jou was het altijd echt leuk en gezellig. We hebben samen heel hard gewerkt, en het is dan ook niet eerlijk dat we het zó op moeten geven.

Verder wist ze niet wat ze moest schrijven. Ze draaide alle bladen terug en vroeg: "Wil je het horen?"

Ik knikte en ze las de korte briefjes een voor een voor. Ik kreeg er een brok van in mijn keel, vooral toen ze voorlas wat ze voor mij had geschreven. Ik voelde tranen in mijn ogen komen en wist niet wat te zeggen. Ik huilde nooit, al voelde ik wel degelijk verdriet, en wanhoop, en pijn. Ze merkte het aan me en keek me toen heel direct aan. Ze hield me vast en met krachtige stem zei ze: "Ja! Laat me zien dat je om mij kunt huilen!" Maar de tranen kwamen niet echt. Ze waren er wel, maar vooral vanbinnen. Mijn gevoel was totaal geblokkeerd en dat deed zo'n pijn! Intussen verbaasde ik me over haar opmerking. Was ik in haar ogen dan zo emotieloos?

Ik kon nauwelijks de dingen doen die ik moest doen en bij alles wat ik deed, dacht ik aan wat er was gebeurd. Het liet me niet los. Op een bepaald moment zat Linda met haar moeder te bellen en ik zat aan de andere kant op bed mee te luisteren en naar haar te kijken, stil genietend van het kijken naar haar, maar ik voelde me heel, heel verdrietig. Ik hoorde Linda zeggen: "Hij zit hier op bed naast me te huilen. Hij denkt dat ik doodga."

Mediumschap

Het duurde een paar dagen om door te dringen... Wat we van Dottore hadden gehoord, was *zo* vreemd en *zo* tegenstrijdig dat we eindelijk... eindelijk wakker begonnen te worden uit iets wat het beste vergeleken kon worden met het opgesloten zitten in een sekte, waarbij je jezelf helemaal hebt overgeleverd aan een leider die je kan maken en breken. Dat was precies zoals het voor ons voelde: totaal gebroken. Zoveel hoop te hebben gehad en al die tijd maar te hebben geloofd in alles wat ons werd verteld. Steeds maar te horen hebben gekregen dat we moesten vertrouwen. En nooit was het genoeg. Vertrouwen, het woord kwam ons onze strot uit!
  Als er iets was wat we in overvloedige mate hadden gehad, dan was het wel dat! We vertrouwden zo volledig op Dottore dat we alles, alles deden wat hij van ons vroeg. De enige 'fout' was dat we een ambulance hadden gebeld op twee momenten toen ze liters bloed achter elkaar de wc in had zien verdwijnen. Een keuze die niets te maken had met vertrouwen, alleen met logisch handelen. Als ik eraan dacht hoe angstvallig Linda overal en altijd het fotootje van Dottore bij zich had gehouden...
  Langzaam begonnen er allerlei dingen op hun plek te vallen en begonnen we te beseffen hoe ontzettend we onszelf hadden overgeleverd aan... ja... aan wie eigenlijk?

  Als reactie daarop begonnen we alles wat Dottore had gedaan en gezegd te overdenken en in twijfel te trekken. Een van de belangrijkste vragen was: waarom had hij niet eerder verteld dat Linda een tumor onder de leden had? We gingen al jaren naar hem toe. Linda had enkele maanden voor het bevolkingsonderzoek bij hem geklaagd over afscheiding. Als astrale arts, na een heel leven dokter te zijn geweest, aangevuld met een schat aan astrale of kosmische kennis, met röntgenogen, met een hoop psychologische kennis en weet ik wat niet allemaal dat hij moest kunnen, had hij dit ver van tevoren kunnen zien, zeker die laatste keer. Als hij dit eerder had gemeld, dan had het ziekenhuis écht iets kunnen betekenen in een vroeg stadium en was de ingreep minimaal geweest. Daarvoor gingen we immers naar hem toe? Toch juist om dit soort problemen te voorkomen?

Waarom had hij daarna steeds gezegd dat het zo goed ging en dat ze beter zou worden? En dat terwijl drie van de ernstigste bloedingen waren opgetreden binnen enkele dagen nadat hij dat had gezegd. Waarom vertelde hij haar nu dat ze zich maar moest voorbereiden op de overgang? Was het besef van de ernst van Linda's ziekte pas na het lezen van de brief bij het medium binnengekomen? Daarom vroegen we ons af óf Dottore wel een astrale arts was. Ging Fiona eigenlijk wel in trance? Maar hoe kom je erbij om zoiets als dit tegen ons te zeggen? Dat doe je toch niet!

Wat natuurlijk veel pijn deed, was dat hij mijn ouders zo bang had gemaakt, dat ze helemaal in paniek waren geraakt, waardoor ze alle contact met ons hadden verbroken. En dat in zo'n periode! Om daarna doodleuk te vertellen dat hij Linda niet verder zou helpen. Wie doet zoiets? Voor ons waren de gevolgen duidelijk: we stonden er weer alleen voor. Maar voor hen? Mijn vaders hart was niet al te best, dat had hijzelf gezegd. Hij was levenslang al niet in staat om zijn gevoelens te uiten. Welk hart is bestand tegen een inwendig conflict als dit, waarin hij bang was gemaakt om zijn eigen zoon en schoondochter te helpen?

Mijn moeders gezondheid was ook niet zo goed. Mijn ouders kennende, zou deze situatie verschrikkelijk aan hen vreten. Dit zou hun gezondheid zeker niet ten goede komen.

Anderzijds, aannemende dat we waren misleid, begrepen we niet hoe het kon dat sommige andere mensen vertelden dat ze zo goed geholpen waren door Dottore. Dat was toch niet allemaal verzonnen? Kennelijk deed hij ook goed werk.

Ons gevoel was in eerste instantie een intens verdriet. Daarna sloegen we door naar de andere kant en werden we heel erg boos. Er was in onze ogen helemaal niets meer goed van wat Dottore deed.

Pas tijdens het schrijven van dit boek begon ik te begrijpen wat er is gebeurd. Dit boek is een boek over Liefde, een boek waarin Linda centraal staat. In zo'n boek past geen veroordeling, ook al zou dat ogenschijnlijk nog zo begrijpelijk zijn. Ik schrijf echter wel op wat er is gebeurd, of... beter gezegd, zoals wij ervaren hebben wat er is gebeurd.

Dat is echter altijd een gekleurde versie, gezien door mijn bril, vanuit mijn beperkte perspectief. Ik probeer in alles wat ik opschrijf te begrijpen waarom de dingen zo zijn gebeurd en probeer mezelf te verplaatsen in de mensen die erbij betrokken waren. Naarmate ik dat zorgvuldiger doe, wordt het steeds moeilijker om te veroordelen, een gevoel dat in ons allebei toen heel sterk aanwezig was. Nu ik in staat ben deze periode te overzien, zie ik beter dan ooit onze angsten die ons denken vertroebelden. Angsten die ons ertoe hebben gebracht onszelf over te leveren aan een astrale arts. Daarbij laat ik in het midden of Fiona een medium is of niet, en of deze arts inderdaad een astraal wezen uit het Licht is, want dat weet ik gewoon niet, daarover kan ik niet... oordelen.

Ik zie ook de angsten die mijn ouders ertoe hebben gebracht te komen tot wat zij deden. Ook zij hadden zich helemaal overgeleverd aan Dottore en gingen er blindelings vanuit dat wat hij zei allemaal waarheid was. Tenslotte gingen veel van hun vrienden ook naar hem toe, dus dat gaf al vertrouwen.

Ze waren echter zo bang dat zij het als enige juiste optie zagen zich van ons af te schermen in het belang van hun eigen gezondheid.

Als er iets is in dit boek waarover ik veel heb nagedacht *of* en *hoe* het te vermelden, dan is het wel dit stuk, waarin mijn ouders en wij het contact met elkaar verbraken. Mag ik dat wel schrijven, zodat iedereen het kan lezen? Ik schilder mijn ouders hiermee misschien af als liefdeloos, terwijl ze dat absoluut niet zijn.

Tijdens het schrijven van dit boek hebben we dit met mijn ouders overlegd en hen gevraagd wat zij ervan zouden vinden dat deze episode voor iedereen leesbaar in boekvorm zou uitkomen. Zoals te verwachten viel, waren ze daar in het begin niet blij mee. "Je hoeft onze vuile was niet buiten te hangen", was de eerste reactie van mijn vader. Mijn moeder, die goede ervaringen met Dottore had gehad, wilde hem niet zomaar afvallen en zei dat hij, toen de gevolgen duidelijk werden, had gezegd dat 'het contact behouden moest blijven'. Ze opperde dat de vertaling vanuit het Spaans mogelijk verkeerd was overgekomen.

Maar laat ik daarom ook ons eigen handelen belichten. Wij waren heel erg boos. De juiste manier om zo'n misverstand uit de weg te ruimen, is door het uit te praten, naar elkaar te luisteren en je te verplaatsen in elkaars motieven. Dan kan er begrip ontstaan en kunnen wonden helen. Maar daarvoor moet je elkaar die kans wel geven. In eerste instantie boden mijn ouders ons die kans niet, maar de andere kant van het verhaal is dat, toen zij wel weer toenadering zochten na de woorden van Dottore dat het contact behouden moest blijven, wij hen die kans niet boden tijdens de schaarse momenten dat we telefonisch contact hadden. Ik hield die gesprekken zo kort mogelijk. Die houding veroorzaakte veel pijn bij mijn ouders en was net zomin bevorderlijk voor hun gezondheid.

Een trein was opgesplitst in twee delen en ieder treinstel was op een ander spoor terechtgekomen, in volle vaart op weg naar een onzekere toekomst. Hoe en wanneer die sporen elkaar weer zouden ontmoeten, was niet te voorspellen.

Ik weet zeker dat wij allemaal, ook jij als lezer, soms dingen doen die we achteraf gezien liever anders, of helemaal niet, hadden willen doen. Soms spannen de omstandigheden zich samen om ons die ene betreurenswaardige stap te laten zetten, waarbij we ons laten (mis)leiden door ego, aardse verlangens of, zoals in ons geval, door angst en boosheid. Later besef je wat je hebt gedaan en wil je dat ongedaan maken, maar helaas is dat niet altijd mogelijk. Gebeurd is gebeurd. Dat zijn heel moeilijke momenten in ons leven, want het doet ontzettend pijn als je ziet wat de gevolgen zijn en dat je er niets meer aan kunt veranderen. Dan zoek je om te beginnen naar argumenten om je handelen alsnog goed te praten, en als je die niet kunt vinden, wil je liefst vergeten wat er is gebeurd, wil je dat wegdrukken. Maar ontkennen en wegdrukken werkt niet, want je eigen ziel zoekt naar harmonie en liefde.

Gaandeweg blijkt dat de enige optie die je weer rust geeft, die je vrij maakt, is om zuiver te zijn en onder ogen te zien wat je deed en daar lering uit te trekken. Dan kun je weer verder. Dat is heel confronterend en valt niet mee, maar het hoort bij ons leven op Aarde. Vallen en opstaan heet dat. Wij kennen het allemaal, niemand uitgezonderd.

Is het dan goed wat er gebeurde? Dan wil ik mijn woorden nogmaals herhalen: hier past geen veroordeling. Niet van de daden van een ander, maar ook niet van je eigen daden! Het is gebeurd. Veroordeling is hierbij hetzelfde als een cursist van niveau 4 verwijten dat hij de leerboeken van niveau 5 nog niet begrijpt.

Misschien is het dan toch goed wat er is gebeurd, want door vallen en opstaan leer je, en kom je verder. Zelfs de ergste dingen die er gebeuren kunnen zo getransformeerd worden tot iets moois. Het is het pad van een ziel op weg naar vervolmaking.

Hoe het ook zei, na veel diepgaande gesprekken begrepen mijn ouders dat, juist door dit te beschrijven, ons aller handelwijze *gevend* kan zijn, een lerend voorbeeld van wat er gebeuren kan als je jezelf overlevert aan een ander, als je je eigen verantwoordelijkheid buiten jezelf neerlegt. Dat was wat mijn ouders deden en dat was precies wat ook wijzelf hadden gedaan. Zij deden niet anders dan wij. Hoe kan ik hen dan kwalijk nemen wat ze deden?

Het feit dat ze me uiteindelijk de vrijheid gaven dit naar eigen inzicht te vermelden, is daarom een zeer bijzonder geschenk, waarvoor wij hen heel dankbaar mogen zijn.

Maar in de dagen vlak na dat telefoongesprek met Bianca waren we nog niet zover en hadden we geen overzicht. We waren heel verdrietig en diep teleurgesteld. Daarna veranderde ons verdriet in verontwaardiging en boosheid. Dat was ook niet de juiste houding, maar die boosheid hielp Linda wel om haar teleurstelling te boven komen en weer gaan vechten. In plaats van een slachtoffer werd ze weer de vechtlustige strijdster die zich nergens door liet tegenhouden als het erom ging om beter te worden.

Dus pakte ze al na een paar dagen de map met afscheidsbriefjes, scheurde alles eruit en versnipperde ze tot confetti die ze met een groot gebaar om zich heen smeet. Ik vond dat heel jammer, want die briefjes hadden grote indruk op mij gemaakt. De snippers bleven een paar dagen liggen, totdat ik ze nonchalant in een doos met oude kranten gooide. *Maar in de schuur viste ik alle snippers er weer uit om ze zorgvuldig te bewaren.*

Wat we al een tijd niet meer hadden gedaan, waren de visualisaties. Die pakten we nu weer op. Linda wilde dolgraag weer contact hebben met Amà. Gelukkig bleek zij niet verdwenen te zijn. Op het strand kwam ze zoals altijd uit zichzelf bij ons.

Linda wilde heel veel aan Amà vragen, maar wie kon ons garanderen dat dit, communiceren met een wezen dat op Aarde niet bestond, niet precies hetzelfde was? Was Amà een engel of was ze een duivelse entiteit? Of was zij niets meer dan een product van Linda's fantasie? Hoe konden we het zeker weten? Wie kon ons adviseren? Moest ik haar tegenhouden? Begingen we weer dezelfde fout?

Ik kon maar één ding bedenken waarmee ik kon proberen onderscheid te maken tussen goed of fout en dat bepalend laten zijn of ik hierin mee wilde gaan: welke rol speelt Liefde in dat wat er gebeurt? Worden de dingen gezegd vanuit Liefde? Of zit er een bedoeling achter? Maar dan nog... hoe kon ik dat te weten komen? Hoe kon ik onderscheid maken tussen werkelijk liefdevolle woorden en daden, en al het andere waarbij er geen sprake is van echt onvoorwaardelijke Liefde? Hoe weet je of iemand het goed met je voor heeft? Hoe weet je dat je misleid wordt? Hoe weet je dat iemand zuiver is? Die vragen hielden me altijd al bezig, want vergeleken met de 'reguliere' wereld, waar alles wettelijk 'gereguleerd' is door opleiding en bevoegdheden, is er in de 'alternatieve' wereld geen sprake van een eenduidige standaard.

Maar ook voor de reguliere wereld is die vraag relevant. Voor ons was juist die vraag bepalend geweest voor onze eerste beslissing om al of niet op de voorstellen van het ziekenhuis in te gaan. Als wij het gevoel hadden gehad dat het ziekenhuis en alle mensen erin werden geleid vanuit Liefde en vanuit Liefde beslissingen namen voor Linda, dan hadden we zeer waarschijnlijk de operatie door laten gaan en waren wij niet zo extreem onze eigen weg gegaan. Linda zou dan veel minder bang zijn geweest voor een operatie. Maar dat gevoel hadden wij toen niet en later ook niet. Niet dat de mensen afzonderlijk niet liefdevol waren, want natuurlijk werken er heel veel mensen in de reguliere gezondheidszorg die vanuit Liefde voor andere mensen besloten hebben om arts of verpleegkundige te worden. Maar als geheel kwam het reguliere circuit uiterst steriel en liefdeloos op ons over en juist liefde had iemand als Linda heel hard nodig.

Zoals gezegd: Linda liet zich ook leiden door angst en angst is absoluut geen goede raadgever. Haar angst was gevoed door verhalen van mensen met slechte ervaringen in het reguliere circuit en wat er met haar broer Arjen was gebeurd, had er flink aan bijgedragen. Diezelfde angst was er de oorzaak van dat we ons zo hadden overgeleverd aan iemand als Dottore. Wij hadden het zelf gedaan!

Hoe wist ik nu dan of dit contact met Amà zuiver was?

Dat voelde ik. We lieten het gebeuren. We waren geheel vrij. We stuurden niet en we werden niet gestuurd. Ik zag hoe blij Linda werd als ze bij Amà was, want daarin voelde ik haar vreugde. Vreugde zoals ik die bij haar maar heel zelden heb gezien, ondanks de situatie. Ook ik werd blij van dit contact. Het voelde gewoon heel fijn. Dat was voor mij doorslaggevend.

Linda ging Amà vragen stellen en ze begon met een heel kritische: waarom had Amà ons niet gewaarschuwd voor Dottore? Amà's antwoord was even onverwachts als simpel. Ze zei dat we niet naar haar zouden hebben geluisterd.

Dat was waar. We vertrouwden zo volledig op Dottore, dat hij geen kwaad kon doen in onze ogen. We zouden haar daarom hebben weggeduwd, denkende dat zij een kwaadwillende entiteit was die ons met mooie woorden op een dwaalspoor wilde brengen. Dan zou het contact verbroken zijn geweest.

Op Aarde wordt er tegen mediums opgekeken. Men gaat er vaak vanuit dat een helderziende de wijsheid in pacht heeft en dat als een medium in trance dingen doorgeeft, hij of zij daar zelf niet verantwoordelijk voor is. Daarmee leg je alle verantwoordelijkheid niet alleen buiten die van het medium, maar ook buiten jezelf. Je accepteert maar al te gemakkelijk wat je te horen krijgt, want het wordt immers door intelligenties, verheven meesters en kosmische wezens verteld? Maar... je blijft altijd *zelf* verantwoordelijk voor dat wat je bij jezelf binnen laat komen!

Er bestaan grote verschillen tussen mediums en dat heeft alles te maken met het ontwikkelingsniveau van de ziel van het medium. We zijn hier allemaal op Aarde om te leren, ook mediums. We zijn op Aarde om te leren wat werkelijke onvoorwaardelijke Liefde is, om ons die Liefde eigen te maken. Sommigen van ons zijn daar al heel ver in en anderen staan pas aan het begin van die leerschool. Aan het begin van een leerschool staan wil niet zeggen 'dus slecht', maar wel 'nog onwetend'.

Omdat de Aarde een planeet in de 'stof' is, onderhevig aan de wetten van traagheid, worden gedachten niet meteen werkelijkheid, zoals in de Lichtwereld wel gebeurt. Want daar geldt: de gedachte creëert. De Aarde is daarom een ideale leerplek om te leren omgaan met energieën, met Liefde. In vele levens leer je hier om te gaan met verschillende aspecten van het leven op Aarde. Zo kan het zijn dat je moet leren omgaan met geld, dat ook een vorm van energie is, en ben je misschien een leven straatarm, zodat je leert beseffen hoe belangrijk die energie is om in leven te blijven. In een ander leven leer je het tegenovergestelde aspect: rijkdom, wat ook moeilijk kan zijn, maar op een heel andere manier.

Misschien moet je de fouten die je in een leven maakt in een volgend leven weer herstellen, waardoor je leert wat de gevolgen zijn van zowel je negatieve als je positieve daden. Tegelijk ervaar je de gevolgen van wat andere mensen jou aandoen in hun onwetendheid. Ook dat is nooit een kwestie van dom toeval. Er is altijd een reden voor dat juist jou iets overkomt. Toeval bestaat niet, alles hangt met elkaar samen. Zo leer je alles steeds van twee kanten te bekijken en ga je oplossingen bedenken om jezelf weer in balans te brengen. Langzaam begin je te begrijpen dat veroordelen totaal geen zin heeft en dat alleen Liefde in staat is om wonden te helen. Dat is het groeiproces van ons allemaal.

Ook mediums zijn mensen op weg naar het Licht. Aan het begin van de leerschool kun je al mediamiek zijn en bepaalde gaven hebben meegekregen, maar hoe zuiver ben je dan? Aan het eind van de leerschool zul je een veel beter medium kunnen zijn, maar misschien zijn er dan toch nog bepaalde aspecten in jezelf die je onder ogen moet zien.

Waar stem je je op af? Naar wie wil je luisteren? Wil je bijvoorbeeld luisteren naar de impulsen van je eigen, werkelijk liefdevolle gids die je al vanaf je geboorte de weg wijst of kies je ervoor te luisteren naar andere wezens die zelf nog zoekende zijn? Welke agenda hebben zij? Misschien doen ze zich voor als gidsen of als wijze meesters. Juist jouw eigen zwakke plek maakt je daar gevoelig voor: dat ene plekje dat nog niet helemaal licht is: je woede, je onvrede, je haast, je hebzucht, je ego, je angst... Misschien is dat wel hun taak, de taak waarvoor jij ze hebt uitgezocht, zodat dat zwakke plekje van jou genadeloos aan het daglicht komt en door ondervinding sterk en licht gemaakt kan worden. Mag je hen dan veroordelen voor het feit dat zij op je pad kwamen? Of jezelf veroordelen omdat je het onderscheid nog niet kunt maken?

Het kan ook zijn dat iemand helemaal geen medium is en zichzelf en anderen voor de gek houdt. Er zijn maar heel weinig echt goede mediums, die al heel ver in het Licht zijn en dan ook nog zowel helderziend als helderhorend, heldervoelend, helderruikend en helderwetend zijn. Zij worden in volkomen vrijheid gebruikt door vervolmaakte zielen die vanuit onvoorwaardelijke Liefde contact met ons zoeken. De mensen die zich medium noemen, zullen wellicht zeggen dat zij tot die paar procent behoren, want zelf weten zij mogelijk niet waar zij staan. Dat hoeft ook niet, als ze maar vanuit Liefde werken, zich afstemmend op de hoogst mogelijke, universele, onvoorwaardelijke Liefdesbron.

Gidsen werken vanuit Liefde, anders zijn het geen gidsen. En ook een engel is een wezen uit het Licht. Zij hebben altijd respect voor de vrije wil van mensen op Aarde en houden in alles rekening met de weg die wij te gaan hebben. Al hun handelingen en woorden worden gevoed door de Liefde die zij in zich hebben en die zij voor ons voelen. Ze zullen de blokkades die wij nodig hebben om van te leren niet voor ons uit de weg ruimen, maar ons wel helpen die zelf te overwinnen. Daardoor word je sterker en daardoor groei je!

Dus kortom: of die bron van informatie nou aards, astraal of kosmisch wordt genoemd, hoe goed een medium ook genoemd mag worden, hoe sympathiek en goedbedoelend hij ook mag zijn... iedereen heeft zijn beperkingen. Uiteindelijk ligt de verantwoordelijkheid voor dat wat je bij je binnen laat komen en wat je daarmee doet altijd bij jou! Verschuil je niet achter de woorden van een ander. Ook niet als medium. Blijf altijd zelf voelen en nadenken!

Dat was wat Amà ons probeerde duidelijk te maken. Uiteraard niet precies zo verwoord als ik nu beschrijf, maar hier kwam het op neer. Tenminste... dit is mijn interpretatie, vervat in mijn woorden. Ook ik mag me niet aan hetzelfde schuldig maken door de verantwoordelijkheid voor deze woorden bij Amà te leggen.

De voorlopige conclusie die Linda en ik eruit trokken, was dat Fiona zich mogelijk afhankelijk had gemaakt van een bron van inkomsten waar ze niet meer buiten kon. Pas toen Linda en ik tijdens visualisaties in aanraking kwamen met een wezen zoals Amà, viel het me op hoeveel Liefde er uit kon gaan van zo'n contact. Hoezeer Linda veranderde tijdens die momenten. Ook Zebra had dat in zich. Ik voelde hoe goed het mij deed, die blijdschap van binnenuit, terwijl ik er toch maar naast zat. Ik werd gewoon helemaal blij! Als ik aan hen dacht in de uren erna, kwam dat gevoel weer bij me terug. Dat gevoel was heel sterk en het kwam helemaal vanzelf. Dit was een contact vanuit vrijheid, vanuit Liefde.

Als ik dat vergelijk met onze bezoeken aan Dottore, dan weet ik dat we dat daar nooit hebben gevoeld. Ik ervoer verwondering, ik vond het machtig interessant en dacht dat Linda in goede handen was. Ik was er, verstandelijk, van overtuigd dat hier iets goeds gebeurde, maar ik voelde geen blijdschap, niet dat diepe gevoel van binnenuit. Niet dat bijzondere. Niet dat gevoel van... Liefde.

Amà vertelde dat we ons nooit meer zo moesten overleveren aan een astrale dokter of ander astraal of kosmisch wezen, ook niet aan haar zelf of aan wie dan ook. Een moeilijke les met een grote impact op ons, op onze ouders, en wie weet wie verder nog. Ook later hoorden we diezelfde opmerking in andere bewoordingen: "Blijf altijd zélf voelen én nadenken! Alleen zo kan je eigen liefdevolle gids op je inwerken."

Vrijheid...

We waren door deze ervaringen nu zelfs bang geworden voor Dottore en zijn 'team van artsen'. Tenslotte had Linda zich tot tweemaal toe verkracht gevoeld en daarom wilden we onszelf en onze poezen graag beschermen tegen mogelijke aanvallen van die kant, ongeacht of die angst nou ergens op was gebaseerd of niet. Linda was heel kwetsbaar in die dagen en doodsbang voor nieuwe bloedingen. Ze vroeg Amà hoe we ons konden beschermen en zij vertelde dat als wij zelf positief waren, in het Licht waren en ons niet lieten leiden door negatieve gedachten, dat wij dan helemaal geen bescherming nodig hadden. Maar zover waren we nog niet. Daarom raadde zij ons aan om te proberen niet meer aan Dottore te denken en in plaats daarvan aan iets anders te denken, aan fijne dingen. Ook stelde ze voor om alles wat met Dottore te maken had het huis uit te doen.

Dat was een werkje voor mij, want Linda wilde niets meer aanraken dat met hem te maken had. Dat was heel wat: notities, opnames, foto's, vragen, folders, brieven, computerbestanden. Ik zocht het hele huis door en gooide alle in een doos die ik in de schuur neerzette.

Daar was ik dagen mee bezig, maar tenslotte lag alles dat ik kon vinden in de schuur. De volgende ochtend heel vroeg, rond een uur of vier, stopte ik alles een grote aardewerken pot die ik aan de vijver achter ons huis neerzette. Ik hield er een lucifer bij en wakkerde het vuurtje aan, zodat alles in rook opging.

Inderdaad ging het in rook op, omdat er in de pot nauwelijks zuurstof bij kon. De dikke vette rookwolken, gevoed door papier en plastic die ik zo creëerde, omhulden hele huizenblokken aan de rand van het park. Het was een warme nacht en de meeste mensen sliepen met wijd open ramen. Dit was helemaal fout! Straks had ik de hele wijk in rep en roer! Half in paniek pakte ik de pot beet en probeerde hem leeg te gooien, maar de pot was al zo heet dat ik een heleboel vingers tegelijk verbrandde en een luide schreeuw gaf van de pijn. Heel slim, wie door de rooklucht nog niet wakker was, werd het nu wel van mijn geschreeuw. Ik schopte hem met m'n voet om, maar toen rolde de pot naar de vijver en viel erin, onderwijl een rokend spoor van zwartgeblakerd en onverbrand papier achterlatend. Een deel van dat papier dreef gelijk buiten bereik op het water. Wat een gestuntel!

Linda vertelde dat we nu een bescherming om het hele huis en de tuin gingen maken. Dat gebeurde tijdens een visualisatie waar ik ook aan meedeed. Linda deed dat samen met Amà. Amà vroeg me via Linda een heel klein stukje van het allersterkste materiaal te visualiseren en daar al mijn kracht en liefde in te stoppen. Dat lukte me, want het was supersterk, licht-doorlatend en ondoordringbaar voor negativiteit, want zo voelde het voor mij. Ik moest dat stukje steeds groter maken en het ten slotte als een scherm rondom het hele huis optrekken. Ik liep ermee om het hele huis. Zo maakte ik een muur waarachter wij beschermd werden tegen alle negatieve invloeden.
Fantasie? Misschien.
Maar nu ik dit schrijf, besef ik dat het wel degelijk verschil maakte. Waar het werkelijk om ging, was dat we ons bezig hielden met Zuiverheid en met Licht. We werden door Amà op deze speelse en humoristische manier geholpen om onze eigen duisternis te overwinnen. Dat maakte het werkelijke verschil. Die muur op zich was onbelangrijk, de werkelijke bescherming kwam van binnenuit en vanuit dat 'licht' bezien was deze muur heel belangrijk op dat moment.

Tijdens een van deze visualisaties kregen we een onverwachts bezoek van een meisje dat met Amà meekwam, een klein meisje met een grote bos lange donkerbruine krulletjes, heel leuk om te zien. Echt een lieverdje. Maar Linda was perplex toen dat meisje plotseling liet weten dat ze wel graag bij ons geboren wilde worden. Daar was ze niet op bedacht en ze beschreef later hoe zelfs zij aan het twijfelen werd gebracht om misschien dan toch een kind te willen en geheel tegen haar anders zo uitgesproken overtuiging in zei ze: "Als er iemand is die ik als kind zou willen, dan zou dat dit meisje zijn. Ze is zó lief!"

Helaas waren we weer helemaal terug bij af: dagen van zes uur. Met als enige verschil dat Linda twee uur na het innemen van de cyclokapron geen paracetamol maar de nieuwe dyclofenac-zetpil nam.

De eerste paar dagen werkten die pillen erg goed en namen ze veel pijn weg. Maar al na een week begon er een averechts effect op te treden. Direct na het innemen ervan kreeg ze gedurende zo'n drie kwartier juist heel veel extra pijn. Daarna begon het middel te werken zoals het hoorde en werkte dan zelfs beter dan de paracetamol, maar niet langer. Die extra pijn was niet mis, want als die al heftig was na de cyclokapron, na de dyclofenac werd ze helemaal gek. Het ijsberen door de kamer begon opnieuw. Als ze zat of lag kon ze haar armen en benen niet stilhouden. Haar arm vloog ineens wild ergens heen, ze draaide met haar hoofd en rolde wild heen en weer in bed. Ze had er geen controle over, vertelde ze, ze kon er niets tegen doen. 'Shaken' noemden we dat gedrag. Vooral gedurende de nachtelijke uren was die pijn zo erg dat ze compleet buiten zinnen was van pijn en ellende. Ze gilde soms zo hard dat mijn oren er haast afvielen en ik me afvroeg wat de buren wel moesten denken wat hier midden in de nacht gebeurde.

Ik trok alles uit de kast om haar te behandelen. Ik werd steeds creatiever en bedacht telkens iets anders, met soms verbluffend resultaat. Ik stond verbaasd van wat er via mijn handen kon gebeuren.

Zo pakte ik op een dag een leeg limonadeglas en liet haar op haar zij liggen. Geconcentreerd, met mijn gespreide vingers vlak boven haar huid, trok ik de pijn uit het hele gebied van haar onderrug naar één punt bij haar stuitje. Ik hield het glas vlak onder die plek en liet de pijn erin lopen. Als het glas 'vol' was, spoelde ik het uit met koud water. Ik merkte dat als ik dit geconcentreerd deed, ik bij haar heel veel pijn kon verlichten. 'Verlichten', precies dat was het, want het was dweilen met de kraan open, maar... het werkte! Het droeg eraan bij dat ze tot rust kwam. Uiteraard werd deze behandeling deel van ons dagelijkse ritueel voor het slapengaan.

Wat ook bij dat ritueel hoorde, was dat ik met een Egyptische messing ankh langs haar lichaam ging en die ankh de pijn liet opzuigen. Ik had geleerd dat de ankh vroeger in Egypte werd gebruikt door priesters en farao's, dus dat voelde best heel bijzonder. In het begin vond ik haar reacties maar overdreven en geloofde ik haar niet echt. Ik dacht dat ze mij een plezier wilde doen of dat ze zich iets inbeeldde. Pijn in een glaasje stoppen of met een ankh pijn opzuigen... dat gaat tegen je gezonde verstand in. Maar zodra ik de ankh meer dan paar seconden boven één plek hield riep ze: "Wat doe je! Dat doet pijn! Stop! Stop!" Het bleek dat de werking daar dan te sterk werd, en ik was dan minutenlang bezig om die pijn weer weg te halen.

Op een dag begon het buiten te onweren terwijl ik bezig was. Ik hield de ankh bijna een meter bij haar vandaan toen een bliksemflits de kamer fel oplichtte. Linda schreeuwde het uit en zei dat de energie van de bliksem via de ankh in haar zij was ingeslagen, precies in het punt waar de ankh naartoe had gewezen. We schrokken geweldig en ik was niet in staat om die pijn nog weg te nemen. Het kostte haar een periode slaap en maandenlang heeft die plek daarna nog pijn gedaan. Mijn les: nooit met een ankh werken tijdens onweer.

Wat bijna geen pijnstiller lukte, kon wel met deze behandelingen: de pijn werd minder. Ik snapte er niets van, maar omdat zij zei dat het werkte, ging ik ermee door, al was het de duizendste keer midden in de nacht en was ik misselijk van moeheid.
Er was echter iets heel vervelends met deze pijn. Want er was helemaal niets wat een blijvende uitwerking had. Alles wat we inzetten, of ik het nou zelf deed, of andere mensen op afstand, of reguliere middelen zoals kompressen, kruiken, anti-pijn-apparaten, alles werkte maar even, een paar minuten, een paar uur of slechts enkele keren en dat was het dan. Dat was de reden dat ik steeds nieuwe dingen moest bedenken om de pijn een stap voor te blijven. Het was alsof we te maken hadden met een intelligente tegenstander die erop uit was pijn te creëren en al onze pogingen ondermijnde. We zochten die tegenstander in eerste instantie buiten onszelf, maar ik begon te vermoeden dat het iets met Linda zelf te maken had.

Mensen zoals Linda, die ernstig ziek zijn en zoveel pijn hebben dat pijnstillers niets uitrichten, kunnen te maken hebben met wat soms 'zielenpijn' wordt genoemd. Nou is de ziel de onschendbare Godsvonk, en ondervindt geen fysieke pijn, maar wat mensen ermee bedoelen, is dat pijn niet alleen een fysieke, maar ook een veel diepere oorzaak kan hebben, die als het ware uit de ziel zelf lijkt te komen. Deze mensen voeren een gevecht met zichzelf. Alles, maar dan ook alles wordt uit de kast getrokken om als ziel weer in balans te komen, en de onderste steen komt boven... hoe dan ook. Als mens heb je daar geen weet van en dus wil je daar niet aan en vecht je ertegen. Maar zo'n gevecht kun je niet winnen. Vechten tegen deze pijn, proberen ervoor weg te lopen, is onmogelijk, want hoe kun je voor jezelf weglopen? Deze pijn vraagt om erkenning, hem niet uit de weg te gaan, er doorheen te gaan, hoe absurd het ook mag klinken, want dat is wel het laatste waar je op zit te wachten. Het idee alleen al! Maar... daarvoor hoef je niet te vechten, want juist in het onder ogen zien van wat eraan ten grondslag ligt, ligt het begin van een oplossing.

Dat klinkt simpel en ik pretendeer niet dat ik het zelf wel even zal doen, mocht ik er ooit zelf mee worden geconfronteerd. Maar als elke uitweg naar buiten wordt afgesloten, je uit handen wordt geslagen, wordt het dan niet tijd te stoppen met vechten en je de ogen te laten openen door de pijn, voor wat hij je vertellen heeft?

Een waarlijk bijzonder moeilijke strijd, terwijl het antwoord heel eenvoudig lijkt, maar het niet is... en toch ook weer wel. Als je er zelf middenin zit, voelt dat echt niet zo. Toen wist ik dit niet, maar Linda onderwees mij hierin en leidde mij op tijdens al die eindeloze nachten.

Omdat ze in haar wanhoop grote behoefte had aan contact met mensen die naar haar wilden luisteren, die haar hoop of advies konden geven, belde Linda veel. Sattia was een van die mensen die haar altijd geduldig aanhoorden en haar op een rustige manier antwoorden gaf. Hij behandelde haar elke avond met een energieoverdracht. Ik zou niet durven zeggen wat zijn behandelingen precies voor haar deden, maar de gesprekken met hem waren zeer helend en hij liet nooit merken dat het hem te veel werd.

Misschien was het inderdaad waar wat ik langzamerhand begon te vermoeden. Het leek wel alsof zij zelf, iets in haar onderbewuste, de pijn vasthield en oplossingen blokkeerde. Alsof ze de pijn, de ziekte niet kwijt wilde, misschien ergens voor nodig had. Een verregaande gedachte die ik maar liever niet naar haar uitsprak, want zoiets zeg je niet tegen iemand in Linda's positie, maar ik raakte er steeds meer van overtuigd.

Ik leerde ook dat, hoe ziek of zielig je als patiënt ook bent, hoeveel pijn je ook hebt, je nooit een ander onder druk moet zetten, mag chanteren zogezegd met je pijn en ellende. Niet je medemens en niet je therapeut, zelfs niet je vrienden. Mensen houden daar niet van. Een kat die tegen zijn wil wordt vastgehouden, zal worstelen en krabben om te vluchten, terwijl een kat, die de keuze heeft, rustig op je schoot kan gaan zitten spinnen.

Vrijheid...

Les 1

Vorig jaar toen we Jacob met zijn hoogfrequente-resonantie-apparatuur bezochten, kreeg Linda al na de eerste behandelingen de vraag van hem of ze had gehuild. Dat was niet het geval geweest.

Ik zag veel pijn en verdriet in haar ogen. Emoties tonen was nooit haar sterkste kant geweest. De dingen die ze had meegemaakt voordat ze mij kende en alle nare gebeurtenissen daarna, waar maar geen eind aan leek te komen, hadden nooit veel emoties bij haar losgemaakt. Omdat die zelfs door de krachtige behandelingen bij Jacob niet naar buiten kwamen, vermoedde ik dat het deksel op die put heel erg zat vastgeschroefd. Wat eronder verborgen zat moest wel heel heftig zijn en erg diep verborgen zitten, met wortels misschien wel in vorige levens.

Het kunnen loslaten van emoties is heel belangrijk, want een ziekte als kanker heeft ook te maken met een ernstig geblokkeerd gevoel. Niet dat een gevoelsblokkade automatisch tot kanker leidt, uiteraard niet, maar het kan wel versterkend werken. Als dat gevoel door de ellende van de situatie, door de confrontatie met de eindigheid en de zin van het aardse bestaan, door pijn, door doodsangsten en wat al niet wordt opengebroken, komen de emoties los en dan lijkt het hele ziekteproces nog veel erger te worden.

Pas de enorme dreun die Dottore in april uitdeelde, raakte haar zodanig in haar ziel dat ze de controle over haar emoties verloor. Boosheid, pijn, verdriet, frustraties gingen hand in hand en zittend in haar stoel stroomden de tranen over haar wangen. Vaak moest ik denken aan Jacobs woorden: "Heb je al gehuild?"

Niet een paar dagen of een paar weken, maar maandenlang. Zoveel dat ik me serieus zorgen maakte of ze wel genoeg water binnenkreeg gezien al het vocht dat overvloedig uit haar ogen en haar neus stroomde. Troosten kon ik haar niet, het was onbegonnen werk. Het kon haar niets meer schelen dat ze huilde, hoe ze eruit zag, wat ik ervan dacht, wat haar ouders dachten, wat iemand aan de andere kant van de telefoon ervan dacht. Ik kon alleen maar tegen haar aan praten. Ze hoorde me en ze reageerde soms wel, maar naar wat mijn woorden precies met haar deden kon ik slechts gissen.

Had ze nu onder behandeling van specialisten gestaan, dan zou ze ongetwijfeld zware pijnstillers en een heel scala aan kalmeringstabletten en antidepressiva voorgeschreven hebben gekregen. Niemand wil pijn lijden en geen mens kan het aanzien dat zijn geliefde pijn lijdt. Ook een specialist wil dat niet. Maar ik ben ervan overtuigd dat Linda's diepe verdriet dan weggestopt zou zijn, deskundig onderdrukt door synthetische middelen, om er misschien pas in een volgend leven weer uit te kunnen komen. We hadden, onbewust van waar we aan begonnen, niet zomaar voor deze weg gekozen, want diep vanbinnen wisten we dat dit de juiste weg was.

Dottore speelde een belangrijke rol hierin, zonder zijn handelen goed te willen praten. Iedereen speelt een rol in elkaars levensplan, dat door onszelf, samen met onze gidsen is uitgekozen, doelbewust, met alle goede en slechte eigenschappen. Als je dit ingenieuze kosmische plan gaat doorzien, al is het maar een fractie ervan, dan ga je beseffen dat veroordelen totaal geen zin heeft, want we zijn allemaal op weg. Dan ontstaat er een gevoel van saamhorigheid met iedereen. Wij zijn Eén!

Toch was het maar goed dat er aan het begin van Linda's ziekte niet iemand met een tv-scherm stond om ons beelden van de toekomst te tonen. Of we dan nog steeds voor deze weg hadden gekozen? Hoe dan ook, als Linda's pijn door sterke reguliere medicijnen was onderdrukt, zouden we nooit hebben meegemaakt wat ons nu te wachten stond...

Want hiermee begon het... doordat haar gevoel zó hardhandig was opengebroken, dat haar remmen totaal waren verdwenen. Ze begon op sommige momenten rare woorden te uiten, die zomaar uit de lucht leken te vallen. Ik keek er al snel niet vreemd meer van op als ze, onrustig draaiend in een stoel omdat alles zo zeer deed, ineens een vreemd woord uitte. Een woord dat bijvoorbeeld zo klonk: "Esnachkiya."

Omdat haar rug zo'n pijn deed, kon ze niet normaal liggen. Ik ging op zoek naar een oplossing. Maar wat ik ook probeerde, niets mocht een blijvend effect hebben.

Het probleem zat in haar ondergewicht. Ik had weleens gehoord dat zwaarlijvige mensen met kanker iets hebben om mee te vechten. Ik begrijp nu wat dat betekent. Een laagje vet is het beste stootkussen voor pijnlijke botten en meteen een uitstekende reserve bij gewichtsverlies. Linda had vanaf het begin al bijna niets om mee te vechten, afgezien van haar enorme vechtlust.

Ik probeerde van alles om haar te laten aankomen. Ik verrijkte haar eten met vet, ik probeerde maltodextrosepoeder, van een diëtiste kregen we probeerpakketten. Dat hielp ons allemaal niet veel verder.

Ten slotte kregen we het advies om eens te informeren bij een sportschool. Sportfanaten willen juist extra calorierijke voeding. Op dit gebied was er van alles te krijgen. Een van die drankjes vond ze erg lekker. Ik moest er echter wel op letten dat ik haar er niet mee overvoerde want dan zou ze het al gauw niet meer lusten. En ik moest erop toe zien dat ze het niet ging gebruiken in plaats van, maar als aanvulling op haar normale voeding.

Les 2 van *Wims voedingsleer voor ondervoede zieken* is dat als je een zieke wilt laten aankomen, je moet zorgen dat er in elk geval geen tekorten in de voeding zijn. Daar komt de diëtiek om de hoek kijken. Les 3 is dat je je niet altijd moet laten leiden door de gedachte of iets wel of niet gezond is. Maar les 1 heb ik helaas nooit geleerd: blijf niet eindeloos aandringen als een zieke niet wil eten. Dat werkt averechts en veroorzaakt alleen maar ergernis, met als gevolg dat die nog minder eet. Dat heeft weer iets met die acceptatie te maken die zo'n grote rol bleek te spelen in onze situatie. Accepteren... Linda's grote strijdpunt.

Maar hoe zat het eigenlijk met mij? Moest ik misschien ook leren accepteren?

Als ik zo naar mijn lijstje keek waarop ik per dag haar gewicht bijhield, had ik weer dat gevoel heel hard te moeten zwemmen en toch terrein te verliezen. Wat we ook probeerden, haar gewicht was op de lange termijn niet stabiel. Linda voerde allerlei redenen aan om te verklaren dat er op die of die dag een onsje vanaf was gegaan. Morgen zou ze dat er wel weer bij eten. Maar na enkele maanden wilde ze het lijstje niet meer zien en ging ze liever niet meer op de weegschaal staan. Niet waar ik bij stond in elk geval.

Wat ik ook leerde, was dat geld niet het verschil tussen leven en dood uitmaakt, want we gaven veel geld uit. Niet iedereen in een vergelijkbare situatie heeft de mogelijkheden om alles maar te kopen en uit te proberen zoals wij dat hadden. Ik ondervond dat, binnen je mogelijkheden, je alles ter beschikking hebt om je doel te bereiken. Wellicht dat je ernaar moet zoeken of dat je om hulp moet vragen. Sommige mensen hebben veel geld, anderen hebben veel tijd, soms is dat gewicht, soms is dat kennis, maar vaak zijn het je vrienden en familie, de liefde waarmee je wordt omringd. Alles wat je werkelijk nodig hebt, is op de een of andere manier bereikbaar en komt op je pad, soms via de wonderlijkste wegen.

Dit probleem had met acceptatie te maken. Wij waren aan het vechten tegen de pijn, probeerden Hemel en Aarde te bewegen voor het ultieme geneesmiddel tegen de pijn, zonder te beseffen dat je tegen deze pijn niet kunt vechten. De oplossing is om het gevecht dan niet aan te gaan en de pijn onder ogen te zien, dat heet acceptatie. Wij accepteerden niet wat er op onze weg lag, de weg die we zelf hadden gekozen, maar die ons nu even te zwaar werd.

Rituelen

Een van de effectiefste mogelijkheden die wij tot onze beschikking hadden, bevond zich in onszelf... visualisaties! Dat wat je nodig hebt, is vaak dichterbij en eenvoudiger te bereiken dan je beseft. Eenvoudiger, goedkoper en dichter bij dan dit, was niet mogelijk.

Bij onze 'bezoekjes' aan het strand hielp ook Amà om iets tegen de pijn te doen. Linda's pijn leek wel een levend, ongrijpbaar slim monster te zijn. Of anders bestond het uit talloze kleine pijnbeestjes. Maar... pijnbeestjes kun je vangen! Dus gingen Amà en Linda aan het werk om al die beestjes te pakken. Als de doos met gevangen beestjes vol begon te raken, moest Linda haar ogen op die beestjes gericht houden en dan verschrompelden ze tot er niets van over was.

"Dat vind ik zielig", zei ze.

Dit laatste viel dus niet mee, want Linda zei dat die beestjes zulke mooie oogjes hadden als ze vanuit de doos heel angstig naar haar op keken. Maar Amà maakte haar duidelijk dat ze hierbij geen medelijden hoefde te hebben. Het was haar eigen pijn.

Gek als het lijkt... dit werkte! Lichamelijk was het helaas slechts een druppel op een oververhitte plaat, maar in geestelijk opzicht was dit buitengewoon belangrijk.

Mijn conditie werd behoorlijk opgevijzeld in deze maanden. Nauwelijks slapen, te weinig eten, nooit stilzitten, rennen waar dat kan en altijd haast, haast, haast. Opzij, opzij, opzij. Enorme stress. Steeds een beklemmend wanhoopsgevoel van pijn en verdriet in mijn borst. Zo langzamerhand vroeg ik me af hoe ik dat volhield. Normaal gesproken kan dat helemaal niet. Wat ik ook niet begreep, was hoe Linda dit al zo lang vol kon houden. Zoveel pijn, zo weinig slaap, nauwelijks eten en toch maar heel langzaam afvallen. Stilaan bekroop me het gevoel dat onze gebeden misschien toch ergens werden gehoord.

In de loop van de weken begonnen de gekke woorden en liedjes die ze bedacht van aard te veranderen. Ze begon ook steeds meer te zingen. Ze bedacht rare woorden of beperkte zich tot een muzikaal 'lalala', maar op andere momenten bedacht ze complete liedjes en songs met die gekke woorden. Soms deed ze het heel uitbundig en kon een liedje uitgroeien tot een complete opera. Ze begon dan gewoon, vertellend, rustig te zingen, maar gaandeweg werd het spannender en zong ze sneller en feller. Dan ineens fluisterde ze de woorden bijna en de spanning steeg. Je kon voelen dat er een ontknoping naderde. Ten slotte kwam de finale en die zong ze luidkeels, waarbij ik een lach in haar stem hoorde.

"Wat gek doe ik, hè?" zei ze weleens tegen mij. Maar als er een applaus van een zaal vol mensen had opgeklonken, had ik niet eens vreemd opgekeken. Het was leuk als ze zo bezig was.

Samen, hand in hand, zongen we elke dag een tijdje een aantal mantra's en herhaalden we gebeden en vroegen we om hulp. Niet alleen aan de Alkracht, maar ook aan de aartsengelen, aan onze gidsen, aan wie ons maar wilde helpen. Steeds had ik daar een bepaald gevoel bij dat ik niet goed begreep. We deden zo ons best, waarom werden we dan niet geholpen? Waarom gebeurde dit toch? Linda vroeg het mij vaak, zoekend naar een zinvol antwoord dat ik haar misschien kon geven.

"Hoe kan ik dit volhouden? Ik wil zo graag blijven leven, waarom mag ik dan niet? Ze moeten daarboven nou toch eens inzien dat ik dit zo niet langer kan? Een heel klein beetje minder pijn, mag dat niet eens? Waarom niet? Heb ik dit allemaal zelf bedacht? Is dit karma? Dít... dít kan ik nooit zelf bedacht hebben! Waarom helpt niemand mij?"

Het leek inderdaad wel alsof ze een les aan het leren was die zo ongelooflijk belangrijk was dat alles daarvoor in stelling werd gebracht. Het was alsof we tot het uiterste van het uiterste moesten gaan. Als we dan eindelijk op de bodem van de diepste put ter wereld waren aangekomen, bleek er nog een geheim valluik te zitten waardoor we nog veel dieper konden vallen. Bijna alles wat we probeerden te doen tegen de pijn, werkte na een, twee of drie keer niet meer. Het voelde alsof alles uit onze handen werd geslagen. Het kon er bij mij echter niet in dat onze liefdevolle gidsen, of God, ons wilden uittesten of zoiets achterlijks, maar hoe zat het dan wel?

Ik had op sommige schaarse momenten een heel vreemd gevoel: deel uit te maken van iets... groots. Ik begreep dat niet en het gevoel was ook zo weer verdwenen. Maar het moest wel heel belangrijk zijn als God dit allemaal toestond.

We waren soms uren bezig om te zorgen dat Linda goed kon liggen, vaak tot vroeg in de volgende ochtend. Ik sneed eens een stuk uit een matras zodat ze geen druk voelde op de pijnlijke plek bij haar stuitbeen. Dat was dan nog niet goed genoeg. Na veel proberen met verschillende matrassen, dekbedden en lakens hadden we de goede combinatie gevonden. Maar toen moest er nog iets onder haar benen. Kennelijk was het niet de bedoeling om zo snel mogelijk de ultieme oplossing te vinden, maar vooral om bezig te zijn en de nacht door te komen.

We kwamen uiteindelijk om half zeven of zo tot de conclusie dat we voor de komende nacht een redelijke oplossing hadden bedacht. Dit soort bedverbouwingen deden we minstens twee keer per week. Als ze, wanneer het licht was, ten minste maar zou kunnen slapen, maar zelfs dan was ze na hooguit drie kwartier alweer wakker. Een slaapmiddel was geen optie, hadden we gemerkt, want dan kreeg ze nachtmerries en had ze het gevoel buiten zichzelf te staan, waardoor ze de hele tijd misselijk was en totaal niet uitrustte. Geen oplossing in elk geval. Ook al niet.

Ook onderdeel van het ritueel was dat ik haar handen vasthield op het moment dat zij haar ogen sloot, het allerlaatste onderdeel van twee uur lang hard werken. Ik hield daarbij haar rechterhand vast en visualiseerde dat er via mijn rechterhand helder schoon verfrissend violet of wit licht in haar hand overliep, waar haar hele lichaam mee gevuld werd. In mijn andere hand hield ik de grote Egyptische ankh vast waar zij haar hand op legde en via die ankh trok ik alle negatieve energie uit haar lichaam.

Alleen was ik zo moe dat ik nauwelijks wakker kon blijven. Maar als ik me niet concentreerde, dan voelde ze dat direct. "Je moet wel wakker blijven, hoor! Niet in slaap vallen! Anders is alles voor niets."

Nu ik dit zo opschrijf kan ik amper geloven dat we dit vol konden houden. Overdrijf ik niet, dik ik het niet aan? Maar nee, het ging werkelijk zo. Ik raakte er wel steeds meer van overtuigd dat we op de een of andere manier enorm werden geholpen om dit te volbrengen.

Maar waarom? Waarom werkte er helemaal niets? Wat was er zó belangrijk dat er dit allemaal voor nodig was?

Your friend is close by your side

Your friend is close by your side
and speaks in far ancient tongue

Uit: *I'll find my way home*
by Jon & Vangelis

Haar gewicht was gevaarlijk laag en het kon niet anders of ze had grote tekorten. Met haar linkeroog, dat steeds al gevoelig was, kon ze nauwelijks meer iets zien. Waarschijnlijk een bijwerking van de cyclokapron, en vanwege haar lage gewicht zouden die bijwerkingen weleens heftiger dan anders kunnen zijn.

Een ander gevolg van haar ondergewicht was dat haar lichaam niet meer in staat was endorfines aan te maken, lichaamseigen stoffen die een verdovende, pijnstillende werking hebben.

De eerst losse fantasiewoorden en -kreten en de zelfbedachte liedjes die ze zo nu en dan uitte, begonnen van karakter te veranderen. Waren het eerst Engelse, Franse, Duitse en Hebreeuwse klanken waarmee ze speelde en zong, uiteindelijk bleef er een taal over die nog het meest leek op een Oost-Europese taal. Opvallend was dat ook de melodieën van aard veranderden en steeds realistischer werden.

Het drong eerst niet tot me door, maar op een dag werd ik me bewust dat ze geen fantasiewoorden meer sprak, maar dat ze zich een bepaalde taal had eigengemaakt. En in plaats van zo nu en dan een kreet stroomden de woorden nu uit haar mond. Ze hield niet meer op! Dagenlang zat ze uren achtereen te praten. Geen gewoon praten, maar een eindeloze monoloog van ongeduldig uitgesproken zinnen, in een razend tempo,

hooguit onderbroken om adem te halen. Met een klein opnameapparaatje nam ik wat fragmenten op en was zo in staat om het fonetisch uit te schrijven. Het klonk ongeveer zo: "Munàma mostokòha kostoch tajàha togtog teja kahára..."[1]

Er was geen touw aan vast te knopen. Het leek alsof ze geïrriteerd was, verontwaardigd of wanhopig. Alsof ze iedereen die het maar wilde horen, aan het vertellen was in wat voor een ellendige situatie ze zat, ze gooide alles eruit. Ik liet haar maar gaan, maar als ik tussendoor iets vroeg, dan gaf ze gewoon antwoord, om direct daarna verder te gaan. Ze zei naderhand dat ze er zelf doodmoe van werd, maar ze kon er niets aan doen, het ging vanzelf.

We gingen naar een kliniek, niet ver bij ons vandaan, waar ze pijn konden bestrijden. De pijn werd door middel van injecties behandeld. Linda wilde niet dat we vertelden dat ze pijn had als gevolg van kanker. Ze was bang dat ze dan afgewezen zou worden.

De behandeling begon met een aantal kleine injecties rondom de buikstreek. Die moesten eerst even inwerken. Daarna kwamen grotere injectiespuiten en daarna spuiten met hele lange naalden. Linda gilde het uit van de pijn.

Dit experiment bleek een totale mislukking, want toen we na de behandeling naar buiten gingen, liep ze haast krom, zo zeer deed haar buik nu. Later voelde ze de injectienaalden nog steeds in haar buik zitten. Ze had er nogal een aantal gehad! Helemaal rondom haar buik. Ik had het zitten tellen, maar ik denk dat ze zeker zes of zeven van die grote injecties had gehad. Die waren heel diep naar binnen gegaan, bijna tot aan haar rug.

Ik verwachtte dat het pijngevoel van die injecties wel snel zou verdwijnen, maar dat was niet zo. De volgende dag voelde ze die naalden nog steeds zitten en ze vroeg mij of ik niet iets kon doen om die naalden te verwijderen. Ik kon bijna niet geloven dat ze dat aan me vroeg, want hoe moest ik dat nou toch doen? Hoe kon ik nou naalden verwijderen die er niet inzaten? Maar ik beloofde om mijn best te doen en die avond ging ik aan het werk. Ik begon haar eerst gewoon te behandelen, in te stralen, te magnetiseren. Ik probeerde te voelen en te zien waar die naalden precies zaten, maar dat viel niet mee. Ik kneep

---

[1] *Op www.akaija.com is een aantal geluidsfragmenten te horen waarin Linda in deze 'taal' spreekt.*

mijn ogen tot spleetjes en meende toen aan de uiterste rand van mijn waarneming iets wazigs te zien, nauwelijks zichtbaar. Toen ik met mijn vingers vlak boven haar huid heel voorzichtig ernaar tastte, schreeuwde ze het ineens uit van de pijn. "Wat doe je!" gilde ze. "Dat is hem. Precies daar! Haal hem eruit!"

Ik onderdrukte mijn verbazing, concentreerde me tot het uiterste en opeens voelde ik me heel zeker en wist ik gewoon dat die naald daar moest zitten. Alsof ik een speld uit een speldenkussen haalde pakte ik het uiteinde van de naald tussen twee vingers. Ze riep meteen hard dat het verschrikkelijk pijn deed en ik wist dat ik beet had. Met een snelle beweging trok ik de naald uit haar buik... Ze uitte een korte kreet en was toen stil.

"En...?" vroeg ik, toen het stil bleef.

Ze zat even te voelen en zei toen verbaasd: "De pijn is weg! Ja, mijn buik doet nog wel zeer, maar ik voel die naald niet meer!"

Ik snapte er niets van, maar was allang blij dat dit had gewerkt en ging dus op zoek naar de andere naalden. Een voor een vond ik ze en haalde ik ze eruit. Heel bizar! Maar het werkte! Zo raakte ze de extra pijn van die behandeling weer kwijt. Het kon niet volgens mijn rationele verstand, maar ik had met haar al meer meegemaakt waar mijn ratio geen raad mee wist. De afspraak voor de volgende behandeling zegden we maar af.

Haar gekke praten begon steeds meer een eigen leven te leiden. In plaats van de eindeloze monologen, kon ze nu op de meest onverwachte momenten ineens iets tussendoor roepen in die vreemde Oost-Europese klanken. Het was overduidelijk dat wat er gezegd werd niet van haar zelf afkomstig was. Het was alsof ze even iemand anders was en na een tijdje begon ik zelfs te zien dat ze subtiele gelaatsveranderingen onderging als ze zo sprak. Soms vertelde ze een heel verhaal en daarbij kon ik goed waarnemen hoe haar hele houding veranderde. Het duurde alleen een paar dagen voor ik dat zag.

Was het bezetenheid? Vreemde entiteiten die haar lichaam overnamen? Dat was om te beginnen waar we aan dachten. Omdat ze zo verzwakt was en zoveel pijn had, leek dat niet ondenkbaar. We hadden hier nog nooit mee te maken gehad, maar na verloop van tijd verwierpen we deze gedachte.

Wat het dan ook was, het was in elk geval een goede afleiding voor ons allebei, want het klonk helemaal niet agressief of vijandig. Ongeduldig misschien, of nukkig, maar dat was niet erg. Als we het er samen over hadden, noemden we dit spreken gemakshalve haar 'stem'.

Zingen kon haar 'stem' heel goed! De liedjes waren echte liedjes geworden, met een begin en een eind, met refreinen en met heel mooie melodieën, die bij elk lied anders waren.

Al was het dan geen bezetenheid, toch leek het een eigen persoonlijkheid die dit soort dingen zei. Eigenlijk was ze het zelf, vonden we, maar hoe kon dat nou? Hoe kun je nou zelf tegelijk jezelf en iemand anders zijn? Acteurs kunnen dat, maar dit was geen toneelspel. Dit was gewoon een taal gesproken door een persoonlijkheid die qua karakter op Linda leek, voor zover je dat kunt opmaken uit alleen intonatie en houding. We konden er nog niet uitkomen of het een mannelijke of een vrouwelijke persoonlijkheid was, maar het taaltje was zangerig, leek uit Oost-Europa te stammen en was een heel mooie en boeiende taal om naar te luisteren.

Een van de fragmenten die ik op heb genomen, klonk ongeveer zo:
"Hie mish keme.
Kiemèsh keme mijbéka bijtos togtejéboch. IJmesh spoike he spogpocht. Hie mesh keme. Uztabija hebe spagkija. Hè... Bijmas mija kespastia. Bweès meke mjas bijéweg."

Woorden die ze erg vaak uitsprak, meestal op zichzelf, waren 'snacht', 'esnachkija' en 'nasja'. Vooral dat laatste woord, 'nasja', kon ze nadrukkelijk uitspreken en vaak herhalen en dan klonk dat heel geëmotioneerd. Ze riep het meer dan dat ze het zei.

"Nasja... nàsja... nhaàsja... nasjáaaa..."

Het was ongelooflijk hoeveel pijn en verdriet ze in dat ene woord uitte. Alle pijn, eenzaamheid en verdriet, nu al zoveel maanden lang, die ik na zoveel bladzijden nog steeds niet goed kan beschrijven... en zij leek het te kunnen verwoorden in één kreet: nasja. We vroegen ons allebei af wat dat woord betekende. Maar hoe moesten we daar achter komen? Want welke taal was dit? Een Russisch dialect? We gingen er na verloop van tijd vanuit dat het om een mannelijke persoonlijkheid ging. Ik denk dat Linda dat zelf gewoon wist, want ik kon het er niet uit opmaken.

Onze poezen kwamen natuurlijk regelmatig kijken, liepen over het bed, of aten kattenbrokjes in het halletje. Zij ontgingen niet aan de aandacht van haar 'stem', of haar 'vriend', zoals we hem gaandeweg noemden. Liselle, de Heilige Birmaan, die meestal beneden was, kreeg een naam van hem: Pusj Maika. Charonna, onze zwarte poes, kreeg als naam: Kleine Pusj. Die laatste naam begrepen we wel, want Charonna was een jaar jonger dan Liselle en had als bijnaam Kleine Poes. Maar dat woord 'poes' kon hij niet goed uitspreken. Maar waar 'Pusj Maika' op was gebaseerd, wisten we niet. Haar 'vriend' leek in elk geval heel vertrouwd met dieren. Omdat het volgens ons niet mogelijk was, verwierpen we de gedachte dat het te maken kon hebben met vorige levens. We waren overtuigd van reïncarnatie, dat ieder mens meerdere levens heeft, maar Linda's vorige levens waren voltooid verleden tijd, dus moest dit iets anders zijn, maar hoe zat het dan wel?

Linda's ouders kenden een helderziende vrouw die zei informatie uit de Akasha-kronieken te kunnen halen. De Akasha-kronieken zou je kunnen omschrijven als de geschiedschrijving van de kosmos, waarin alles, maar dan ook werkelijk alles wat er gebeurt, zelfs elke gedachte, ligt opgeslagen. Niet in geschreven of gesproken woorden en in zijn totaliteit voor mensen nooit te bevatten, maar tot op zeker niveau wel te raadplegen. Haar ouders gaven die vrouw Linda's geboortenaam en geboortedatum en informeerden ons er later over, maar we vergaten het al snel weer. Dat die vrouw dat kon, wilden we best geloven, maar ons hoofd stond er niet naar. We hadden wel andere dingen aan ons hoofd.

Iets tegen de pijn

Misschien kwam het door het mooie weer, zodat we vaak buiten konden zitten en ze zich buiten in de tuin prettig voelde. Misschien kwam het door de behandelingen van de diverse mensen die op afstand met haar bezig waren. Misschien was er een andere oorzaak. Hoe dan ook, er traden steeds minder bloedingen op en haar toestand leek zich langzaam te stabiliseren en in de laatste weken voor haar verjaardag, half augustus, kondigde zich de verandering aan waar we al driekwart jaar op hadden zitten wachten: een werkelijke verbetering op alle fronten. Ik had het al vermoed, want alles leek minder zwaar, de dagen verliepen gemakkelijker en ze oogde beter, subtiele veranderingen die je je pas bewust wordt als je terugkijkt over de laatste weken en gaat vergelijken. Steeds vaker dacht ik: "Hé, het lijkt iets beter te gaan vandaag!"

"Ik moet je iets vertellen." Ze vertelde dat ze weer beter kon zien. "En er is meer", zei ze. "Je weet toch dat ik al heel lang niet meer naar de wc kan. Altijd zit ik maar verstopt. En de laatste dagen ging het al iets beter, maar vanmorgen... Het ging zomaar!"

Ze was blij, als een kind zo blij. Dat kende ik niet van haar, altijd de grote vriendin, stoer en sterk. En nu was ze geëmotioneerd zoals ze verheugd naar me keek. Ook het feit dat ze het niet voor zich had kunnen houden totdat haar ouders kwamen, maar het me nu al vertelde. Ze kon geen geheimen meer bewaren.

"En weet je..." ging ze verder... "De pijn wordt minder. Al een paar dagen!"

Ze beschreef wat er de laatste dagen aan het veranderen was. De pijn was zich aan het terugtrekken. Haar onderrug stond altijd in brand van de pijn en dat was aan het verdwijnen. Het zat er nog wel, maar beperkte zich nu tot alleen de paar uitstekende botjes. Daar omheen werd alles veel beter.

Dat was waar we al zo lang op hadden gehoopt, een verbetering als deze! Dat de pijn minder werd. Slapen kon ze nog steeds niet goed, maar als het zo doorging, zou dat vanzelf volgen. Yes! Toen ze dit vertelde en beschreef wat er allemaal veranderde, kreeg ik voor het allereerst het gevoel: dit is een echte verbetering. Niet verteld door mensen die vanuit de verte riepen dat ze vooruitging, maar door onszelf ervaren. Daar ging het om!

Vanaf dat moment werden we nog voorzichtiger, om maar niets te doen dat gevaarlijk was. Deze verbetering moesten we koesteren, doodsbang dat het anders weer mis zou gaan. We versterkten voor alle zekerheid de bescherming om het huis, want wie weet waren er nog steeds duivelse krachten aan het werk die niets liever wilden dan haar opnieuw pijn te laten lijden. Daar zouden ze geen kans voor krijgen. Daar waakten we wel voor.

Ook 's nachts ging het beter. Ze rustte meer en sliep zelfs iets langer. De dyclofenac bleef rotzooi, maar daarvan gebruikte ze steeds minder, al bleek zelfs een kwart pil nog heel heftige pijnreacties te kunnen geven.

We verbouwden het bed voor de zoveelste nacht, maar nu waren we hoopvol gestemd. Ze kon gemakkelijker liggen en het was genoeg als alleen die zere botjes ontzien werden. Ook experimenteerden we weer met warmte, maar we moesten die warmte heel precies doseren. Een kruik, gelpads, een elektrisch zitkussen, het beviel allemaal niet.

In de apotheek kocht ik warmte-pleisters. Er werd ons verteld dat het absoluut ongevaarlijk was. Ze hadden nog nooit gehoord dat er mensen allergisch voor waren. We besloten ze de volgende dag te proberen. Haar ouders zouden op bezoek komen en met deze pleisters kon ze het misschien wat langer volhouden.

Een uur voordat haar ouders kwamen, maakte ik het zakje met hypersensitieve pleisters open en keek wat er in zat. Een rechthoekig stuk zelfklevend materiaal met afdekfolie. Ik knipte er een klein stukje van af en we plaatsten dat op haar huid. Niet op de meest gevoelige plek, maar opzij ervan. Meteen aanbrengen op de meest pijnlijke plek leek ons niet zo'n goed idee. Het had een half uurtje nodig om te gaan werken, stond er, dus ondertussen kon ik alvast wat dingen klaarmaken voor als haar ouders arriveerden. Dan wilde ze hen vertellen dat het nu eindelijk beter ging. Dat nieuws zou hen blij maken! Dat was haar verrassing voor ze. Eindelijk te kunnen vertellen dat het echt beter ging.

Een kwartiertje later zei ze dat het raar aanvoelde. Het werd niet warm onder de pleister, maar het begon te branden. De huid was helemaal rood, net als bij zonnebrand. Het begon ook vreselijk zeer te doen, niet alleen daar, maar overal. Zo erg zelfs dat ze korte tijd later helemaal gek werd van de pijn. We probeerden de plek te koelen met natte washandjes, maar zonder effect. Ze verging van de pijn.

Tegen de tijd dat haar ouders kwamen, zat ze buiten in de tuinstoel te huilen. Ik legde haar ouders bij de deur uit wat er was gebeurd en geschrokken liepen ze door naar de tuin. Ze gingen stilletjes naast haar zitten. Haar moeder probeerde haar te troosten, maar Linda zei: "Ik had jullie willen verrassen! Ik had jullie willen vertellen dat het beter ging. Het ging zo goed de laatste paar dagen. Ik kon zelfs weer zien. De pijn was aan het weggaan. Het ging zó goed!"

Ze zat ver voorover gebogen in de stoel en was nauwelijks verstaanbaar tussen het snikken door. Haar vader keek mij aan en vroeg wat ze precies zei. Ik legde uit wat er was gebeurd en dat ze de laatste dagen zo goed vooruitging.

"Maar misschien gaat het nog steeds wel beter, maar voel je je alleen nu niet goed door die pleister", probeerde haar moeder.

"Ik kan niet meer lezen. Alles is weer vaag. En alle pijn is weer terug!"

En hoe! De pijn was zó gigantisch dat ze die middag knock-out ging en languit gestrekt in de stoel lag. Ze leek niet eens meer te ademen! Ik paste een simpele handgreep toe om haar hopelijk terug te halen en direct kwam ze bij, helemaal verdwaasd. "Wat gebeurt er?" vroeg ze. Ik zag angst in haar ogen. Dit had ik nog nooit in haar ogen gezien. De pijn was zo hevig dat ze een korte tijd later opnieuw bewusteloos raakte.

Het was zo'n teleurstelling! Al het werk van maanden was volkomen verwoest, tenietgedaan door een stukje pleister van een paar vierkante centimeter. Haar ogen waren weer slecht. Ze kon niet meer naar de wc. Ze sliep weer even slecht als vanouds. De pijn was weer helemaal terug, nog erger dan voorheen. Bovendien kreeg ze in de dagen erna de ene na de andere bloeding. Ernstige bloedingen zelfs. Ofschoon er meer dan genoeg reden voor was... we belden geen ambulance.

Aan het begin van de zomer hadden we namelijk een brief doorgespeeld gekregen van de gynaecoloog aan zijn collega's. Daarin stelde hij het nut van nieuwe bloedtransfusies voor Linda ter discussie. Wat had het dan voor zin om haar op te laten nemen? We bespaarden onszelf liever die ellende.

We waren weer in de grond gestampt. Steeds als het wat beter ging, kregen we een keiharde trap naar beneden. Het mocht gewoon niet! Wat was dit toch?

Hoe ernstig de bloedingen ook waren, ze bleef in leven.

Haar verjaardag een paar dagen later sloegen we maar over.

Haar ouders en ook mijn zus Mieke kwamen even op bezoek. Ze brachten een vrolijk uitziende verjaardagskaart mee met een heel toepasselijke tekst: "Weer een jaar om door het toilet te spoelen."

Ik had geen cadeau voor haar, maar toen ik vroeg wat ze wilde hebben, was haar antwoord simpel: "Iets tegen de pijn."

Het is licht

Opnieuw waren we neergeslagen. Dat zijn van die momenten dat je het gevoel krijgt dat je van je adem wordt beroofd en je hart totaal geblokkeerd raakt. Dat gold voor mij al en ik kon slechts vermoeden wat het met haar deed. Ze huilde veel. Soms uitte haar verdriet zich in machteloze boosheid en gilde ze het uit.

"Ik kan dit niet meer!" zei ze. "Ik kan dit niet meer! Hóór je! Ik stop ermee!" Ze zweeg even, een bedenkelijke stilte.

Met zachte stem vervolgde ze: "Als ik binnenkort niet meer in bed lig, dan moet je me niet gaan zoeken. Dan ben ik weggegaan." Ze keek me aan en ik werd bang van de plotselinge toonverandering in haar stem. "Ik hou van je." Ze keek me heel dringend aan. "Dat weet je. Jij hebt het goed gedaan. Niemand had het je na kunnen doen. Je hebt alles voor me gedaan wat je kon. Maar ik kan dit niet volhouden. Nu moet je me laten gaan. Je moet me niet gaan zoeken."

"Wat ben je dan van plan?" vroeg ik. Ik was bang, misschien nog wel het meest omdat ik er dan op het laatst niet voor haar zou zijn. Dat ze in eenzaamheid zou beslissen er een eind aan te maken. Ik zou hebben gefaald haar te beschermen en de gedachte dat zij op zo'n manier aan haar eind zou komen, helemaal alleen, was onverdraaglijk.

Dat zei ik tegen haar: "Dan heb ik het niet goed gedaan." Ik probeerde op haar in te praten, haar te doen inzien dat dit geen oplossing was, maar ik bereikte haar niet.

Angst rond mijn hart...

Op een nacht in augustus werd ik wakker van zachte geluiden die duidelijk niet normaal waren. Ik spitste mijn oren. Het leek alsof de deurklink zachtjes werd bewogen. Ze was bezig om naar beneden te gaan en wilde duidelijk niet dat ik haar hoorde.

"Wat ga je doen?" vroeg ik in het donker.

Op dat moment opende ze snel de deur en zonder te antwoorden liep ze de kamer uit en de trap af. Ik trok snel een joggingbroek aan en volgde haar.

"Je moet hier blijven!" riep ze, toen ik achter haar aankwam. "Ik moet alleen gaan!" Ze had dit keer niets extra's aangetrokken en maakte haar gezicht ook niet op. Beneden had ze de lamp in de keuken aangedaan en zocht ze naar de huissleutels, maar ik was haar voor en hield ze in mijn handen.

"Alleen als ik met je mee mag", zei ik, de sleutels tonend. Het voelde niet goed om van mijn machtspositie gebruik te maken, maar ik wist nu niets beters te bedenken.

"Ik moet alleen gaan!" zei ze nog eens. "Wat doe je nou!"

"Met je meegaan. Ik laat je niet alleen gaan."

Uiteindelijk gaf ik haar de sleutels. Ze liep in het holst van de nacht naar buiten. Ze had me uitdrukkelijk bevolen haar niet te volgen, maar wat moest ik dan nu? Haar laten gaan? Wat ging ze doen? De vijver achter ons huis inlopen? Onder een auto springen? Dat leek me op deze tijd, half vier in de ochtend, vrij moeilijk.

Ik ging toch achter haar aan, zoekend in het donkere park achter ons huis, zachtjes haar naam roepend. Uiteindelijk vond ik haar huilend op een bankje. Ik ging bij haar zitten, zonder iets te zeggen.

"Ik kan dit toch niet?" zei ze.

In elk geval sloot ze mij niet buiten door te zwijgen. Ik praatte tegen haar. Simpele opmerkingen. Ik weet niet meer wat, maar dat maakte niet uit. Ze vertelde dat ze van het dak van het bejaardentehuis had willen springen. "Maar ik kan niet eens zover lopen!" zei ze. "Ik kan dat niet eens meer!"

Ik zag dat we pal voor het gebouw op het bankje zaten. Hier en daar brandde zelfs nog licht. Oudjes die ook niet konden slapen. Het was nog maar een paar stappen.

Ze huilde weer. Maar nu was haar huilen niet meer van frustratie, wanhoop en langdurig onuitgesproken boosheid en wat niet allemaal. Dit leek op echt verdriet, intens verdriet van teleurstelling op teleurstelling. Dit kwam veel dieper van binnenuit. Nú pas huilde ze werkelijk.

Heel voorzichtig legde ik een jas die ik ijlings had gepakt over haar rug. Het was dan wel een heel warme nacht, maar het bankje was vochtig koud en met haar magere lichaam zou ze snel afkoelen. Ik spoorde haar niet aan om mee te komen.

"Ik hou van je", zei ik. "Misschien moet ik dat vaker tegen je zeggen. Ik wil je niet kwijt, maar ik weet ook niet hoe we dat moeten doen. Ik weet niet of je beter zult worden. Ik wil je zo graag helpen, maar wát we ook doen... niets helpt. Ik wil niets liever dan je gelukkig maken, je beter maken... maar hoe moet ik het doen?"

We praatten en uiteindelijk gingen we weer naar huis, langzaam, terwijl ik haar ondersteunde. Maar het voelde niet als 'naar ons veilige huisje'. Ons huisje was niet meer zo veilig als het altijd was geweest, waar we gezellig met de poezen op onszelf konden zijn. Dit was geen overwinning, geen oplossing. Er was geen troost. Wat was er eigenlijk wel? Weer een nacht? Weer meer pijn? Zou ze ooit beter worden? En zo niet?

Hoe moeilijk het ook was, ergens haalde ze toch de kracht vandaan om te vechten. Ook nu weer. Ik was opnieuw onder de indruk en bewonderde haar. Ze gaf niet op, was teleurgesteld, verdrietig, maar niet verslagen. Tijdelijk misschien, maar nooit blijvend. Niet opgeven, nóóit opgeven! Waar haalde ze zoveel strijdlust vandaan?

Het praten in dat gekke taaltje was er niet door beïnvloed. Haar 'vriend' kon heel goed zingen, want ik hoorde bijna elke dag nieuwe liedjes met ingewikkelde teksten en melodieën de revue passeren, waarvan sommige aan Russische Kozakkenliederen deden denken. Grofweg waren er twee soorten liedjes: slaapliedjes en marsliedjes. Eén zo'n marsliedje kwam steeds weer terug. Het had een kort refrein dat ze heel uitbundig en vrolijk zong:

"Kìru la fanài! Kìru la fanài! Questa questa questa questa... Kìru la fanài!"

Zoals met bijna elk liedje kondigde ze door de manier van zingen al ruim van tevoren aan dat het eind van het lied naderde. Aan het eind van dit lied werd de tekst van het verhalende gedeelte spannender en als afsluiting zong ze het 'questa questa questa' veel vaker en steeds zachter. Ze rekte het zo lang mogelijk en ten slotte riep ze keihard: "kìru la fanài!"

De slaapliedjes waren geheel anders van karakter. Die waren zonder uitzondering ontroerend mooi. Er kwam altijd één woord in voor waarvan ze zelf zei dat het 'slapen' betekende. Dat woord was 'nacka-nacka'. Soms pas aan het eind van zo'n lied kwam dat woord erin voor, maar zodra het gezongen werd wisten we allebei dat het weer zo'n slaapliedje was.

Haar vriend bleef steeds geëmotioneerd dat ene woord 'nasja' roepen. We vroegen ons af of 'nasja' misschien een naam was. Heette hij soms Nasja? Na verloop van tijd voegde hij er steeds een ander woord aan toe en zei hij 'nasja uzbekija'.

We ontvingen een brief van de vrouw die de Akasha-kronieken zou raadplegen. Toen Linda hem las, riep ze geëmotioneerd: "Dat is hem! Dat is hem! Zie je wel, ik heb het niet bedacht!" Ze gaf de brief aan mij en ik las:

1532, Rusland, een vorig leven. Je was een soldaat en vocht met zwaarden en bijlen. Op het slagveld ben je gewond geraakt. Je darmen lagen eruit, maar je hebt nog vijf dagen geleefd. Verdriet, woede, pijn... alles kwam naar buiten.

Er stond nog wat meer en terwijl ik het las, kreeg ik een brok in mijn keel en begon abrupt te huilen. Wat gebeurde er nu weer? Ik huilde nooit!

Een vorig leven? Tóch een vorig leven? Het kon ook bijna niet anders. We wisten het eigenlijk allang, al snapten we er niets van. Kennelijk was er een link met heel veel pijn op dat slagveld. Misschien dat de extreme pijn in dit leven iets wakker had gemaakt, waardoor dat leven werd geactiveerd en zij daar steeds weer in terugschoot.

Ik zat het briefje steeds opnieuw te lezen met tranen in mijn ogen en ineens wist ik iets anders: "Ik was Nasja!" zei ik. Het gevoel was zó sterk. "Mijn naam was eigenlijk Natascha."

Er gebeurde in ons allebei nu ineens van alles, want door dit briefje werden er herinneringen en emoties losgemaakt die al eeuwenoud en nooit verwerkt waren. Voor mij was het een heel sterk gevoel eindelijk bevestigd te krijgen dat zij, of hij, in een of andere veldslag was gedood.

Nog diezelfde avond riep ze: "Kom snel... kom, kom... hij laat het me zien... kom snel!"

Ik rende naar boven en zag haar op het bed zitten. Ze zat voorovergebogen op haar knieën op bed met een deken over zich heen getrokken en leek midden in een gesprek. "Zij is hier", zei ze in zichzelf, of tegen haar vriend. "Nasja is hier. Wil je het nog een keer vertellen?" vroeg ze zachtjes, en even was ze stil.

Tegen mij zei ze: "Je moet erbij zijn. Ik weet niet of ik het nu nog kan, maar je moet erbij zijn. Hij laat het me allemaal zien!"
Ik ging bij haar zitten en ze begon te vertellen wat ze zojuist waarschijnlijk ook al had gezien, maar dat ze nu, met mij erbij, nog eens beleefde.
Ze woonden in een dorpje in Uzbekija. Nasja was zijn vrouw.
"Ze is heel mooi, hè?" zei Linda met een bepaald stemmetje, alsof ze tegen een kind praatte.
Haar vriend antwoordde direct via Linda: "Zij is het mooiste meisje van het dorp." Hij was zo trots.
"Hoe heette hij?" vroeg ik zachtjes tussendoor. Het was even stil.
"Igor", zei ze. "Hij heette Igor." En ik wist direct: Ja! Igor. Zo heette hij. Die naam klopt.
Op de een of andere manier was het nu mogelijk om in gewoon Nederlands met hem, met Igor, te communiceren. Linda begreep direct wat ze zag en hoorde. Hierna kregen we het hele verhaal te horen, terwijl wij, Linda en ik, zo nu en dan vragen aan Igor stelden en daar meteen antwoorden op kregen.
Ze woonden in een klein dorpje ergens in Uzbekija. Ze waren getrouwd en kennelijk was hij bij Nasja komen wonen. Ze hadden een poes, Maika, en met die kat in zijn armen zong hij heel veel liedjes. Hij was aan het oefenen met Maika, want Nasja was zeven maanden zwanger en straks zou hij vader zijn. Hij was heel trots en zó blij. Met de poes in zijn armen oefende hij slaapliedjes en bedacht ook nieuwe liedjes voor de aanstaande baby en voor zijn geliefde Nasja.
Ze hadden drie ganzen. "Gak, gak, gak", deed hij ze na. De mensen in het dorp vonden hen maar vreemd, want Nasja praatte met de ganzen in plaats van ze op te eten.
Hij had ook een moeder of grootmoeder... Ìrina, van wie hij ook veel hield.
Op een dag kwamen er mannen naar het dorp, het waren soldaten. Er waren jonge mannen nodig voor een of andere oorlog, het was vermoedelijk de tijd van Iwan de Verschrikkelijke, vandaar. Alle mannen moesten mee. Er werd hen beloofd dat, als ze terugkwamen, ze

rijk zouden zijn. De mensen zouden trots op hen zijn. Igor zei dat met een schamper lachje. "Ja, ja... als we terugkomen." Die ronselaars wisten heus wel dat er hoogstwaarschijnlijk niemand terug zou komen, dus dat konden ze gemakkelijk beloven. Niemand wilde, maar je kon natuurlijk niet achterblijven als de anderen wel gingen. Dat hoort niet, dus Igor ging ook mee. Het waren allemaal nogal opscheppers. Zich niet laten kennen, groot doen tegen elkaar. Maar in feite waren ze allemaal heel erg bang.

Ik vroeg of hij van Nasja nog iets meekreeg, iets van haar dat hem aan haar zou doen herinneren.

"Jaaa... een heel mooi hoofddoekje. Een blauw hoofddoekje." Hij was daar heel zuinig op en liet het aan niemand zien. Maar hij zei: "Die anderen hebben ook iets hoor, maar ze zeggen het niet."

Toen moesten ze heel lang en heel ver lopen, steeds nieuwe dorpen aandoend waar meer mannen werden geronseld. Tijdens die dagenlange marsen hebben ze liedjes gezongen, marsliedjes. Op die reis leerde hij ook iemand kennen met wie hij erg bevriend raakte en met wie hij de hele tijd samenbleef. Uiteindelijk, na dagen, maar misschien waren het weken, kwamen ze bij een kazerne aan, of eigenlijk een groot huis. Daar kregen ze zwaarden en bijlen uitgereikt. De volgende dag al ontmoetten ze de vijand. Maar ze waren helemaal niet getraind, hadden niets geleerd en hadden alleen zwaarden en bijlen om zich mee te verdedigen. De vijand was goed getraind en dus werden ze totaal in de pan gehakt, afgeslacht tot op de laatste man.

Igor raakte al snel gewond in zijn been door een slag van een zwaard. Linda had al jaren last van een vage pijn in haar rechterbeen, precies op die plek. Hij viel neer en werd om te beginnen met rust gelaten, maar na een tijdje probeerde hij weg te kruipen. Linda zei toen gehaast tegen Igor: "Niet doen!

Niet doen! Blijf liggen! Liggen blijven! Dan zien ze je niet!" Maar Igor zag iets verderop een boom en daar wilde hij naartoe kruipen. Linda probeerde hem tegen te houden.

"Hij gaat toch!" zei ze tegen mij. "Ik kan hem niet tegenhouden. Niet doen! Niet doen!"

Toen hij vlak bij de boom was, ontdekten ze hem. Al zijn vrienden waren waarschijnlijk al dood of gewond en de vijand had vrij spel.

Kennelijk waren ze nogal sadistisch, want met een zwaard haalden ze zijn buik open, zodat zijn darmen eruit puilden, en lieten hem liggen om te sterven. Toen gingen ze weg.

Ik hoorde aan Igor hoe ellendig hij zich voelde. Hij zag kans om zich de laatste meters naar de boom toe te slepen en daar bleef hij onderuit gezakt met zijn rug tegen de boom liggen, met zijn handen tegen zijn buik, niet eens sterk genoeg om zijn hoofd op te tillen. Steeds als ik aan Linda denk hoe ze in haar stoel hing als ze zoveel pijn had, zie ik diezelfde reddeloze houding. De rest van de dag bleef hij daar liggen. Hij hoorde zijn kameraden om zich heen roepen om hulp. Maar niemand was in staat om te helpen. Er was helemaal niemand en er kwam ook niemand.

Igor begon te roepen: "Nàsja! Nhàsja...! nasjaaáááaa!"

"Ze kan je niet horen, hè?" vroeg Linda aan Igor. Hij bleef om Nasja roepen, precies zoals ik al zo vaak had gehoord.

Het werd donker en om hem heen hielden de stemmen van zijn kameraden een voor een op met schreeuwen. Het werd stil. Maar hij bleef leven. Hij bleef roepen om Nasja. Soms schreeuwde hij het uit van de pijn. Omdat het zo donker en eenzaam was, ging hij praten. Misschien waren er wilde dieren in de buurt, die op de geur van de dood afkwamen. De nacht duurde eindeloos lang.

Eindelijk begon het licht te worden. "Het is licht", zei hij hoopvol. "Nu komen ze me halen. Nu komen ze! Het is licht."

Maar er kwam niemand. Hij bleef hoop houden en de hele dag bleef hij daar alleen liggen. Om niet gek te worden bleef hij praten, heel snel en druk praten, rebbelen, eindeloos lang, de hele dag door. Hij vertelde alles wat hem dwarszat, wat hij had gedaan, wat er gebeurde, al zijn verdriet, zijn frustratie dat hij niet naar Nasja kon, dat zij niet wist waar hij was, zijn grootste zorg. Hij riep om haar. Hij moest toch naar Nasja toe! Hoe kon hij nu naar Nasja? Waar was Nasja? Hij moest voor haar zorgen! Ze was zwanger! Hij was de aanstaande vader! Je laat je vrouw toch niet alleen? Ze zou nu bijna gaan bevallen!

Dit herhaalde zich dagenlang. Steeds als het licht werd had hij hoop dat er iemand zou komen, blij als hij was dat de nacht weer voorbij was. Maar nooit is er iemand gekomen. Toen hij dit vertelde, werd ik helemaal teruggeworpen in mijn gevoel van Nasja. Ik voelde de wanhoop en het verdriet van toen. Maar nu voelde ik ook een merkwaardige opluchting... een gevoel dat met Nasja te maken had. Eindelijk... eindelijk te weten wat er met hem was gebeurd. Maar dit was een verschrikkelijke ontdekking.

Hij vertelde echter niet dat hij op dat slagveld was gestorven. We probeerden hem verder te laten kijken. "Wat gebeurde er toen?" vroeg Linda. Maar hij ging niet verder. Hij moest naar Nasja toe, hij ging niet dood. Hij was aan het vechten om te overleven, maar hij kwam niet verder. Zijn verhaal stopte daar.

Wat leken Linda en hij toch veel op elkaar! Linda kon in het donker ook nooit slapen en nu ze zo ziek was, wilde ze nooit een lamp aandoen als het in de avond donker begon te worden, want als je 's avonds binnen een lamp aandoet, dan is het buiten echt donker en dan is het nacht. 's Morgens heel vroeg, als het buiten nog donker was, zaten we vaak te wachten tot het licht begon te worden en dan deden we al heel snel de lamp uit om het eerste licht te kunnen zien aankomen. Dat was voor haar het sein om te gaan slapen. "Het is licht", zei ze dan met een vermoeide, verwachtingsvolle stem. "Het is licht."

Ring, ring Nasja

Eindelijk begrepen we wat er aan de hand was, waarom dit gebeurde. Maar hoe kon een leven van bijna vijfhonderd jaar geleden op zo'n manier een eigen leven gaan leiden?

In feite waren Linda en Igor een en dezelfde ziel, maar ze gedroegen zich niet als een. Als Igor aan het woord was, dan gedroeg hij zich als een 'derde' persoon in huis en deed dat zó overtuigend dat ik geen moment het gevoel had dat ik met Linda in dezelfde kamer was.

Het leek wel een fantasyfilm over tijdreizen, waarbij iemand uit het verre verleden met een tijdmachine per ongeluk in de 21ste eeuw wordt getransporteerd.

Hij bleef nu verder weer in zijn eigen taal praten en zingen, want Igor's Nederlands was alleen mogelijk geweest omdat Linda toen zo diep in haar gevoel had gezeten. Meestal begrepen we niet waar hij het over had, maar hij bemoeide zich overal mee en was overal van op de hoogte. Ook als hij een tijd niets had gezegd, bleek hij wel degelijk te weten wat er was gebeurd en wat Linda en ik hadden gedaan.

Hij wilde van mij dat ik dingen bedacht om zichzelf en Linda te helpen. Hij zag zichzelf niet als een deel van Linda, maar als zichzelf, als Igor. Het ging zijn begrip te boven. Ik bedacht steeds nieuwe dingen om iets tegen de pijn te doen en was daar erg creatief in geworden, maar bijna alles wat ik bedacht werkte maar een paar nachten. Igor had dat door. Dat merkte ik toen hij op een bepaald moment met Linda's wijsvinger tegen de zijkant van haar hoofd tikte en mij nadrukkelijk aankeek. "Pièka pièka", zei hij daarbij. "Pièka pièka!" Hij vond dat ik iets nieuws moest bedenken tegen de pijn, want hij was bezorgd om Linda. Zij had iets nieuws nodig, al zou het maar een paar dagen werken. Dat kon ik, daar was ik goed in, dat had hij gezien.

Op een dag, toen Linda's pijn erger was dan anders, zei Igor weer iets in zijn taal. Het waren onduidelijke klanken, behalve het woord stokje. Wat bedoelde hij daar nou mee? Maar Linda begreep dat hij wilde dat ik haar met de ankh zou behandelen.

Toen ik Linda een paar dagen later met de ankh behandelde, ging hij nog een stap verder. Hij riep een aantal onverstaanbare dingen maakte er zelfs gebaren bij. Gelukkig begreep Linda het wel: "Hij bedoelt dat je het niet goed doet. Je moet de ankh anders vasthouden."

Oo! Wist hij nou ook al hoe je met een ankh moet behandelen? "Nou, laat het hem maar voordoen dan", zei ik. Dus hield ik de ankh omhoog en vroeg in gewoon Nederlands: "Hoe moet ik de ankh dan vasthouden? Doe het eens voor."

Ik kreeg een half uur les in hoe ik de ankh moest vasthouden en hoe ik de bewegingen moest maken. Hij nam bijvoorbeeld mijn hand vast, wat heel anders voelde dan wanneer Linda dat deed, en duwde de ankh op een bepaalde manier in mijn hand. Het viel me op dat ik vooral veel respectvoller en rustiger moest werken met dit instrument.

Heel bizar om les te krijgen van iemand uit het verre verleden, in een taal die ik nog nooit had gehoord, komend uit de mond van mijn doodzieke vriendinnetje, die zich hier nog nooit mee bezig had gehouden. Leg dat maar eens uit.

Maar ik voelde direct... zo werkt het veel en veel beter. Reiki, magnetiseren, instralen en werken met de ankh zijn tenslotte allemaal behandelingen die gebruikmaken van goddelijke, universele energie. Dat was het belangrijkste dat hij me duidelijk maakte: wees respectvol wanneer je hiermee omgaat en doe het dan met volle overtuiging. En twijfel niet, want je kunt het!

Soms was Igor ronduit vervelend, want hij bemoeide zich overal mee. Ik vroeg me af of hij in staat was Linda helemaal over te nemen. Er waren periodes dat ze zelf amper nog de kans kreeg iets te zeggen en dan hoorde ik haar de hele tijd rare dingen zeggen, klagen, zingen, maar ook stil zijn als Igor. Maar meestal was het Igor die in hoog tempo iets zei gevolgd door Linda met een reactie op wat hij had gezegd.

Het was heel gezellig met zijn drieën. Het was een van die bijzondere dingen die we kregen aangereikt tijdens deze nauwelijks te volbrengen taak, want ze kon zich voor de heerlijke visualisaties met Amà nog maar zelden voldoende concentreren. Dit was voor ons een heel goede afleiding.

Ik begon van Igor te houden. Linda en Igor waren twee totaal verschillende persoonlijkheden en natuurlijk hield ik van Linda, maar ik voelde een grote liefde voor Igor ontstaan in een heel korte tijd. De liefde die ik voor Linda in dit leven voelde, had natuurlijk ook met hem te maken, maar kennelijk ging onze liefde nog veel verder terug. Een rare gewaarwording. Ik leerde hierdoor overtuigend dat liefde niet roest en dat vijfhonderd jaar geen enkel verschil uitmaakt.

Alleen zag Igor mij niet als de reïncarnatie van zijn geliefde Nasja. Zijn begrip was dat van een eenvoudige boerenjongen uit Oezbekistan. Hij bleef om haar roepen, vooral als Linda zich zo ellendig voelde. Op een gegeven moment zaten we achter mijn werktafel en Igor probeerde iets van mij gedaan te krijgen, maar ik begreep hem niet. Hij noemde Nasja, wilde naar haar toe, en ik moest hem daarbij helpen. Waarom deed ik dat nou niet? Dat was toch geen enkel probleem? Ineens greep hij de telefoon en duwde die onhandig tegen mijn borst. "Ring, ring Nasja", zei hij.

Ik was stomverbaasd. Moest ik Nasja bellen?

"Nasja Uzbekija. Ring, ring Nasja!" zei hij nog een keer en duwde de telefoon weer tegen me aan. Hij had mij, of Linda, kennelijk zien bellen en hij begreep dat je op die manier met onzichtbare mensen kunt praten. Dus konden we nu ook met Nasja in Uzbekija bellen. Ik probeerde hem uit te leggen dat Nasja niet meer leefde, dat zij al vijf eeuwen geleden was overleden. Maar steeds als ik dat probeerde, onderbrak hij me met: "Nasja Uzbekija." Hij liet me mijn zinnen niet afmaken. Hij wilde het niet horen. Met stemverheffing zei hij ten slotte: "Nasja bei Uzbekija!"

Ineens kreeg ik een inval en ik zei: "Nasja is weer opnieuw geboren. Nasja is hier! Ik ben Nasja!"

Hij had naar beneden gekeken, maar bij die woorden keek hij verrukt op en had een blijde lach op zijn gezicht.

"Nasja?" zei hij hoopvol. "Nasja?"

Toen bekeek hij me wat beter en betastte met Linda's vingers mijn korte baard en gaf daarmee aan dat ik Nasja nooit zou kunnen zijn. De blije glinstering verdween uit zijn ogen en, terwijl hij zijn hoofd weer liet zakken, zei hij met een treurig lachje: "Nasja nai... Nasja Uzbekija!"

Bij een andere gelegenheid had hij weer iets ontdekt. We waren een paar keer met de auto naar de therapeut in Arnhem geweest. Daar had hij iets van opgestoken. Hij wilde dat ik hem naar Oezbekistan zou rijden, dan kon hij naar Nasja en was hij weer thuis. Toen ik hem uitlegde dat dat onmogelijk was, werd hij boos en gooide zelfs de atlas die ik had gepakt door de kamer. Daarna ging hij zitten mokken op een manier van: niemand wil mij helpen.

Linda was daar nogal kwaad over. "Hij gaat wel erg brutaal worden", zei ze. "Hij is hier de baas niet!"

Ofschoon het heel boeiend was en zelfs gezellig, voelde ik me soms heel ongemakkelijk, want hij kon knap ongeduldig zijn en Linda was soms lang afwezig. Dan werd ik er moedeloos van.

Hij probeerde de Nederlandse taal te leren en zo kon het gebeuren dat hij onverwachts iets zei wat we goed verstonden. Zo zaten we eens achter de computer iets uit te zoeken over pijnstillers op internet en ineens hoorde ik hem zeggen: "Kom poet'rr". Hij begreep wat we deden en wilde dat ik voor hem iets over Uzbekija ging opzoeken op internet. Foto's wilde hij, zei Linda tussendoor. Maar hoe ik ook mijn best deed, veel meer dan wat statistische gegevens over inwoneraantallen was er in die dagen van het vroege Internet niet te vinden. Geen foto's in ieder geval, bovendien waren de schrifttekens totaal onleesbaar en Igor liet niet merken dat hij ze kon lezen.

Maar op een idee gebracht pakte ik een vel papier en een pen en begon ik een schets te maken van een vrouw met een rok en een kort bloesje en ik zei erbij: "Nasja? Zag Nasja er zó uit?"

Hij lachte toen hij dat zag, pakte gelijk mijn pen en begon de tekening te veranderen. Nasja kreeg om te beginnen een zwangere buik! De knoopjes in haar blouse waren niet goed en haar haar zat anders. De rok was langer. Omdat ik nog geen voeten getekend had prutste hij er een paar vormloze voeten onder. Daarna tekende hij er een gans bij en gaf Nasja een gevorkt stokje in handen en hij deed voor hoe zij met dat stokje de ganzen leidde. Het resultaat zag er niet uit, zeker die rare voeten niet, en hij moest er zelf erg om lachen.

De vijfde dag

Linda's pijn was zo extreem en ze reageerde zo slecht op pijnstillers, dat we altijd op zoek waren naar een antwoord op die ene vraag: "Waar komt die pijn vandaan en wat is eraan te doen?" We stelden iedere therapeut diezelfde vraag en door al ons navragen en uitzoeken werden we uiteindelijk door een klassiek homeopaat op een idee gebracht. Het zou een lichte vorm van arsenicumvergiftiging kunnen zijn. De metingen van Roberto, de elektroacupuncturist, bevestigden dit. De pijn zou weleens onbehandelbaar kunnen zijn vanwege de arsenicumsporen in haar lichaam. Arsenicum werkt op de zenuwuiteinden en kan pijn veroorzaken.

Na lang zoeken vonden we een therapeute die haar kon behandelen. Ze woonde amper 250 meter bij ons vandaan. Nog diezelfde avond kwam zij met haar apparatuur bij ons langs. Marianne heette ze en haar vriendelijkheid en welgemeende belangstelling waren een verademing voor ons. Haar manier van diagnosticeren was ons bekend, want het leek precies op wat Roberto deed, maar van haar apparaat hadden wij nog nooit gehoord: Health Angel. Dat klonk wel goed.

Uit haar metingen bleek dat Linda's energieniveau haast onmeetbaar laag was. Ze zat op amper dertig procent, terwijl gezonde mensen met haar metingen tussen de zestig en tachtig procent zitten. Dat Linda nog leefde, was al een wonder op zich.

Marianne kon met haar apparatuur niet alleen meten, maar ook behandelen, wat zeer welkom was, want nu hoefde Linda geen extra middelen in te nemen. Marianne besloot ook te testen op de aanwezigheid van kankertrillingen en ze vond die direct. De therapeut in Arnhem had toen nog niet de juiste testampullen ter beschikking gehad, dus nu, voor de allereerste keer sinds de onderzoeken in het ziekenhuis, kregen we een duidelijk antwoord op die ene vraag: heeft ze nu wel of geen kanker? Want zelf zei ze steeds dat ze geen kanker had, dat het ontstekingen waren. Ik vermoedde dat ze dit per se wilde geloven en dat niemand haar geloof aan het wankelen mocht brengen.

Marianne vertelde Linda wat ze had gevonden en Linda leek die uitslag te accepteren. Deze eerste keer werd ze met die ampullen behandeld, maar bij alle volgende metingen mocht Marianne ze niet meer inzetten, want kort na die eerste behandeling kreeg Linda een kleine bloeding. Niets bijzonders, maar Linda was onzeker en dacht dat het met elkaar te maken had. De ampullen met die kankertrillingen werden toch in het meetcircuit gezet? Stel je eens voor dat het apparaat die kankertrillingen in haar lichaam zou sturen. Wat kon je dan wel niet veroorzaken?

Linda ontkende gewoon dat ze kanker had. Er waren meer dan genoeg bewijzen, maar was het dat wel, vroeg ik me af. De therapeuten mochten alles doen... behalve haar kanker weghalen.

Omdat ik Marianne met de auto ophaalde en weer thuisbracht, vanwege de zware koffer met spullen die ze meezeulde, had ik kort de gelegenheid om met haar te praten. Marianne begreep dit ook niet en werd er zelfs verdrietig van. Ze zei dat ze met het idee had gespeeld om Linda ongevraagd tegen kanker te behandelen, maar dat ze het meteen had verworpen. Linda had mij ook gevraagd wat ik ervan vond, maar ik liet haar daar zelf in kiezen. Dit moest haar eigen beslissing zijn en dan zou ik haar daarin steunen. Dat vond ik heel belangrijk.

Maar ik voelde hoeveel dit apparaat voor Linda kon betekenen en daarom deed het erg pijn om zelfs hierin met haar mee te gaan.

Het was net alsof Linda haar ziekte verdedigde. Het had te maken met het grotere plan achter alles, met het doel waarmee zij naar de Aarde was gekomen. Zodra wij iets ontdekten om haar ziekte of haar pijn daadkrachtig te bestrijden, werd ons dat uit handen geslagen. Of het werd, zoals in dit geval, door haar zelf verijdeld. Het was haar eigen ziel die haar handelen bepaalde. Marianne mocht haar helpen, verlichting geven, maar niet haar kanker wegnemen. De weg zelf was belangrijk. Die had iets te betekenen. Dit was de beweging van de kosmos.

Als ik probeer te bedenken wat de reden achter al dit alles zou kunnen zijn, waarom de kosmos deze beweging maakte, dan is het eerste wat er in me opkomt dat Linda en ik gaande deze periode op een zeldzame manier met elkaar verbonden werden. Ook geloof ik dat Linda, juist door de eindeloze reeks van tegenslagen, steeds opnieuw geconfronteerd werd met dat ene aspect dat zo belangrijk was: acceptatie.

Je zou je ook kunnen afvragen waarom Marianne überhaupt in ons leven kwam, als ze toch niets essentieels mocht bijdragen, maar misschien had ook haar komst nog een andere reden.

Igor was, zoals steeds, vaak aanwezig en ook aan zijn manier van doen, merkte ik dat hij zich zorgen maakte. Op een bepaald moment verbeeldde hij dat op een bijzondere wijze. Hij pakte een van zijn vingers vast en zei: "Bir." Hij keek mij strak aan en toen pakte hij de volgende vinger en zei: "Ikki." Hij vervolgde met de andere vingers en somde op wat erbij hoorde: "Uch... Turt... Besh..."

Ik keek hem verwonderd aan en vroeg wat hij aan het doen was. Dus deeh hij het nog eens en pakte weer een voor een zijn vingers vast terwijl hij bij elke vinger een ander woord noemde: "Bir... ikki... uch... turt... besh..."[2]

Hij keek me daarbij heel ernstig aan, maar het drong niet tot me door wat hij bedoelde. Ik probeerde hem na te doen en te herhalen wat hij zei, maar slaagde daar slechts ten dele in.

Toen kwam Linda er ineens tussendoor. "Hij is aan het tellen!" zei ze. "Hij telt tot vijf!"

Ik schudde niet begrijpend mijn hoofd. "Hoezo?" vroeg ik. "Gaan we zijn taal leren of zo? Wat bedoelt hij hiermee?"

"Snap je het dan niet?" vroeg ze, mij dringend aankijkend. "Hij is vijf dagen op het slagveld in leven gebleven. Hij telt de dagen! Hij telt tot vijf!

Hij bedoelt... er moet nu snel iets gebeuren, anders haal ik het niet! Het is de vijfde dag! En op de vijfde dag ging hij dood."

---

[2] *De hier weergegeven woorden zijn later op internet opgezocht en verwijzen naar de taal van het huidige Oezbekistan, het Oezbeeks. De werkelijke woorden die Igor sprak waren vermoedelijk anders, maar ik kon ze niet exact onthouden. De klank van deze woorden geeft echter precies het gevoel van toen weer.*

Genezing van de ziel

Maar we probeerden alles al. Wat konden we dan nog meer doen? We hadden geen reserves meer. Lichamelijk en geestelijk waren we totaal op. Dat we het nog steeds volhielden, was een wonder, maar de momenten dat Linda het niet meer zag zitten en er een eind aan wilde maken, kwamen steeds vaker voor. Ze stelde mij daarmee voor een heel moeilijk dilemma, want ik zag als geen ander hoe verschrikkelijk de weg was die zij ging. Ik kon me haar verlangen heel goed indenken. Maar ik was het er niet mee eens. Elke keer voelde ik dat het niet juist was. Hoe erg de pijn ook was, zelfmoord of euthanasie, was geen optie.

Ik had ooit een handeling geleerd om, volgens zeggen, de ziel uit het lichaam te halen en vervolgens het zilveren koord, de verbinding tussen ziel en lichaam, te verbreken. Die handeling was bedoeld om reeds overleden mensen sneller vrij te maken van hun lichaam.

Linda had mij al vaker gevraagd dit bij haar te doen en ik had altijd geweigerd. Maar haar vraag kwam steeds vaker terug, en werd steeds dringender, vooral als ze verging van de pijn. Ik bleef weigeren, maar met welk argument? Ik had geen verweer. Het was een gevoel, een zekerheid, dat dit niet juist was.

"Als ik het zou doen..." zei ik. "Zou je hier op Aarde heel blij zijn. Maar vanaf de andere kant zou je me vervloeken." Misschien wat al te extreem gesteld, maar zo was ik ten minste duidelijk.

Maar haar vraag bleef terugkomen en uiteindelijk deed ik haar een belofte. Ik beloofde haar dat als er over vier weken nog steeds geen echte verbetering zou zijn, ik het zou doen. Ik zag intussen dat Marianne's behandelingen effect leken te hebben en dat haar energieniveau meetbaar was verbeterd, al voelde ze dat zelf nog niet. En zo niet, dan zou ze amper nog vier weken overleven in mijn ogen. Ik kon er niet meer tegen en wilde iets hebben om haar in het vooruitzicht te stellen.

Samen probeerden we Igor verder te laten kijken naar wat er was gebeurd op het slagveld. We wisten dat hij daar was gestorven, maar hij weigerde daar verder te gaan. Toen we op een keer bleven aandringen zei Linda: "Hij staat voor een deur waar heel veel licht doorheen schijnt. Hij hoeft alleen maar door die deur heen te gaan, maar hij doet het niet. Hij vertikt het."

Ze voegde eraan toe: "Als ik daar zelf doorheen ga, ga ik dood." Ik vroeg me verbaasd af waarom ze dat dan niet allang had gedaan. Ze vroeg het wel van mij, maar zelf deed ze het niet. Er begon me langzaamaan iets te dagen...

Bij een andere gelegenheid zat Linda aan tafel en ik stond in de keuken. We waren met elkaar aan het praten en terwijl ik iets zei, zag ik ineens haar gezicht veranderen. Haar ogen werden zachter en haar houding kreeg iets voorzichtigs, iets nederigs haast, dat bij Igor hoorde, maar dat ik van Linda niet kende. Toen begon Igor een lied te zingen. Ik kon de woorden niet verstaan, maar meteen vanaf het eerste woord voelde ik dat het speciaal voor mij was bestemd, want al die tijd keek hij mij aan door Linda's ogen.

Ergens halverwege het lied herkende ik de woorden 'nacka nacka'. Linda stak haar vinger op en lachte er veelbetekenend tussendoor terwijl Igor verder zong. Bijzonder was dat, want Linda was er nu kennelijk zelf bij en liet dit gewoon met zich gebeuren, kon mij zelfs signalen geven. Ik begreep dat 'nacka-nacka' nu geen slaapliedje inhield, want dit was een weergaloos mooi liefdeslied en ik kreeg er tranen van in mijn ogen. Zo'n mooi lied had ik nog nooit gehoord. Ik begrijp nu wat het met je doet als iemand speciaal voor jou een liefdeslied zingt. Misschien had Linda Igor wel gevraagd dat voor mij te doen. Ik weet het niet. De melodie en de woorden kan ik me helaas niet herinneren, maar het gevoel en de ontroering van dat moment ben ik nooit meer vergeten.

Ondanks die mooie momenten was hier natuurlijk iets raars aan de hand en we zochten en vonden een reïncarnatietherapeut die bereid was bij ons thuis te komen om uit te zoeken waarom Igor niet verder wilde kijken naar wat er was gebeurd op dat slagveld.

Hij liet Linda Igor's verhaal vertellen. Het verhaal liep weer tot de vijfde dag op het slagveld. Het lukte deze therapeut om Igor naar zijn eigen lichaam te laten kijken. Hij vroeg hem of hij daarmee naar Nasja kon. Hij was even stil en schudde toen teleurgesteld zijn hoofd en begon te roepen wat ik al zo vaak had gehoord: "Nasjáaa!"

Langzaam en met de juiste vragen begeleidde hij Igor door die laatste momenten van zijn leven heen en ten slotte had Igor zijn lichaam losgelaten en was hij in staat om het van bovenaf te bekijken. Daarmee kon hij inderdaad niet naar Nasja toe en zijn verdriet was haast tastbaar in de kamer.

Nu hij het feit dat hij was overleden onder ogen zag, verwachtte ik dat Igor naar het Licht zou gaan, opgehaald door zijn gids en overleden dierbaren en dat daarmee de sessie afgelopen zou zijn, maar wat er volgde verraste mij totaal.

Hij mocht dan overleden zijn, maar dat wilde niet zeggen dat hij zich erbij neerlegde, want in plaats van naar het Licht te gaan, ging hij regelrecht naar Nasja toe. Hij wilde niet accepteren dat hij Nasja achter moest laten.

Het bleek dat hij nog jaren na zijn overlijden bij Nasja bleef.

Maar niet als klopgeest of als een boosaardige entiteit, want hij zong liedjes voor Nasja en voor hun baby en hij paste op dat hen niets overkwam. Alleen Pusj Maika kon hem zo nu en dan waarnemen.

Toen er in het dorp een vrouw zwanger werd, zag hij zijn kans schoon. Hij verbond zich met het lichaam van de ongeboren baby en opmerkelijk snel na de geboorte van die baby was hij in staat te praten en riep hij dat hij naar Nasja toe moest. "Ik ben Igor", zei hij. "Breng mij naar Nasja! Ik moet naar Nasja toe."

De mensen lachten om zo'n raar jongetje en zeiden: "Nee, jij bent Igor niet. Igor was een grote sterke man, maar hij is dood. Jij bent Pjotr."

Ongeveer op zijn zevende jaar kreeg Pjotr erge buikpijn waar hij na verloop van tijd aan overleed. Hij werd begraven en zelfs toen nog riep hij, staande naast zijn eigen graf, dat ze hem niet onder de grond moesten begraven. Hij was Igor, niet Pjotr! Hij moest naar Nasja toe.

Wat er direct daarna gebeurde hoorden we niet, want na een vraag van de therapeut zat Igor ineens in een volgend leven. Hij, of Linda, was nu een vrouw en woonde ergens in de bergen... in de Alpen. Ze was getrouwd met een boer en samen hadden ze heel veel koeien. Ze waren gelukkig samen, maar haar man kwam al vroeg te overlijden en daarna bleef ze nog heel lang leven. Ze had alleen nog haar koeien en leidde een geïsoleerd bestaan hoog in de bergen, bijna als een kluizenares. Ze werd wel negentig jaar en aan het eind had ze nog één koe over: Schnibbili. Schnibbili werd ziek en kon niet goed meer op zijn benen staan. Linda, oud als ze was, probeerde de koe overeind te houden en riep: "Nee, nee, niet doen, niet doodgaan! Hoe moet ik zonder jou verder leven!" Maar Schnibbili viel en kwam boven op haar terecht. Ze brak haar heupen daarbij en kon niet wegkomen. Opnieuw bleef ze met heel veel pijn dagenlang in leven totdat ze overleed.

Maar toen werd ze opgehaald door haar man die haar mee wilde nemen naar het Licht. Daar stemde ze gelukkig mee in. Maar ze had wel een voorwaarde, ze wilde alleen mee als Schnibbili ook mee mocht. Dat was geen enkel bezwaar en samen gingen ze naar het Licht. Daarmee was deze sessie ten einde.

Jaren geleden had een helderziende vrouw eens verteld dat Linda in een vorig leven in Amerika, in de tijd van de kolonisatie, een koeienfluisteraar was geweest. Als klein meisje werd zij door boeren uit de hele omtrek geroepen als er een koe ziek was. Zij ging dan op een krukje voor de koe zitten en praatte ermee. Daarna wist zij precies wat die koe mankeerde en wat er gedaan moest worden. Dat verhaal viel nu heel mooi op zijn plaats.

Igor is nadien nooit meer teruggekomen. Hij was naar het Licht gegaan. Eindelijk had Igor... geaccepteerd. Pas toen kon dat leven geïntegreerd worden met zijn ziel, en dus ook met Linda.

Maar wat had daar niet voor moeten gebeuren! Zoveel ellende, zoveel pijn, zoveel eenzaamheid! Het verdriet dat ik vanaf onze allereerste ontmoeting in haar ogen had gezien... ik wist nu waar dat vandaan kwam.

Acceptatie...

Het was stil sindsdien. Heel stil. Ik was van Igor gaan houden en had het gevoel een vriend te zijn kwijtgeraakt. Ik miste zijn onverstaanbare opmerkingen, zijn commentaren en vooral zijn ontroerende liedjes. Ook Linda vond het maar stil nu. Het was goed zo, dat begrepen we. Maar wel stil.

Stilte... voor de storm? Want nu dit op een goede manier was afgerond, huiverde ik bij de gedachte aan de toekomst.

De belofte die ik haar had gedaan, achtervolgde me, want ze bleef me eraan herinneren. "Als de vier weken om zijn, houd ik je eraan", benadrukte ze. "Ik ga je eraan houden!"

Dat klonk als een dreigement en ik vond het afschuwelijk dat van haar te horen. Er was iets tussen ons in komen te staan en dat was wel het laatste dat ik wilde. Ze ging weliswaar vooruit, maar dat ging zo geleidelijk dat je niet kon spreken van een echte verbetering. Ik zat ermee in mijn maag, want vanbinnen voelde ik dat ik die belofte nooit had mogen doen. Maar ik kon haar niet overtuigen.

Dit dilemma hield me dusdanig bezig dat ik mijn gids vroeg om me te helpen. Hoe hij me hierbij kon helpen, wist ik ook niet, tenslotte had ik zelf een fout gemaakt door haar die belofte te doen.

Zijn wijze antwoord kwam op een nacht in een akelig realistische droom. Daarin had ik precies datgene gedaan wat ik haar had beloofd. Ik had haar zojuist uit haar lichaam en uit haar lijden verlost en zag me nu geconfronteerd met de gevolgen ervan. Ze was overleden als gevolg van mijn handelen en terwijl ik naar haar levenloze lichaam keek, was ik totaal in paniek. Paniek die niets te maken had met verdriet of met rouw. Ik had een verstikkend gevoel iets ontzettend stoms te hebben gedaan dat onomkeerbaar was, waar ik helemaal niets meer aan kon doen, hoe graag ik dat ook wilde. Er was geen enkele weg terug.

Dit greep me zodanig aan dat ik trillend van angst wakker werd en minutenlang nodig had voor ik besefte dat dit een droom was geweest en dat Linda nog steeds leefde en naast me lag. Zelfs toen ik helemaal wakker was, duurde het nog lang eer ik dat beklemmende gevoel kwijtraakte. Niet dat wakker worden in deze realiteit een opluchting was, maar ik was mijn gids heel dankbaar voor het inzicht dat deze droom me had gegeven.

Toen de vier weken ruimschoots voorbij waren, ging het op een nacht zo slecht met haar dat ze er weer over begon. Ze keek me aan met die ene vraag in haar ogen: "Ga je je aan je belofte houden?"

Ik twijfelde lang en probeerde toen: "Ik vind dat het helemaal niet zo slecht met je gaat. Je gaat best vooruit."

"Vind je dit niet slecht!" riep ze boos uit. "Je zou het zelf eens moeten voelen! Dan zou je het direct doen! Je wilt je gewoon niet aan je belofte houden. Je was het nooit van plan! Je wilt gewoon je handen schoonhouden. Wat ben jij gemeen zeg!"

Die woorden deden pijn.

"Ik was het echt van plan", zei ik. "Maar ik weet nu dat het niet juist is. Ik had je deze belofte nooit mogen doen. Het spijt me. Het was ontzettend stom van me."

"Dus je doet het niet?" vroeg ze nog een keer. Er lag een verwijt in haar ogen dat heel erg zeer deed.

"Nee", zei ik. "Het mag niet. Het is niet goed." Ik had me suf gepiekerd over een antwoord, eindeloos zoekend naar het goede argument, zonder resultaat, maar plotseling wist ik wat ik moest zeggen: "Ik breek liever deze belofte dan dat ik iets doe waar we allebei verschrikkelijk spijt van zullen krijgen."

Geen uitvluchten meer. Gewoon accepteren dat ik een fout had gemaakt en daar de verantwoordelijkheid voor nemen. Ik had steeds gezocht naar een rechtvaardiging, maar die was er niet. Eindelijk zag ik dat onder ogen en nam ik mijn woorden terug. Dan was ze maar boos en dan was ze maar teleurgesteld. Daar moest ik dan maar mee leven.

Accepteren...

Maar ik bleef mezelf afvragen: Had ze toch gelijk? Wilde ik mijn handen schoonhouden? Wilde ik haar gewoon uit eigenbelang, ten koste van haar, zo lang mogelijk bij me houden?

Of was het werkelijk een diepliggende wetenschap dat de Alkracht in al zijn Liefde nooit een mens laat lijden zonder dat daar een heel goede reden voor is? Dat geen mens overgaat op het verkeerde moment en dat het niet aan ons is om dat moment te bepalen. Een heel ethische kwestie waarover ongetwijfeld velen zich het hoofd hebben gebroken. Ik kwam er niet uit, maar hield me wel aan dat wat ik voelde. Maar het voelde alsof ik haar van me verwijderde terwijl ze misschien nog maar enkele weken te leven had. Het was afschuwelijk.

Ze dreigde later die dag dat ze er zelf een eind aan zou maken en ik vroeg hoe ze dat dan van plan was te doen. Ze gaf niet meteen antwoord, maar zei dat ze, als ik sliep, weg zou gaan en onder een auto zou lopen of zichzelf verdrinken, hoe dan ook. Daar vond ze wel iets op. Ik was zo moe dat ik toch niets zou horen, zei ze.

Nog diezelfde nacht wist ik dat ze haar dreigement zou uitvoeren. Ze was voor mij altijd vrij ondoorgrondelijk geweest. Mysterieus zouden sommigen haar misschien genoemd hebben, maar dat was ze niet meer. Ik had haar precies door. Maar mysterieus of niet, mijn liefde voor haar leed daar niet onder, integendeel. Nu wist ik, zonder enige twijfel, dat ze vannacht haar dreigement ging uitvoeren en gek genoeg maakte ik me geen zorgen. Ik zou tijdig wakker zijn, hoe dan ook.

Ik weet niet of ik geslapen had, maar ik was wakker nog voordat ze bij de deur was. Roerloos bleef ik liggen. Het was pikdonker in de kamer, maar ik hoorde haar zo geruisloos mogelijk naar de deur lopen en zachtjes de klink van de deur indrukken. Aan het vage lichtschijnsel dat door opengaande deur de donkere kamer in kwam zag en hoorde ik dat ze de kamer verliet en de deur zo ver mogelijk achter zich dicht trok zonder geluid te maken. Pas toen ik de trap hoorde kraken stond ik op. Ik trok voor de zekerheid een trui aan en ging toen geruisloos boven aan de trap staan luisteren naar de geluiden die ik beneden hoorde. Geduldig, maar gespannen wachtte ik af, gereed om snel de trap af te gaan zodra dat nodig was. Ik zag de vage gloed van een lamp die ze aan had gedaan, maar ik hoorde gek genoeg geen gerinkel van sleutels of het openen van een buitendeur. Ik was helemaal verbaasd toen na een paar minuten het licht weer uit ging en ik haar de trap weer op hoorde lopen. Verbaasd wachtte ik nog heel even, maar draaide me toen om, duwde de deur achter me weer zover mogelijk dicht en sloop snel het bed weer in.

Toen ze alweer een tijdje in bed lag hoorde ik haar zachtjes in het donker zeggen: "Ik kan zomaar weglopen en je hebt het niet eens door."

Ik deed alsof ik wakker werd uit een vermoeide slaap en vroeg mompelend of ze iets had gezegd.

"Je weet het niet eens", vervolgde haar stem in het duister. "Ik kan zomaar weggaan. Je hebt het niet eens in de gaten."

Ik liet het daarbij en dat voelde als juist. Ze hoefde niet te weten dat ik klaar had gestaan om haar te volgen. Het was goed zo en ik ben mijn gids dankbaar voor de bijzondere hulp die hij me had gegeven. Verwonderd bleef ik nog even nadenken over wat er nu was gebeurd. Alles gebeurde precies zoals ik... geweten had. Het zou nog lang duren eer ik begreep waarom deze gebeurtenis aanvoelde als ontzettend belangrijk. Het enige wat ik had gedaan was... niets. Ik had haar haar gang laten gaan.

Sinds die nacht ondernam ze geen enkele poging meer om er een eind aan te maken en ook zag ik haar niet meer zo gefrustreerd huilen, wat ze voorheen eindeloos had gedaan. Er was iets essentieel in haar veranderd.

Nu, achteraf, weet ik waarom ik dat gevoel toen had: *dit* was het moment waarop ze werkelijk tot op de bodem van de put was aangekomen en eindelijk... *eindelijk* begon te accepteren. Accepteren dat je ziek bent. Accepteren dat je niet alles kunt controleren, hoeveel moeite je ook doet en hoeveel geld je ook uitgeeft. Accepteren dat het uiteindelijk niet aan de arts of therapeut ligt of je al dan niet zult genezen. Accepteren, dat je misschien komt te overlijden... als onderdeel van je genezing.

Niet alleen zij maakte die omslag door. Dit gold ook voor mij, want ook ik was gaan accepteren dat de kosmos andere wegen bewandelde dan ik als mens voor wenselijk hield.

Deze acceptatie was een keerpunt, het dieptepunt van de neerwaartse spiraal van haar ziekte, naar werkelijke genezing... van haar ziel.

Maar wát een weg!

Ik kon haar amper meer alleen laten, want ze had me bijna elke minuut van de dag en de nacht nodig, dus als ik bij uitzondering even de deur uit kon om boodschappen te halen, leek ik wel een prijswinnaar die vijf minuten gratis winkelen gewonnen had. Met de kar rende ik de winkel door, links en rechts dingen uit de schappen graaiend zonder er verder naar te kijken. Misschien lust ze dit, misschien dat. Zou dit iets zijn? Geen idee, gooi er maar bij. Beter teveel dan te weinig en zo kon ik wel tien verschillende maaltijden in elkaar zetten met de boodschappen van één keer winkelen. Maar ze presteerde het toch om net dat ene te vragen dat ik niet meegenomen had. Omdat ze steeds minder begrip had voor het feit dat ik iets vergeten had kon ze boos reageren en kreeg ik er verbaal soms flink van langs. Dat zou ze normaal nooit doen en ik vergaf het haar ter plekke, maar het deed elke keer wel pijn. Een ervaren vrouw bij de thuiszorg, die ik in die tijd sprak, vertelde me dat dit vaak voorkomt bij hele zieke mensen. "Ze kunnen het zelf niet helpen," zei ze. "Maar ze doen het alleen bij de mensen van wie ze het meest houden," voegde ze eraan toe. "Alleen bij hen kan dat. En dus is het maar goed dat zij jou heeft."

Die woorden brachten tranen in mijn ogen, want zo voelde het inderdaad. Eigenlijk was het een heel groot compliment, dat ze zich bij mij zó veilig voelde dat ze boos kon zijn, omdat ze haar frustraties anders helemaal niet kwijt kon.

Omdat we heel graag meer wilden weten over het hoe en waarom van Linda's ziekte wilden we graag in contact komen met een goede helderziende. Een paar jaar geleden hadden we in Apeldoorn op een paranormaalbeurs een helderziende vrouw ontmoet die grote indruk had gemaakt. Alles wat ze zei, klopte als een bus; er was geen woord verkeerd.

We hadden bij haar het gevoel iemand te hebben ontmoet die precies deed wat je van een helderziende verwacht: contact maken met overledenen en glasheldere berichten doorgeven waar je met geen mogelijkheid omheen kunt. Elk woord raak. Ze omschreef zichzelf heel treffend, want ze zei: "Ik ben alleen maar een fax."

We namen haar visitekaartje mee, maar waren dat helaas kwijtgeraakt. Hoe was haar naam nou ook alweer? We konden er maar niet opkomen. Judoka, Judesca? Zoiets. Vermoedelijk een naam met een u en een a, en misschien een c erin. Bovendien had ze een opvallend Amsterdams accent. Ik zocht op internet en belde met beursorganisaties, maar niemand kende deze naam.

We kenden in Apeldoorn nog een andere helderziende vrouw, Vera. Linda zei dat ze de laatste dagen veel moest denken aan haar overleden broer Arjen. Ze voelde zich erg verbonden met hem en had het gevoel dat Arjen haar iets wilde vertellen. Daarom maakte ik een afspraak met Vera. We woonden niet ver bij haar vandaan en voor dit doel mocht ik zelfs een half uurtje de deur uit. Zelf kon ze niet mee.

Wat ik bij haar te horen kreeg, ben ik grotendeels vergeten, maar het belangrijkste was dat Arjen vertelde dat hij iets begonnen was dat Linda nu afmaakte. Inderdaad was zijn ziekte, ook kanker, vergelijkbaar met de hare. Ook hij had vreselijk veel pijn gehad waar geen pijnstiller tegen was opgewassen. Vera kon dat niet weten. Het belangrijkste dat Arjen zei, was dat alles maar om één ding ging: Liefde. Dat had hij nu zelf gezien en ervaren en hij noemde dat meerdere keren. Bijzonder om dat van hem te horen.

Die avond vroeg ik Linda wat ze wilde eten. Ze wist het niet en minutenlang noemde ik van alles op. Dit was niet goed, want zo ging er kostbare tijd verloren. "Je moet wél nadenken!" zei ze. "Noem dan iets! Je zit daar maar en je zegt niets! Je moet me helpen!"

Begin er maar eens aan, want... *hier* kon ze niet tegen. *Dat* kon ze niet wegslikken, dat moest ik onderhand toch weten. *Dit* duurde te lang. *Deze* had ze gisteren al gehad. *Die* stonk teveel en *daar* was ze misselijk van geworden en lustte ze nooit meer. Ze zei dat dan op een toon dat ze het belachelijk vond dat ik het zelfs maar noemde. Maar mijn lijstje recepten raakte zo wel snel uitgeput en dan hield ik liever mijn mond dan iets verkeerds te zeggen, maar dat was natuurlijk ook weer niet goed. Eten bereiden werd zo een groot probleem, maar in feite was het antwoord dat er niets meer bestond dat ze kon eten. De mogelijkheden waren op. Haar lichaam, of was het haar ziel... gaf me iets aan, en ik had de grootste moeite om dat te accepteren.

Maar ineens kwam ze op een idee en ze zei: "Floepskakkers!"

'Floepskakkers' was een woord dat Arjen als klein kind had bedacht voor een oud bekend recept: drie-in-de-pan, ofwel kleine dikke minipannenkoekjes met vruchtensaus. Dat was gemakkelijk genoeg en toen ik ermee bezig was en tussendoor alvast borden en bestek bij haar bracht, zei ze dat het zo heerlijk rook in huis. Ze kende die lucht nog van vroeger, toen haar moeder dat regelmatig maakte voor Arjen, die er stapelgek op was.

We geloofden allebei dat Arjen dit idee haar had ingegeven. Hij wist van haar moeilijke strijd en reikte ons iets aan wat ons weer een stukje verder op weg hielp: een recept dat de sfeer van vroeger, toen alles nog zorgeloos was, in huis haalde.

Als de nood op zijn hoogst was, dan kwam er altijd weer hulp die ons de weg wees, die ons de moed gaf om het weer wat langer vol te houden, een stukje verder op deze moeilijke weg.

In de dagen daarna maakte ik ze nog vaak: floepskakkers.

Eén druppel water

Half november kregen we de keus tussen twee middelen die haar pijn zouden kunnen verminderen. Het ene middel was Lachesis, gemaakt uit slangengif, maar dan in een heel hoge potentie. Dit middel werd voorgeschreven door de homeopaat, die ons op het idee van een arsenicumvergiftiging had gebracht. Het andere middel was van een ayurvedisch arts. Het ging om een flesje olie waar we al veel over hadden gehoord. Linda wilde mijn mening weten en ik voelde het meest voor het ayurvedische middel, dat me veel veiliger leek. Ik wist dat hele hoge potenties in bepaalde situaties heftig konden uitwerken, maar ik zei dat zij zelf de keuze moest maken en dat ik haar zou steunen. Linda koos voor het middel van de homeopaat. Ik verdunde het middel op advies van de arts met tien glazen water. Maar ik gaf haar slechts één van de drie voorgeschreven druppels in een glaasje water. Ik probeerde mezelf gerust te stellen. Wat stelde dit nou helemaal voor... één druppel water, meer niet.

Binnen twee uur kreeg ze hevige buikpijn, anders dan ze gewend was en op een plek waar ze normaal nooit pijn had gehad. Haar buik werd zo dik, dat ik haar tenslotte naar het ziekenhuis moest brengen, want dit konden we thuis niet oplossen.

Na onderzoek op de EHBO-afdeling bleek ze een overvolle blaas te hebben ten gevolge van een geblokkeerde urineleider. Na het inbrengen van een katheder kon haar blaas langzaam leeg lopen en was ze voor het moment even gered.

We kregen de vraag of Linda nu opgenomen wilde worden voor verdere behandeling. Met de verpleegkundige erbij legde Linda dit als een serieuze overweging aan me voor.

"Het zou voor jou wel gemakkelijker zijn als ik een tijdje in het ziekenhuis zou blijven", zei ze. "Dan kun je eindelijk eens slapen. Kun je weer op adem komen."

Dat was heel lief van haar, ze gaf hiermee aan dat ze wist hoe moeilijk dit alles ook voor mij was. Maar het idee stond mij niet aan.

"Wil je dat werkelijk?" vroeg ik haar. "En maak je over mijn slaaptekort maar geen zorgen. Ik doe het al meer dan een jaar zo en het gaat nog steeds. Het gaat niet om wat ik wil. Het gaat om jou! Jij bepaalt!"

"Ja... als ik kan kiezen, ben ik natuurlijk veel liever thuis", zei ze en ik hoorde opluchting in haar stem. We waren het eens. Wat kon er in het ziekenhuis dat we niet ook thuis konden doen? Bloedonderzoeken? Waarvoor? De uitslag wisten we toch wel. Opereren? Die weg hadden we reeds lang afgewezen. Om mij m'n nachtrust te laten genieten? Kom nou toch! Hoe dit ook afliep... ook dit zouden we samen doen. Stel je voor dat ze zou overlijden in de steriele omgeving van een ziekenhuis, waar ik niet bij was... na al die maanden en maanden.

We vroegen of we thuis met katheters konden omgaan. Dat was geen probleem. Misschien niet de meest voor de hand liggende optie, maar deze vriendelijke verpleegkundige had er alle begrip voor.

Ik had steeds het slangetje dat naar het opvangzakje liep in de gaten gehouden. Vlak voordat de blaas leeg was, meende ik wat roodachtige verkleuring te zien, maar ik zei er niets over. We wilden naar huis.

In de dagen daarna bleek dat Linda nog steeds niet kon plassen. Ik probeerde de katheter in te brengen zoals me was uitgelegd, maar al doende schrok ik enorm, omdat ik een wond in haar huid leek te hebben gemaakt, want ineens vulde de slang zich met donker bloed en ik trok de katheter direct weer terug.

Ik durfde niet verder te gaan. Hier moest een arts bij komen. Linda protesteerde, maar nu drukte ik door en belde een noodarts. Deze arts overkwam hetzelfde. De slang vulde zich met bloed. Ook hij schrok van wat er gebeurde. Het ging niet over en binnen een minuut was de situatie zo ernstig dat hij voorstelde een ambulance te bellen.

Linda reageerde afwijzend en geschrokken: "Als ik nu naar het ziekenhuis ga, kom ik er niet meer uit!" zei ze.

Ik begreep haar weigering eerst niet. Het was toch duidelijk dat ze naar het ziekenhuis moest? Als ze thuis bleef, stond ze binnen enkele dagen weer op springen.

We waren zo aan het vechten geweest dat we één ding nog nooit openlijk hadden besproken: dat ze zou kunnen overlijden. Ik denk dat ze moeite had haar werkelijke situatie openlijk met mij te bespreken. Maar nu moest ze wel.

Dus zei ik: "Al moet ik je ontvoeren! Ik laat je niet in het ziekenhuis! Ik blijf zo veel mogelijk bij je en als blijkt dat ze niets voor je kunnen doen, neem ik je direct weer mee naar huis."

Dat stelde haar voldoende gerust om in te stemmen met het voorstel van de noodarts en hij begon te bellen.

De beweging van de kosmos

Weer een ambulance, *weer* in het ziekenhuis, *weer* op de EHBO-afdeling, *weer* die ellende, *weer* dat uitleggen aan artsen en verpleegkundigen, en *weer* die knikjes van ja en amen terwijl je kon zien dat ze er heel andere ideeën over hadden. Het werd haar allemaal te veel. Altijd zo stoer en sterk, maar hier kon ze niet meer tegen.

De uitslag van het bloedonderzoek kwam binnen, maar niemand wilde zich wagen aan conclusies. Begrijpelijk, maar heel vervelend. Terwijl we even alleen waren, bekeek ik het papier van de uitslag van het bloedonderzoek. Zonder kennis van zaken wist ik dat dit helemaal fout was.

Dit keer was er geen sprake van dat ze meteen weer naar huis mocht. Ze kreeg een apart kamertje op de tweede verdieping. Ik was voorlopig niet van plan om naar huis te gaan en hield er rekening mee dat ik hier zou moeten blijven slapen. Ze was veel te ziek en het was niet te voorzien hoe alles zou lopen. Ik wilde niet het risico lopen dat ze hier zou overlijden. Ze zag er nu levend genoeg uit, maar met deze bloedingen en haar extreem uitgeputte lichaam was ik nergens zeker van.

Er kwam een verpleegkundige binnen die zich voorstelde en met vrolijke stem informeerde hoe het ging, en toen zei: "Ik heb hier iets heel lekkers voor je tegen de pijn."

Mijn oren klapperden. Iets lekkers tegen de pijn? Wat bedoelde ze daarmee? Morfine soms? Op zich misschien niet verkeerd en, gezien Linda's pijn en de consternatie die ze beneden had veroorzaakt, een voor de hand liggende keuze, maar moet je dat op zo'n leuke manier komen vertellen?

Wie denk je wel niet dat je bent, dacht ik. Je hebt het hier niet tegen een kleuter!

Ze had een injectiespuit bij zich met daarin zo te zien een grote hoeveelheid vloeistof en wilde die bij Linda inspuiten. Ik greep in. Dit ging me te ver. Niet zomaar, zonder overleg, morfine inspuiten!

"Wat zit hierin?" vroeg ik de verpleegkundige. "Ik had eerst een arts verwacht die ons op de hoogte zou brengen."

Er gebeurde nu meteen waar we altijd zo bang voor waren en waarom we steeds maar hadden geweigerd Linda op te laten nemen. Andere mensen beslissen dan over je leven. Zonder overleg vooraf. Als we op zijn minst gekend zouden worden in dit soort beslissingen! Als er maar werd gecommuniceerd!

Wat ze ons wel vroegen, was of de artsen verregaand moesten ingrijpen haar leven te redden, mocht er in een bijzonder geval sprake zijn van complicaties tijdens medische handelingen. Nu kwam er een verpleegkundige binnen met een morfinespuit! Niet vragen, maar meteen doen. Waarom betekent opname in het ziekenhuis ook meteen dat je leven niet meer van jou is?

Vanwege mijn weigering haar zelfmoord te laten plegen en mijn gebroken belofte hadden Linda en ik hier niet meer over gesproken. Er heerste geen gespannen sfeer tussen ons, maar dit onderwerp hadden we vermeden. Misschien was dat de reden dat ze in paniek had gezegd: als ik nu naar het ziekenhuis ga, kom ik er niet meer uit!

Had ze dan thuis willen blijven, wachtend tot de bloedingen oncontroleerbaar werden? Waarom was ze dan nog zo aan het vechten? Het rijmde niet met elkaar. Ik wist niet wat nu te doen en vroeg Linda hoe ze over de morfine dacht. Dat het om morfine ging, had de verpleegkundige ten minste toegegeven.

Ze haalde haar schouders op. "Kan ik zo meteen eindelijk eens slapen", zuchtte ze. "Dat zou ik heerlijk vinden... slapen." Maar ze zei het op de verkeerde toon, op een manier van 'ach, wat kan het mij ook schelen'. Dat kende ik niet van haar. Toch had ik me hierbij neer te leggen. Normaal zou ze er niet over gepeinsd hebben aan de morfine te gaan, maar nu... Het klopte niet, maar wat voor keuze had ik nou helemaal?

De verpleegkundige keek mij aan en vroeg zonder woorden om toestemming. "Oké", zei ik. "Ga uw gang maar." Met lede ogen zag ik toe hoe ze de grote injectiespuit inbracht en leegspoot. Dit voelde als een capitulatie. Het was niet juist.

Linda en ik praatten zo nu en dan wat met elkaar. Ze was te moe om veel te zeggen, maar ik wilde graag een aantal onbesproken dingen overleggen, wetende dat ze straks vanwege de morfine niet goed meer zou kunnen nadenken en praten. Misschien kwam zo'n gelegenheid niet meer. Maar ook nu kwamen we niet veel verder, want na korte tijd zei ze: "Daar wil ik nu niet over praten."

Gelukkig was ik toch een paar dingen te weten gekomen.

Een tijdje later zei ze tegen me: "Ik denk dat ik zo meteen wel kan slapen. Ik voel me slaperig worden, dus je kunt zo meteen wel even naar huis gaan. Dan moet je mijn ouders maar bellen en maar wat gaan slapen en dan kom je morgenochtend vroeg weer terug. Ik red me wel. Ik ga nog niet dood."

"Nee?" vroeg ik.

Ik denk dat mijn stem benepen had geklonken, want ze keek me even glimlachend aan en zei met warmte in haar stem: "Nee, hoe kan ik jou en onze poesjes nou in de steek laten? Ik word beter! Maar je moet wel wachten tot ik echt slaap."

Toen ze een half uurtje later inderdaad sliep, pakte ik mijn spullen. Thuisgekomen belde ik haar ouders om ze op de hoogte te brengen. Ook belde ik Rob, haar oudste broer, die al meerdere malen had gevraagd of ze iets voor ons konden doen. Ik wist dat hij heel graag meer wilde doen, maar ik wist niet wat. Linda wilde, afgezien van haar ouders en mij, niemand in haar buurt hebben. Geen bezoek en geen hulp. Voor Rob en zijn vrouw was dat heel moeilijk. Met lege handen staan terwijl je zo graag wilt helpen... Hij vroeg of het dan nu wel goed was dat ze kwamen.

Ik was maar zelden in de gelegenheid om, zonder dat Linda meeluisterde, met ze te spreken. Er was nooit tijd, omdat ik de tijd die er was aan haar moest besteden. Ik vertelde Rob dat ze niet om toestemming moesten vragen, maar dat ze gewoon moesten komen. Ik wist zeker dat Linda hun bezoek heel erg op prijs zou stellen, maar dat op voorhand nooit zou uitspreken.

Zodra ik had neergelegd, ging de telefoon over en ik kreeg onverwachts mijn moeder aan de lijn. Dat verbaasde me, want we hadden elkaar al meer dan een half jaar niet gezien. Ze had ons in die tijd geregeld proberen te bellen, maar dat ging moeilijk, want meestentijds zat de stekker er niet in, omdat ik niet wilde dat Linda gewekt zou worden door het geluid van een rinkelende telefoon. Bij de keren dat ik haar toch aan de lijn had, was ze altijd heel verontschuldigend over de gang van zaken, waar ze ook zelf helemaal niet blij mee was. Die gesprekken waren altijd erg kort. Wij hadden van onze kant nooit geprobeerd ze te bellen, maar alle contact via Mieke laten lopen. Ik vermoedde dat ze innerlijk verscheurd werd door deze situatie. Over mijn vader wist ik van Mieke dat hij heel erg met ons meeleefde en zich op zijn manier ook geen raad wist. Alleen kon hij dat nog minder uiten dan mijn moeder. Dat deze situatie hem geen goed had gedaan, bleek uit wat ik nu te horen kreeg...

Ze vroeg hoe het met ons ging en ik zei zoals gebruikelijk dat het wel ging. Dat er nog steeds niet veel verbetering was, maar dat we ons wel konden redden. Iets in die trant. Ik vertelde haar ook nu niet dat Linda weer in het ziekenhuis lag, al kostte me dat grote moeite. Ik had mezelf onder controle, maar daar was ook alles mee gezegd. In feite was ik compleet overstuur.

"Je moet niet schrikken hoor", zei ze, "maar je vader ligt in het ziekenhuis."

Dat kwam aan. Sinds mijn kleuterjaren had mijn vader nooit meer in het ziekenhuis gelegen. Het verbaasde me dat zij nu deed wat wij van Dottore niet mochten, maar dat gaf meteen te denken over de ernst van de situatie.

"Het gaat goed met hem", vervolgde ze snel, "maar de dokter heeft hem voor alle zekerheid laten opnemen."

"Wat is er dan gebeurd?" vroeg ik ogenschijnlijk rustig. Ik was al volkomen overstuur, dus dit maakte geen merkbaar verschil meer in mijn gemoedstoestand.

Ze vertelde dat hij een lichte hartaanval had gehad en nu op de hartbewaking lag. In hetzelfde ziekenhuis.

Ik moest dit even op me laten inwerken. Dat kon er ook nog wel bij, dacht ik. Hoe kregen ze het voor elkaar!

Ik vroeg hoe ernstig het was, wat er was gebeurd, en of ik hem kon opzoeken.

"Heb je daar dan tijd voor?" vroeg mijn moeder.

Toen vertelde ik dat Linda ook in het ziekenhuis lag.

"Het is toch niets ernstigs?" vroeg ze bezorgd.

Ik had geen zin meer om te blijven doen alsof. Ze moest het nu maar horen en ik vertelde haar in het kort hoe de zaken ervoor stonden en dat Linda misschien nog maar enkele dagen zou leven.

Ze reageerde heel geschrokken. Ik kon de schok voor haar op dit moment niet verzachten en eerlijk gezegd wilde ik dat ook niet, want diep vanbinnen was ik nog steeds boos. Of erg teleurgesteld. Ik wist het verschil niet meer. Dit was het moment om openheid van zaken te geven en Dottore's adviezen voorgoed te negeren. Die hadden al zoveel kwaad aangericht. Ik was ervan overtuigd dat deze situatie, gecombineerd met mijn vaders onvermogen zijn gevoel te uiten, zijn hartaanval juist in de hand hadden gewerkt.

Maar er was één voordeel bij deze situatie. Ik hoefde in het ziekenhuis maar één trap af te lopen om mijn vader op te zoeken. Dat zou hem een groot plezier doen, verwachtte mijn moeder.

"Wil je dat dan wel?" vroeg ze onzeker. Ik vroeg me af of ze dacht dat we ruzie met elkaar hadden en ik mijn vader nooit meer wilde zien, want dat was zeer zeker niet het geval. Maar omdat we al een half jaar amper hadden gecommuniceerd, was haar gedachte niet eens zo vreemd. Hoe dan ook, met deze vraag gaf ze aan hoe goed het was dat we nu weer openlijk met elkaar spraken, zonder Dottore's schaduw over elk gesprek. Dan konden dit soort misverstanden uit de weg worden geruimd.

Van slapen kwam die nacht niet veel. Voor het eerst lag ik in bed zonder dat mijn vriendinnetje in huis was. Er spookte van alles door mijn hoofd. Ik maakte me zorgen en was heel erg bang. Misschien sliep ik, maar zo voelde het niet.

Vroeg in de ochtend ging de wekker. Ik stond direct op en ging zo snel mogelijk naar het ziekenhuis.

Daar ontdekte ik wat een ellendig spul morfine is. Linda was totaal buiten kennis, maar sliep niet. Haar armen waren in beweging en ze streek met haar vingers steeds langs haar wenkbrauwen. Haar ogen waren steeds half open en rolden heen en weer. Haar gelaatsspieren bewogen continu. Ik vertelde haar dat ik bij haar was en ze reageerde op mijn stem. Er kwamen zelfs een paar woorden over haar lippen. Het was net alsof ze haar lichaam niet kon gebruiken om met me te praten.

Ik bleef een tijdje bij haar zitten, maar er veranderde niets. Ze bleef de hele tijd onrustig bewegen zonder dat ik contact met haar kon maken. Was dit morfine? Wat een afschuwelijke troep! In elk geval was de urine in het katheterzakje niet meer rood van kleur. Dus die bloeding was ten minste gestopt.

Omdat ze nog niet bij kennis was, had ik gelegenheid om bij mijn vader op bezoek te gaan. Ik vond hem achterin de hartafdeling, met massa's piepende apparatuur om hem heen.

Gelukkig was hij niet totaal volgehangen met slangetjes en snoertjes, dus erg kritiek was zijn situatie blijkbaar niet. Hij was ontzettend blij dat hij mij zag en kreeg zelfs tranen in zijn ogen. "Wat ben ik blij dat je er bent, jongen", zei hij. Hij glimlachte breeduit. Zó'n opluchting sprak er uit zijn hele houding. Ik geloof dat er een enorme last van zijn schouders afviel.

Ergens 'daarboven' moesten een paar heel slimme gidsen zitten die zelfs deze situatie in ons aller voordeel wisten om te buigen. Zo konden we eindelijk een paar minuten met elkaar praten. Gelukkig was hij er inderdaad niet al te erg aan toe en de verwachting was dat hij over niet al te lange tijd weer naar huis zou mogen, want morgen was hij jarig, vertelde hij blij.

Jeetje... Ja, dat was waar ook. Daar had ik helemaal niet meer aan gedacht. Ik beloofde hem dat ik de volgende dag, als we nog in het ziekenhuis waren, zou komen.

's Avonds kwamen Linda's ouders, die meegereden waren met Rob en Martha en hun dochter Sonja. In de hal buiten Linda's kamer bracht ik ze op de hoogte. Wat kon ik ze zeggen? Ik wist het niet. Ik zag de bezorgdheid op hun gezichten. Vooral Sonja had er moeite mee. Ik vond haar heel dapper en was blij dat ze was meegekomen. Sonja en Linda hadden een onuitgesproken speciale band met elkaar en zagen elkaar veel te weinig. Het afgelopen jaar zelfs helemaal niet.

Ik durfde niet meer naar huis te gaan. Zoals Linda er nu aan toe was, had ik haar nog nooit meegemaakt. Ik vermoedde dat ze veel te veel morfine had gekregen, dat er geen rekening was gehouden met haar extreem lage lichaamsgewicht. Het was toch alleen tegen de pijn bedoeld? Toch niet om haar continu bewusteloos te laten zijn? Of wel soms?

Pas in de loop van de nacht begon ze bij te komen en kon ik weer min of meer normaal met haar praten. Ze was zich niet bewust geweest van de afgelopen 24 uur en was verbaasd dat het een dag later was.

Die nacht bleef ik grotendeels bij haar. Ze kreeg gelukkig niet nog zo'n injectie, maar alleen een morfinepleister. Daarvan raakte ze tenminste niet bewusteloos. De laatste uurtjes van de nacht ging ik weer even naar de poesjes en keerde in alle vroegte weer terug.

Later die ochtend werd ik gevraagd voor een gesprek met het afdelingshoofd en een specialist in een aparte kamer. In voorzichtige termen probeerden ze me duidelijk te maken wat hun verwachtingen en bevindingen waren, maar ik onderbrak ze en zei dat ik prima wist hoe de zaken ervoor stonden.

Wat me het meest verbaasde was dat ze zich vooral over mij zorgen maakten. Zag ik er dan zo slecht uit? Ik kon het van mezelf niet zeggen. Ze probeerden me duidelijk te maken dat ik aan mezelf moest denken en gaven voorzichtig aan dat Linda maar beter in het ziekenhuis kon blijven.

Geen denken aan! Ik wist heel goed wat wij allebei wilden en dat was zo snel mogelijk naar huis. Kon dat geregeld worden?

Hun voornaamste zorg was dat ze zich afvroegen of ik het wel aankon. Had ik iets met de thuiszorg geregeld? Was er voldoende andere hulp? Nou, niet echt dus, al lag dat niet aan wie dan ook. Zo was onze situatie nou eenmaal en zo deden we dit al 14 maanden. We hadden alles samen gedaan en ik liet me, nu het er zo slecht voorstond, niet tegenhouden door wie of wat dan ook! Ik zou alles voor haar doen wat ik kon, zolang het nog kon.

Dat betekende om te beginnen dat ze naar huis zou gaan. En ik zou haar zelf naar huis rijden, in onze eigen auto, gereden door mijzelf. Ik wist dat dit de laatste keer zou zijn dat ze bij me in de auto zou zitten. Samen in de auto, nog één keer... bijna zoals vroeger.

Haar ouders kwamen die ochtend en dat kwam goed uit. Zij konden alle spullen meenemen en dan hoefde ik niet extra heen en weer te lopen.

Toen ik beneden kwam om de auto op te halen, zag ik ineens Marianne, onze therapeute, lopen. Verbaasd begroetten we elkaar. Toen bleek dat ook haar vader in het ziekenhuis lag. Ook met een hartaanval. Ook op dezelfde hartbewaking. Dit was toch niet te geloven! We hadden geen tijd om meer te praten, maar ik was blij haar te zien, al waren de omstandigheden absurd. We wensten elkaar sterkte. Ze zou zaterdag bij ons komen voor een behandeling, als ze kon.

Op weg naar huis reden we, met Linda's ouders achter ons aan, langs haar school, die schuin tegenover het ziekenhuis stond. Daar stopten we, want we wilden haar ouders laten zien wat Linda's laatste project was geweest op school. Ze had het niet zelf gemaakt, maar had er heel veel energie in gestopt om voor elkaar te krijgen dat er een origineel kunstwerk op het dak van de school zou gekomen. Dat wilde ze haar ouders graag laten zien. Maar ze was niet in staat uit de auto te stappen en huilde terwijl ze erover vertelde.

Linda had morfinepleisters meegekregen en die werkten een beetje. Ze hielpen haar te slapen, maar of ze tegen de pijn werkten, betwijfelde ik. Ze maakten haar zo te zien alleen maar suffig.

De volgende dag kreeg ze weer een bloeding. Ze had de katheter nog steeds in, maar het bed was toch flink rood geworden.

Op zaterdag kwam Marianne en aan haar gezicht was te zien dat ze niets meer kon doen. Linda's energieniveau was nog lager dan in het begin en ik zag hoezeer Marianne werd aangegrepen door onze hopeloze situatie. Ze kon ons alleen steunen. De behandeling zelf had geen zin. Ik zag tranen in haar ogen. Zij leefde met ons mee en begreep ons. Heel bijzonder dat te voelen.

Toen ik even met haar mee naar buiten liep, vroeg ze me: "En wie is er voor jou, Wim? Wie is er voor jou?"

Ik was verrast, want die vraag had nog niemand me gesteld. Ik dacht er even over na, terwijl ik tranen in mijn ogen voelde, maar ik kon haar geen antwoord geven.

Die avond vroeg Linda het mij nog een keer: "Wil je het nu doen?" vroeg ze. "Doe je het nu wel?"

Ik zweeg even en voelde toen dat het goed was. Ik knikte en zei: "Ja, nu mag het."

Ze leek opgelucht en ik wist dat er nu iets werd weggewerkt dat tussen ons in was komen te staan. We wisten niet of het zou werken, maar we gingen er vanuit dat het zou werken en bespraken daarom een aantal dingen die van belang waren om te regelen. Daarna haalde ik de poesjes een voor een op en liet haar ze even aaien.

Ze huilde toen ze uitsprak hoe erg ze het voor mij vond.

"We hebben alles gedaan wat we konden." zei ik.

"Ja", zei ze. "We hebben alles gedaan. Ik had zo graag bij jou en de poesjes willen blijven.

Maar je moet niet alleen blijven, hoor. Zal ik je helpen zoeken naar een andere vrouw?"

Ik glimlachte vaag. "Daar staat mijn hoofd toch helemaal niet naar... Dat kan ik de eerste jaren toch helemaal niet? Ik heb nog twee lieve poesjes en je laat me ook nog wat geld achter. En een huis vol spulletjes..."

"Ja", zei ze. "Een huis vol spulletjes."

"Maar je moet niet alleen blijven", zei ze. "Ik zal het misschien niet zo leuk vinden... Maar ik wil graag dat jij gelukkig wordt."

Toen stelde ze me nog een bijzondere vraag: "Ik mag je vast weleens komen opzoeken. Wat kan ik doen om je te laten weten dat ik er ben? Zal ik de lampen uit- en aandoen?"

"Nee hoor", antwoordde ik. "Besteed je energie maar aan iets nuttigers. Ik weet heus wel dat je soms bij me zult zijn."

Ik dacht even na, kreeg een idee, maar aarzelde nog om het uit te spreken. Toen zei ik: "Maar als je me zo nu en dan zou willen inspireren... als dat zou kunnen. Dat zou ik heel erg fijn vinden."

Toen ik dat had uitgesproken, voelde ik blijdschap, bijna een zucht van verlichting. Blij dat ik dit antwoord had gegeven. Alsof ik, net als in een sprookje, een wens had mogen doen en niet simpel had gekozen voor rijkdom. Ze reageerde er niet zichtbaar op, maar ik zag dat ze het had gehoord.

Toen klemde ze haar armen als vanouds even heel stevig om mijn nek, mij verbazend hoe sterk ze nog kon zijn. Het moest haar heel veel kracht kosten om me zo vast te houden. "Ik hou van je", zei ze en ik antwoordde haar met dezelfde woorden.

Ik voerde het ritueel zorgvuldig uit zoals ik had geleerd, maar het werkte niet. Ze zei dat ze wel rare flitsen om zich heen had gezien. Ik deed het nog eens, maar weer gebeurde er niets.

"Ik doe echt mijn best", zei ik tegen haar. "Maar het werkt gewoon niet."

Zo was het. Ze geloofde me.

Het zou dus nooit hebben gewerkt. Die belofte had dus geen zin gehad. Niet voor dat doel tenminste. Maar ik had me er, weliswaar laat... toch aan gehouden. Dat was wat nu telde. Voor dat waar het werkelijk om ging, als deel van het plan om haar te leren accepteren, had dit zijn functie al gehad. Ook mijn acceptatie was daar nog bijgekomen. Alleen moest dit, die verbroken belofte, nog geheeld worden, en dat was nu gebeurd.

Vermoeid legde ze haar hoofd in de kussens. "Laat me nu maar even slapen", zei ze.
In de dagen daarna kreeg ze de ene na de andere bloeding. Eigenlijk waren het geen afzonderlijke bloedingen, maar verloor ze continu bloed. De katheter werkte niet goed, deed pijn en ten slotte haalde ik die eruit.
Ik mocht niet veel bij haar zijn en ze wilde niet dat ik nog naast haar sliep. Ik begreep dat niet, totdat ze zei: "Ik moet alles achterlaten! Dat valt niet mee hoor!"
Ik begreep haar, maar het deed wel pijn. Juist nu.
Wat later zei ze tegen me dat ze zin had in een champignonbroodje. Tegenstrijdig als het was, omdat dit moeilijk weg was te slikken, had ze daar de laatste dagen steeds zin in gehad. Ik had er diverse winkels voor afgereden en er een hele voorraad van in huis gehad, maar uitgerekend nu waren ze op.
Ineens besefte ik dat ik wel alle spullen in huis had om ze zelf te maken, dus dat ging ik doen. Terwijl het brood onder de gril lag en ik de champignons en uien bakte, drong het ineens tot me door dat dit precies hetzelfde gerecht was dat zij achttien jaar geleden voor mij had gemaakt, toen ik voor het eerst de nacht bij haar had doorgebracht. Ik begon te huilen toen de betekenis hiervan tot me doordrong, en dat dit de allerlaatste keer zou zijn dat ik voor haar kookte. Ik besefte het en ik wist het. Ik *wist* wat er nu zou gaan gebeuren en ik kon de loop van de gebeurtenissen niet afwenden door te stoppen met koken. Of ik het nou wel of niet deed... dat zou geen verschil maken. Er werd me een keuze geboden en die was om erin mee te gaan, mezelf niet buiten de beweging van de kosmos te plaatsen.
Ze at er maar een paar hapjes van, maar dat was niet erg. Daar ging het niet om.
De volgende dag was het Sinterklaas. Op deze dag hadden we altijd de aula van haar school versierd met kunstzinnige decors voor de komende kerst die we in de weken ervoor samen met Marijke, Linda's meest bevriende collega, in elkaar hadden gezet. Een tijd- en energie rovende

traditie, die door de collega's en leerlingen altijd erg op prijs werd gesteld. Haar ouders kwamen weer op bezoek, samen met Rob en Martha. Zij hadden zoveel meer voor Linda willen doen, maar kregen nooit de gelegenheid en hadden het daar moeilijk mee. Elke dag kwamen ze nu. Toch nog iets wat ze konden doen, gelukkig. En niet alleen zij. Mieke kwam natuurlijk langs. Ze had ons zo veel mogelijk proberen te helpen, maar kon ook niet meer doen dan de dingen die ze deed. Het is fijn zo'n lieve zus te hebben. En ook Marco, haar jongste broer, die daar vele uren voor moest reizen, was al meerdere malen geweest. Alleen al zijn steun betekende veel. En Saskia, de vriendin van haar overleden broer, was gekomen. Zij wist als geen ander wat we doormaakten.

Linda was niet zo blij met al dat bezoek nu ineens, maar ik kon en wilde hierin geen rekening met haar houden. Niet nu. Het ging niet alleen om haar, hoe ziek ze ook was. Maar ondanks haar tegensputteren, was ze heel blij en verdrietig tegelijk dat ze hen zag. Geen wonder.

Ze had muziek uitgezocht. Ze wilde een bepaalde song laten horen. Een lied dat ze sinds ik haar kende al zo mooi had gevonden: *I'll find my way home*. Dat beschreef precies hoe ze zich haar hele leven had gevoeld. Ik had nooit verwacht dat dit lied, dat we ooit eens tien keer achter elkaar op een cassette hadden gekopieerd en tijdens lange autoritten keihard hadden afgespeeld, zo'n rol zou gaan spelen. Ik had de cassettespeler al opgesteld en, terwijl Rob en Martha en haar ouders luisterden, zong ze de tekst mee. Haar stem klonk gebroken en leek in niets op die van Igor, maar maakte minstens zoveel indruk.

Daarna zat ze nog wat met ze te praten. Ik zat op een afstandje toe te kijken en sloeg haar gade. Het viel me op dat het bloedvat in haar hals erg snel klopte. Ik telde ruwweg mee en hield het klokje in de gaten. Ze had een hartslag van ruim 150!

Toen ze weggingen, vroeg haar moeder aan haar: "Vind je het goed als we morgen weer terugkomen?"

Ze antwoordde: "Vind je het goed als ik ondertussen doodga?"

Een halfuurtje later zei ze met zwakke stem dat ze in bad wilde. Ik had een plastic bad in de badkamer gezet waar ze zittend soms even in kon weken. Dat hield ze nog net uit. Ik probeerde haar te helpen overeind te komen. Ik had al ondervonden dat ze niet meer zonder mijn ondersteuning kon lopen om naar het toilet te gaan, maar nu kon ze nog amper haar armen optillen. Ze probeerde een knie op te tillen en ik hielp haar daarbij, maar ze kon hem niet op zijn plek houden. "Mijn armen voelen zo raar", zei ze. Ze probeerde weer een arm op te tillen, maar het lukte niet. Toen wilde ze zich afwenden, het maar laten voor wat het was, en weer gaan liggen, maar ik boog me over haar heen en legde haar arm om mijn nek en schoof mijn arm onder haar schouders. Zo probeerde ik haar overeind te tillen.

Ik kon haar gezicht in deze omarming niet zien, maar op dat moment voelde ik dat er iets raars gebeurde. Haar ademhaling ging heel vreemd en ik wist meteen wat er aan de hand was. Ik bleef haar vasthouden en zei zachtjes tegen haar: "Ben je aan het doodgaan, meisje?"

Ik zei dat omdat ik haar ervan bewust wilde laten zijn dat dit gebeurde. Soms weten mensen het zelf niet.

"Je mag hoor. Ik hou van je. Je bent vrij om te gaan. Ik laat je vrij. Ga maar. Ik hou van je."

Het ging niet vanzelf en al die tijd bleef ik haar vasthouden. Precies zoals ze al vaker had gezegd dat ze wilde: in mijn armen. Niet in eenzaamheid, ze was niet alleen.

Het was vijf voor vier in de middag, 15.55 uur, 5 december... de vijfde dag.

Het was nog licht.

Into the West

> *Don't say We have come now to the end*
> *White shores are calling*
> *You and I will meet again*

Uit: Into the West
door Fran Walsh, Howard Shore en Annie Lennox

Hoe ga je om met de dood van je geliefde? Waar denk je aan?

Een tijdlang bleef ik haar vasthouden. Ik ging achter haar zitten en legde haar hoofd tegen mijn buik. Zo kon ik haar gezicht en haar haren strelen en mijn gedachten uitspreken. Ik had altijd de grootste moeite om iets te voelen. Gevoelens van liefde... ze waren er zeker, maar waarom kon ik dat bijna nooit voelen? Er was echter één ding dat me op dit moment duidelijker werd dan ooit tevoren, en dat was de enorme liefde die ik nu voor haar voelde. Zo intens! Ik zei tegen mezelf: "Onthoud dit gevoel. Vergeet het nooit!" Wat er in de toekomst ook zal gebeuren... deze liefde voor haar is een deel van mij en zal dat altijd blijven.

Nu pas... nú pas kon ik het werkelijk voelen.

Maar het was tegelijk alsof ik een enorme dreun had gekregen en tegen de grond was geslagen, om vervolgens verbaasd te ontdekken dat mijn lichaam nog steeds functioneerde. Verbaasd ook, omdat mijn leven van het ene op het andere moment de meest radicale verandering onderging die ik ooit had meegemaakt. 24 uur per dag zorgen, hollen, wanhopen, adem tekortkomen. Van het ene op het andere moment was dat niet meer nodig. Achttien jaar lang intens met elkaar samenleven, en zelden tijd en rust hebben om echt aan elkaar toe te komen. Ineens was daar een eind aan gekomen. Hoe betrekkelijk is alles!

Terwijl vele indrukken en gedachten door me heen gingen, had ik het gevoel dat er een heleboel licht in de kamer was. Dat zij nog steeds in de buurt van haar lichaam was. Dat ze me hoorde als ik wat tegen haar zei.

Het was heel stil in de kamer en buiten werd het langzaam donker. Op het tafeltje naast het bed zag ik de spulletjes die ze had gebruikt. Een doosje paracetamol, een glaasje water, het doosje met morfinepleisters, een klokje... Ze bewogen niet, ze waren niet meer nodig en het leek alsof ook daar geen leven meer in zat. Het was zeldzaam stil in de kamer... heel stil... heel bijzonder... stil.

Eindelijk verlost van die afschuwelijke pijn. Zomaar... van het ene op het andere moment verlost van de pijn.

Ze had het volgehouden. Al die tijd had ze het volgehouden. Met hulp, natuurlijk. Maar *zij* had het volgehouden. Zij had het... volbracht. Ik vroeg me af waar haar dat nu had gebracht.

Waar zou ze terechtkomen aan de andere kant? Wie zouden haar hebben opgehaald? Arjen? Haar oma? Haar gids uiteraard en Amà... ja Amà, haar vriendin. Die was er vast! Nu kon ze haar werkelijk ontmoeten. Maar vast niet meer in haar gerafelde korte spijkerbroek en oude T-shirtje. Zou ze nu zelf ook zo'n jurkje gaan dragen? Zouden ze langs het strand hollen?

Er moest een begrafenis worden geregeld, er moesten mensen worden gebeld. Er moest nog heel veel gebeuren.

Die avond laat zaten we met haar ouders en Rob en Martha bijeen. Alles was geregeld en in gang gezet. Verloren zaten we bij elkaar. Ik zette nog een keer de muziek op die ze zo mooi vond en die we tijdens de plechtigheid zouden laten horen: I'll find my way home... Somehow... I'll find my way home. Het leek het meest passend op dat moment.

Die eerste nacht kwam er van slapen natuurlijk niets terecht. De huisarts had me een slaapmiddel of zelfs een kalmeringsmiddel voor willen schrijven, maar dat wilde ik niet. Ik *wilde* de pijn en het verdriet voelen. Die wilde ik niet wegdrukken, maar juist ondergaan. Dit verdriet, dat zo totaal en zo allesoverheersend was, was voor mij de bevestiging dat ik kon voelen. Eindelijk kon ik voelen! Als ik mezelf dat liet ontnemen, zou ik een zombie worden, altijd vluchtend voor pijn en verdriet.

Ik lig in bed en het huis is leeg.
Het is totaal niet te bevatten...
Mijn vriendinnetje is dood!
Niet zomaar een beetje dood, maar werkelijk helemaal!
Ze is er niet meer.

Ik zal haar nooit meer zien.

Nooit meer samen iets doen, nooit meer winkelen, nooit meer versieringen maken, nooit meer samen in bed liggen, nooit meer met elkaar praten, afwassen, opstaan, tanden borstelen, nooit meer samen in de auto zitten, nooit meer dansen... nooit meer...
Nooit meer!

Vandaag nog was ze bij me.
Vandaag...nog maar enkele uren geleden.

In de dagen daarna regelden we alles voor de plechtigheid. Die plechtigheid moest iets speciaals worden. We hadden een hekel aan de zwarte kleding die bij een begrafenis de sombere stemming nog eens extra benadrukt, hoe respectvol ook. Dus vroegen we de mensen in liefst vrolijke kleren te komen. We wilden uiting geven aan een gevoel en daar hoorde geen sombere kleding bij. Voor ons, de achterblijvers, was het al somber genoeg. Voor Linda was dit wellicht net zo moeilijk als voor ons, maar daarnaast was het bovenal een bevrijding, een feest, want ze had overwonnen! Ze was weer thuis! Ze had werkelijk iets volbracht en dat schreven we op de kaart:

We hebben gevochten
Hemel en Aarde hebben we bewogen
De strijd verloren, maar toch gewonnen
Ze is vrij!

Eigenzinnig als Linda en ik altijd al waren, wilden we alles anders dan gebruikelijk. De plechtigheid moest iets worden waar mensen aan zouden terugdenken. En aldus geschiedde...
Linda's lichaam lag die dagen thuis, in een mooie witte kist met bloemen eromheen. Maar op de dag voor de plechtigheid kwam het moment dat ze werd opgehaald. Ik stond erop dat ik haar kist zelf naar buiten zou helpen dragen. Ik had haar, toen we hier kwamen wonen, zelf over de drempel naar binnen gedragen en nu zou ik haar ook weer zelf naar buiten dragen! Maar terwijl ik dat deed, drong het tot me door dat er nu, in plaats van een ambulance, een zwarte begrafeniswagen voor de deur stond en alles kwam weer terug van die andere keren toen we op

zo'n afschuwelijke manier afscheid van elkaar hadden genomen. Het kon dus nog afschuwelijker.

De auto reed langzaam het woonerf af en ik liep in mijn eentje de eerste honderd meter achter de auto aan, terughoudend nagestaard door diverse buren. Bij de bocht bleef ik staan en zag de auto langzaam verder rijden... Daarin lag mijn vriendinnetje, of tenminste haar lichaam, maar zo voelde het nu even niet. Ze zou nooit meer terugkomen. Dit was de laatste keer dat ik haar zou nakijken. Ik zwaaide niet.

We hadden de tafels en stoelen groepsgewijs in de ronde zaal opgesteld, als in een café. Geen saaie rechte rijen stoelen. Linda's witte kist kwam in het midden te staan, tussen de mensen, en eromheen allemaal bloemen. Op alle tafels brandden kaarsjes. In plaats van de gebruikelijke saaie plakken cake en kaaskadetjes had ik kleine gebakjes gehaald.

Geen dominee. We gingen nooit naar de kerk dus waarom nu doen alsof? Ik vroeg me af of ik, als een van de sprekers, in staat was ten overstaan van een zaal mensen uit te spreken wat ik wilde zeggen. Vooral voor deze avond wilde ik sterk zijn en daarom vroeg ik inwendig om hulp. Ik had iets op papier gezet en terwijl ik het voorlas, net als tijdens de verdere plechtigheid, voelde ik me gedragen. De laatste woorden die ik uitsprak, had ik zorgvuldig overdacht alvorens mezelf toe te staan die uit te 'mogen' spreken, zonder te beseffen wat deze woorden later nog teweeg zouden brengen:

Grote vriendin, mijn wens is het nog heel vaak met je mee te gaan en samen te vinden waar we allebei naar zoeken.
Eén te zijn.

Muziek en enkele toespraken wisselden elkaar af en daarna dansten Marco en Josée, onze dansdocenten, een Argentijnse tango. Toen we het ze vroegen, hadden ze eerst geweigerd, wat ik me maar al te goed kon voorstellen, maar bij nader inzien hadden ze toch toegestemd. Ze konden uitstekend dansen en gaven precies uiting aan het gevoel dat we allemaal deelden: een mengeling van verdriet en toch ook vreugde voor Linda, dit te hebben doorstaan. Deze ingetogen tango was heel bijzonder om te zien.

Marianne, de therapeute die Linda als laatste nog had behandeld en erg gevoelig is voor indrukken, beschreef later dat ze voor haar geestesoog tijdens de dans een Licht in de zaal had zien bewegen, zien meedansen.

Als slot van de avond hadden we een vriend van ons, Bert, gevraagd met zijn klezmerband te komen spelen. Met zijn vieren speelden ze verschillende nummers op hun instrumenten: een viool, een accordeon, een contrabas en een gitaar. Ook die muziek, een soort zigeunermuziek met Israëlische en Oost-Europese invloeden, had beide in zich: verdriet en vrolijkheid. Zelf beschreef Bert later dat het die avond voelde alsof ze in een grote pan met een dikke pollepel zwaar aan het roeren waren en naarmate ze langer speelden werd de inhoud steeds dunner en lichter.

Met elkaar bereikten we precies wat de bedoeling was en ik heb Francis, de vrouw van het centrum die de avond leidde nadien meerdere malen horen vertellen hoe intens zij en de koffiedames achter de schermen die avond hadden meebeleefd. Zoiets hadden ze nog nooit meegemaakt en ze hebben het er nog maanden over gehad; diep onder de indruk waren ze.

Er was iets heel speciaals gebeurd die avond, maar ik kon niet precies omschrijven wat dat nou was. Ik weet alleen dat ik aan deze avond terugdenk als aan een heel bijzondere, heel mooie avond. Zo hoorde ik het zonder uitzondering van iedereen.

Precies *dat* was onze bedoeling geweest.

Littekens van de ziel

Het eerste wat ik na de begrafenis deed, was mijn ouders opzoeken. Ze hadden niet op de begrafenis mogen komen; een bedenkelijke beslissing van Linda en mij, waar zij het erg moeilijk mee hadden. Maar samen met enkele vrienden hadden ze zich tijdens de begrafenis in gedachten met ons verbonden en een kaarsje gebrand.

Ik wilde heel graag dat het contact tussen ons weer werd hersteld en wilde natuurlijk graag weten hoe het met hen ging en vertellen wat er met ons was gebeurd. Die eerste ontmoeting na meer dan een half jaar was een blije ontmoeting. Uiteraard moest er veel worden uitgepraat, om de wonden, die we allemaal hadden opgelopen, te kunnen helen. Maar het begin was er nu.

Al terwijl Linda zo ziek was, had ik het gevoel te willen opschrijven wat er gebeurde. Ik had het haar weleens voorgesteld, maar ze vond dat geen geweldig idee: een boek over pijn... dat leek haar maar niets. Maar ze wist op dat moment wel een geschikte titel: *9.000 uur pijn – Een boek dat in Nederland nooit geschreven had mogen worden.*

Ik besloot om nu een dagboek bij te gaan houden. Ik had van andere mensen, die een partner of een geliefde hadden verloren, gehoord dat schrijven helpt om het verlies te verwerken. Mijn grote vriendin was er niet meer. Ik was achtergebleven met de zorg voor twee erg zieke poesjes, die de afgelopen strijd ook niet zonder slag of stoot hadden overleefd. Kleine Pusj Charonna had ernstige suikerziekte, veroorzaakt door alle stress, en Liselle, Pusj Maika, kreeg steeds vaker ernstige krampaanvallen en kon bijna niet meer lopen. Die krampaanvallen waren begonnen toen Linda ziek was en nota bene op het exacte moment van Linda's overlijden had zij in een andere kamer ook een ernstige aanval gehad, waardoor ik direct in had moeten grijpen om haar weer bij zinnen te brengen.

Niet toevallig natuurlijk, want gevoelig als poezen zijn, reageren ze op de mensen van wie ze houden. Bovendien, maar dat leerde ik pas later, was het belangrijk dat ik even de kamer uitging, aan iets anders moest denken, zodat Linda vrijgemaakt kon worden van haar lichaam. Vaak zijn mensen op het moment van overlijden van een geliefde of dierbare precies op dat moment de kamer uitgelopen. Hun aanwezigheid is dan net te veel om de stervende de vrijheid te geven alles los te laten en het andere 'leven' binnen te gaan. Linda had aangegeven dat ze in mijn armen wilde sterven, en zo geschiedde het, maar direct daarna werd ik genoodzaakt even de kamer uit te gaan. Zo konden de astrale helpers of engelen haar geheel losmaken. Mijn aanwezigheid, vanwege onze intense band, zou dat proces kunnen bemoeilijken.

Ik besloot dat het dagboek een brief zou worden voor Linda, en nam me voor mezelf daarin niet te beperken in wat ik dacht en voelde. Ik wilde alles, maar dan ook alles op kunnen schrijven, mezelf in geen enkel opzicht laten tegenhouden door schroom of angst. Daar had ik een reden voor en die reden was dat ik steeds begrepen had dat het aan de... andere kant, in de astrale wereld, de Hemel, gene zijde, maar ik geef er de voorkeur aan om het de Lichtwereld te noemen, niet mogelijk is om je gedachten geheim te houden. Iets wat we hier op Aarde, in de materie, wel kunnen en waardoor we dus ook kunnen doen alsof. Wij kunnen de schijn ophouden. We kunnen ons anders voordoen dan we zijn. Wij kunnen liegen. Zo ontstaan er misverstanden, zo ontstaan ruzies en ten slotte zelfs oorlogen. Dat maakt de Aarde de ideale plek om te leren omgaan met elkaar, met ons ego, met onze angsten, pijn en verdriet. Omdat we denken dat we afgesneden zijn van elkaar, omdat we elkaar onze gedachten, onze energie, onze liefde niet durven geven. We geloven dat we niet meer heel zijn, niet meer één zijn, en daarom zijn we bang... bang onszelf te tonen.

De Aarde moet toch ooit een betere wereld worden? Dus ik wilde daaraan bijdragen door heel in het klein te beginnen. In stilte. We hadden er altijd moeite mee gehad om onze diepste gevoelens naar elkaar toe uit te spreken. Dáár wilde ik beginnen. Geen geheimen meer. Als dat in haar wereld normaal is, dan was zij nu vast in staat om mijn gedachten te kennen en zijn geheimen toch al niet mogelijk. Dan hield ik alleen mezelf voor de gek door dingen niet op te schrijven die zij allang van me wist.

Het was stil in huis. Alleen met mijn gedachten. Gedachten die steeds over hetzelfde gingen. Ik was *zo* diep geraakt door alles wat er was gebeurd en de pijn van het verlies was *zo* intens dat ik het zelfs fysiek kon voelen. Mijn hart en de hele streek eromheen deed zeer, was pijnlijk alsof er een stuk uitgesneden was. Elke seconde die ik wakker was, kon ik maar aan één ding denken: aan wat er was gebeurd, aan hoe ik me voelde, aan Linda, aan hoe het nu verder moest, aan mijn verdriet, en weer aan haar, aan haar ziekte, aan alles wat mislukt was, en weer aan haar. Alles bleef door me heen gaan. Nog maar een week geleden, nog maar twee weken geleden. Nog maar een maand geleden...

Ik vermoedde dat mensen aan mij konden zien dat ik mijn geliefde had verloren. Dat was zo nadrukkelijk in mijn gedachten aanwezig dat het leek alsof het met grote letters overal op mijn lichaam geschreven stond. Maar kennelijk niet, want op straat besteedde niemand enige aandacht aan me. Er waren momenten dat ik gewoon niet wist hoe ik het ene been voor het andere moest zetten, maar niemand zag het, niemand voelde wat ik voelde. Maar... misschien lag het aan mij en was ik zo met mezelf bezig dat ik de andere mensen niet zag. Misschien was het wel degelijk merkbaar en hield men onbewust juist liefdevol afstand.

Ik had er weleens van gehoord dat mensen die hun partner hadden verloren, soms heel levendig van hen dromen. Zó levendig dat het geen droom is, maar veel meer dan dat. Dat overkwam mij een paar weken na haar overlijden. In mijn brief maakte ik daar notitie van:

Vanmorgen om een uur of zeven lag ik nog wat te suffen en ineens realiseerde ik me dat wij samen op de grond in de kamer beneden zaten. Ik denk dat we daar al een tijdje samen iets zaten te doen, het voelde alsof we samen weer een versiering voor de aula van de school aan het maken waren, maar dat zal wel niet. Het was zó gezellig. Ik zat maar naar je te kijken en bedacht me hoe fijn het was dat ik zelfs mijn ogen kon sluiten en weer naar je kon kijken en je was niet eens verdwenen. Het viel me op dat je er weer heel goed uitzag in je gezicht, maar ik bedacht later dat je er nog wel heel aards uitzag en ik geloof nog niet helemaal hersteld.

Omdat Linda en ik zo intens met elkaar verbonden waren, dacht ik veel na over waar ze nu was. Ik probeerde me er een voorstelling van te maken. Samen met haar had ik veel gehoord en gelezen over spirituele aangelegenheden. Linda was ermee opgegroeid. Nu was ze zelf aan de andere kant. Ik vroeg me af: Hoe is het dan nu? Wat doet ze? Wie ontmoet ze? Wat is onze band met elkaar, afgezien van de achttien jaar die we hadden samengewoond? Is er contact mogelijk? Hoe ga je om met je overleden geliefde? In de Bijbel staat, had ik op school geleerd, dat je de doden niet moet oproepen. Dat soort overdenkingen hielden me bezig.

Vanuit onze achtergrond was het logisch dat ik zou proberen contact met haar te maken, maar ik wist dat geesten oproepen, letters tikken op een ouijabord of glaasje draaien niet de aangewezen manieren waren. Ik vermoedde dat ze me een enorme schop zou verkopen als ik dat zou proberen. Die manier van contact zoeken vond ik onethisch. Bovendien, zo had ik geleerd, is het vragen om problemen, want je hebt geen idee waarmee je je inlaat. Letters tikken op een ouijabord... het idee alleen al. Ik zag het al voor me.

"Hallo, wie is daar?"
"L.. I... N... D... A..."
"Hoe gaat het met je?"
"G... O... E... D..."
"Ben jij echt Linda?"
"J... A..."

Jaa hoor! Maar hoe doe je dat dan wel? Is een helderziende bezoeken nou zoveel beter dan zelf letters tikken op een bord? Voor mijn gevoel wel, maar was dat echt wel zo? Maar om te beginnen leek het mij dat ze na zo'n ziekte tijd nodig had om te herstellen. Je kunt niet zomaar veertien maanden pijn van je af zetten. Ze had nu weliswaar geen stoffelijk lichaam en voelde dus ook de pijn van dat lichaam niet meer. Maar zo'n ernstige ziekte kun je niet zomaar van je afschudden en dus was ze vast niet meteen 'genezen'. Tegenwoordig bestaan er traumateams om alle betrokkenen bij een ernstig ongeval achteraf bij te staan. Dat leek me wel een aardige vergelijking. Ze hebben aan de andere kant vast ook een soort traumateams, misschien herstellingsoorden om mensen te helpen hun laatste ziekte, waar ze aan overleden zijn, te verwerken, daarvan te genezen. Daarom leek het me niet in het belang van haar herstel om meteen als een gek te proberen contact met haar te zoeken. Trouwens... vermoedelijk zou ze *zelf* wel aangeven wanneer het zover was. Ik had haar tenslotte al even mogen zien en had daarbij gemerkt dat ze nog niet helemaal was hersteld. Ik kwam tot de conclusie dat het niet aan mij was om hierin te sturen, of zelfs maar te kunnen sturen.

Aan het eind van de winter werd er een paranormaalbeurs gehouden in een wijkcentrum op loopafstand van ons huis. Samen met Linda had ik die beurs al vaker bezocht, maar met het voorgaande in gedachten twijfelde ik of ik wel moest gaan.

Maar toen kwam er een gedachte als vanzelf in me op... Ik had Linda, als volwassen vrouw dan, twintig jaar geleden in dit centrum voor het eerst ontmoet, tijdens volksdanslessen in precies dezelfde zaal waar nu de stands stonden opgesteld. Nu was het eerste contact dat ik met haar hoopte te krijgen weer in deze zelfde ruimte. Was dat toeval?

Ik besloot dat dit een hint was.

Het was een gezellige beurs en ik nam de tijd om overal te kijken, een paar folders te pakken en soms met de mensen achter de tafels te spreken. Bij enkele helderzienden ging ik zitten voor een kort consult, maar veel wijzer werd ik er niet van en ik begon me af te vragen of dit echt wel zo'n goed idee was geweest. De enige overeenkomst was dat ze allemaal meldden dat Linda nog erg moe was, maar dat had ik zelf al bedacht, en zelfs gezien tijdens m'n droom, dus voor die informatie had ik hen niet nodig. Toch had ik de indruk dat Linda, net als ik, probeerde contact te maken, dat ik hier wel degelijk moest zijn, maar dat de mensen die ik tot dusverre had gesproken niet voldoende in 'huis' hadden om haar boodschappen zuiver door te geven. Toen iemand tenslotte vertelde dat Linda voorstelde later samen naar Jupiter te reizen, was voor mij de maat vol.

Maar toen zag ik tot mijn verbazing Marianne achter een tafeltje zitten. Ze was hier om haar therapie meer bekendheid te geven en ik ging een tijdje bij haar zitten. Zo konden we voor het eerst rustig praten over wat er was gebeurd, want ook op haar had dit diepe indruk gemaakt. Ze vertelde dat ze nog maar kort therapeute was en dat ze heel onzeker was geweest, twijfelend aan haar kunnen. Met Linda was ze meteen in het diepe gegooid.

Ik vertelde haar dat zij als enige therapeute in staat was geweest om zo dicht bij Linda te komen, want zij had haar geaccepteerd om wie zij was. Kritisch en moeilijk toegankelijk als Linda was, was dat een enorm compliment. Zelfs Igor had haar op een keer in zijn taal verlegen toegesproken en verteld hoe goed ze het deed, ondertussen klopjes op haar schouder gevend. Dat had grote indruk gemaakt en Marianne had er tranen van in haar ogen gekregen. Zij was gewoon de enige juiste therapeute geweest.

Ik was in die dagen volkomen van de kaart. Mijn hoofd zat barstensvol vragen en pijnlijke herinneringen en ik zocht naar antwoorden. Daarbij werd ik geconfronteerd met wat mensen tegen me zeiden. Het is toegestaan een paar maanden te rouwen, zolang heeft iedereen alle begrip voor je. Daarna begin je te beseffen dat het leven bij iedereen verdergaat, want de gesprekken gaan niet meer over dat waar je hoofd vol mee zit. Praten over de dood kunnen maar weinig mensen.

Er heerst een algemene opvatting over hoe je om moet gaan met overledenen. Het komt erop neer dat je de overledenen moet 'loslaten', want 'het leven gaat door'. 'Kijk vooruit, niet achteruit', 'je moet verder', 'laat de doden met rust'.

Ik begreep dat niet. Al binnen twee maanden na Linda's overlijden werd ik geconfronteerd met deze woorden. Maar wat er was gebeurd, had een enorme impact op mij gehad en ik was gewond uit de strijd gekomen. Sommige wonden waren zo diep dat ze voor altijd een deel van me zouden gaan uitmaken, zichtbaar als littekens. Littekens van de ziel. Gek als het lijkt... daar was ik nog trots op ook. Ze hadden me gevormd en gemaakt tot wie ik ben.

Hoe kon men dan nu al spreken over 'loslaten'? Die woorden deden alleen maar pijn, want het leek alsof ik zelfs niet meer aan haar mocht denken. Uiteraard ging het leven gewoon verder. En hoe! Mijn vader had een hartaanval gehad en bleek tot overmaat van ramp ook nog een hersentumor te hebben, met hooguit nog een paar maanden te leven. Onze beide poezen waren ook niet ongeschonden uit de strijd gekomen. Ze hadden alles meegekregen, waren ons tot een enorme steun geweest, maar betaalden er nu de prijs voor. Liselle, Pusj Maika, begon verschijnselen van verlamming en incontinentie te vertonen en Kleine Pusj Charonna had suikerziekte gekregen. Het leven ging inderdaad volop verder.

Het is toch niet fout om verdrietig te zijn? Je kunt een relatie, een huwelijk, voor sommige mensen bijna een leven lang, toch niet zomaar wegcijferen? Natuurlijk bedoelt niemand dat je moet vergeten wat je met elkaar hebt gehad, maar waar ligt de grens?

Ik denk dat deze woorden vaak worden uitgesproken door mensen die er zelf moeite mee hebben. Hiermee geven ze aan dat ze liever over iets anders willen praten, want gesprekken over de dood roepen bij henzelf veel oude pijn op. Vrijwel iedereen heeft wel een geliefde vriend, familielid of partner verloren en praten met iemand die dat zojuist heeft meegemaakt, roept niet zelden die oude pijn weer op, waarbij je het gevoel hebt voorgoed afgescheiden te zijn van je geliefden, niet meer heel te zijn, niet meer één te zijn.

"Het slijt".
Ik vroeg me af... Wat slijt er dan? Het verdriet? De pijn? De liefde? Ik neem aan dat ze het verdriet bedoelden, maar ik vond het verdriet niet erg. Dat voelde juist prettig, want daardoor bleek dat ik kon voelen, iets waar ik m'n leven lang al grote moeite mee had gehad. Huilen voelde als een opluchting.
"De tijd heelt alle wonden".
Ik ben tot een andere overtuiging gekomen: De tijd heelt geen wonden, maar bedekt ze alleen. Die zogenaamde helende deken van de tijd kan maar zo weer weggenomen worden en dan is alle pijn en verdriet direct weer terug. Ik had zelfs 500 jaar na Igor's dood nog het intense verdriet van Nasja gevoeld.
"Het went wel".
Wennen? Ook dat beurde me niet op. Dat klonk niet als een verbetering. Het gaf me het gevoel van: je kunt er niet mee omgaan en dan laat je het maar zo.
"Na verloop van tijd kun je het een plaatsje geven."
Dus je verdriet stop je in een laatje, in het archief, met een labeltje erop: "Linda... verdriet... 2001"
"We houden van je."
Op een kaartje van Linda's ouders stond alleen dit zinnetje: "We houden van je". Ze hadden al een zoon verloren en nu ook hun enige dochter. Deze uitspraak is de beste die ik heb gehoord. Liefde... liet me de ruimte om te mogen zijn wie ik was.

De witte roos

In de weken daarna heb ik een paar keer voorzichtig geprobeerd om contact met haar te maken. Ik ging bijvoorbeeld achter de computer zitten, hield mijn handen op of boven de toetsen en zei hardop zoiets als: "Nou... als je wat wilt zeggen... gebruik mijn vingers dan maar..."

Automatisch schrift via de computer. Dat was vast niet zo moeilijk, zeker niet zoals ik Linda kende in haar gezonde jaren. Zij had als mens een enorme wilskracht in zich gehad en had weleens lachend opgemerkt: "Iedereen zegt dat ik een heks ben, maar ik mag nooit heksen. Maar ik moet zo nu en dan toch oefenen? Anders verleer ik het."

Nou... wat let je, dacht ik. Dit is je kans!

Mijn vingers besturen zou voor haar dus geen probleem hoeven zijn. Ik had in die dagen contact met verschillende mensen die contact met de Lichtwereld zeiden te hebben. Een daarvan, een vrouw in Apeldoorn, zei dat Linda haast nog ongeduldiger was om contact te maken dan ik. Dat wilde ik best geloven. Ongeduldigheid past wel bij haar. Maar dat ze dat via automatisch schrift zou willen, daar was ik niet zeker van.

Toch heb ik het een paar keer geprobeerd. Maar er gebeurde niets, behalve dat ik steeds het dringende gevoel kreeg dat dit niet de juiste manier was om contact te zoeken.

Een paar maanden later kreeg ik een tijdschrift in handen, ParaVisie, en mijn blik direct werd getrokken naar een bepaald artikel. Het was een artikel over helderziendheid. Een helderziende vrouw werd daarin uitgebreid geïnterviewd en beschreven. Ik begreep eerst niet waarom mijn aandacht zo naar dat artikel werd getrokken, maar terwijl ik het las, kreeg ik heel sterk het gevoel... die vrouw moet ik spreken.

Het medium over wie dit artikel ging was Loes van Loon, die in Noord-Holland woonde. Het zou toch niet diezelfde vrouw zijn die we jaren geleden op een beurs in Apeldoorn hadden ontmoet en van wie we het kaartje waren kwijtgeraakt? Het artikel vertelde verder dat Loes ook een boek geschreven had: *Door licht verbonden*. Dat klonk zoals het voor mij voelde en ik besloot direct om dat boek te kopen.

Al na een paar bladzijden besloot ik dat ik Loes een brief zou schrijven. Ik zocht naar hulp, naar mensen die me konden begrijpen, maar zelfs mensen die zelf een partner waren kwijtgeraakt begrepen mij in mijn ogen niet. We hadden een eenzame en door niemand begrepen weg afgelegd en nu Linda was overleden, leek het erop dat we alleen maar de verkeerde keuzes hadden gemaakt. Iedereen had gelijk gehad en wij niet.

Zelf had ik het gevoel dat we het *wel* goed hadden gedaan, maar daarin voelde ik me alleen staan, want niemand kon me hierin op gelijke voet antwoorden geven, omdat ik het gevoel had dat geen van allen die ik tot zover hierover gesproken had, over voldoende kennis van zaken beschikte om mij te overtuigen.

Zo'n persoon zocht ik. Iemand die als het ware 'boven' mij stond, die wist waarover hij of zij het had. Slechts dan zou ik willen en kunnen accepteren wat er gezegd werd. Anders zou ik het niet aannemen.

Ik had ze al die tijd niet gevonden, en nu... tijdens het lezen van dit boek had ik direct het gevoel dat de informatie die hierin stond uit een heel andere bron kwam. De titel *Door licht verbonden* gaf dat al aan. En ik ontdekte nog iets... In dit boek werd uitgelegd dat Loes' echte naam anders geschreven werd: Lucia. Daar zaten zowel een u, een a als een c in! Zo'n naam hadden Linda en ik destijds gezocht, maar nooit gevonden.

Nog diezelfde avond ging ik achter de computer zitten en ik schreef in het kort op wat ons was overkomen, welke vreemde dingen we hadden meegemaakt, hoe moeilijk het was geweest en waarom ik deze brief schreef. Tijdens het schrijven had ik een bijzonder gevoel, een gevoel als van *geconcentreerd* te zijn. *Vol* te zijn. Iets te doen waar ik helemaal voor ging, vol overgave, omdat ik daar plezier in had, want dat had ik gek genoeg ook. Ik vertelde veel over mezelf en het werd een heel persoonlijke brief. Maar bovenal: het *voelde* goed.

Op de muur naast het computerscherm had ik een mooie foto van Linda opgehangen. Terwijl ik schreef en mijn ogen gevestigd hield op het beeldscherm, hoorde ik onverwachts een luide tik en zag die foto vanuit mijn ooghoeken bewegen. Net alsof iemand er met duim en wijsvinger een tik tegen had gegeven. Die foto hing op een windstille plek en kon uit zichzelf niet bewegen, want hij zat goed vast. Raar! Maar ik had het toch duidelijk gezien en gehoord!

Dit was vast geen toeval, maar ik kon amper geloven wat er gebeurde. Toch klopgeesten? Ik kon een licht gegrinnik niet onderdrukken, want het leek me wel iets voor Linda om me op zo'n onverwachte manier van mijn stuk te brengen. Maar ik had toch grote moeite om te vertrouwen op wat ik zojuist had waargenomen. *Kan* dat dan? Ik had natuurlijk weleens gehoord dat overledenen soms contact zoeken met hen die achtergebleven waren. Soms gebeurt dat in dromen, zoals ik al had meegemaakt, maar ook wel eens door heel stoffelijke gebeurtenissen, zoals door geluiden. Dit leek daarop, dus ik vroeg hardop naar boven: "Wil je me wat vertellen, meisje?"

Maar ja... hoe dan? Hoe ging ik dat opvangen? Nou gebeurde dit net in die dagen dat ik met automatisch schrift op de computer experimenteerde, en nu dit gebeurde was ik er zeker van dat Linda in de buurt was. Dus als het *nu* niet zou lukken...

Ik opende een leeg document op de computer en ging zitten wachten met mijn vingers boven de toetsen.

Maar wat nu? Wachten... effe wachten nog.... Pizza?

Er gebeurde niets, ik hoorde niets, de foto bewoog niet meer en ik had hier, zoals steeds al, niet zo'n goed gevoel bij. Kennelijk had ik er de gave niet voor. Of misschien was dit gewoon niet de juiste manier van contact maken, niet voor mij in elk geval. Dat gevoel onderdrukte ik echter, want ik *wilde* zo graag... Hoe dan ook, na een tijdje besloot ik verder te gaan met de brief aan Loes, en daar voelde ik me *wel* goed bij. Daarmee was ik enorm op dreef. Zo kende ik mezelf niet. De woorden vlogen uit mijn vingers en ik vond dat ik een heel mooie, zei het vrij persoonlijke, brief aan Loes aan het schrijven was.

De volgende dag ging ik verder met die brief en weer gebeurde ineens hetzelfde: Linda's foto tikte heel luid en duidelijk zag ik vanuit mijn ooghoeken dat haar foto bewoog! Die foto had tot gisteren nog nooit bewogen. Dit kon werkelijk geen toeval meer zijn en ik vroeg: "Wat wil je hiermee zeggen, meisje?"

Ik stopte direct en ging weer met mijn handen boven het toetsenbord zitten wachten op een antwoord.

Hoe suf kun je dan toch zijn...

Natuurlijk gebeurde er niets! En duidelijker dan ooit had ik het gevoel: automatisch schrift is niet jouw weg! Ik kreeg geen antwoord via de toetsen van de computer; er gebeurde niets.

Maar wel... had ik heel sterk het gevoel dat wat ik reeds aan het doen was goed was. Gewoon... deze brief aan Loes schrijven. Opschrijven wat ik voelde. Mijn gevoel in woorden op papier zetten, want daarin was ik zuiver. Misschien was Loes wel die helderziende die we al die tijd hadden gezocht en gaf Linda mij op deze manier een seintje.

Een uurtje later was de brief klaar. In een paar bladzijden had ik een samenvatting geschreven van onze belevenissen, met daarbij veel vragen en twijfels waar ik mee zat. Teruglezend vond ik de brief merkwaardig goed geschreven. Ik had uiteraard vaak brieven geschreven, maar meestal kostte dat veel moeite en was ik nooit echt tevreden over het resultaat. Dat was ik nu wel. Deze brief voelde goed en ik las hem steeds opnieuw, kon er niet mee stoppen leek het wel. Vreemd... om zo onder de indruk te zijn van je eigen tekst. Of gebeurde hier meer dan ik besefte?

Sindsdien heb ik nooit meer geprobeerd via automatisch schrift contact te zoeken. Ik moet er niets van hebben. Wat ik wel heb gedaan, is dit boek schrijven. En voor het geval je het nog niet beseft: dit boek is geschreven door Linda en mij samen. Niet door middel van automatisch schrift, maar wel door naar mijn gevoel te luisteren, door te proberen in alles zuiver en eerlijk te zijn, zonder oordeel en zonder angst. Misschien is me dat niet altijd voor de volle honderd procent gelukt, maar het was wel mijn intentie op *elk* moment tijdens het schrijven. Dat lijkt niet zo 'paranormaal', om het maar zo uit te drukken, vergeleken bij vingers die 'uit zichzelf' beginnen te typen of te schrijven, maar dit proces wordt wel van twee kanten gevoed: vanuit de Lichtwereld en vanuit mijzelf. Als ik iets niet goed doe, niet 'zuiver' ben bijvoorbeeld, of probeer alleen vanuit mijn verstand iets op te schrijven... dan merk ik dat doordat ik geen zinnig woord op papier kan krijgen. Dan voelt het niet goed, dan lukt het niet, de tekst loopt voor geen meter, ben ik er bij nalezen niet tevreden over en op een later moment worden die teksten weer gewist of veranderd. Misschien dat Linda in dit boek hier en daar andere bewoordingen zou hebben gebruikt, toegevoegd of weggelaten, maar ik twijfel beslist niet aan haar instemming met de essentie van elke bladzijde van dit boek.

Ik had haar tenslotte voor haar overlijden al gevraagd of ze me zou willen inspireren en precies dat gebeurde nu. Het mooie is dat, als de goddelijke Lichtwereld toegelaten wordt in aardse processen, ze daar *Boven* alles zo mooi in elkaar weten te passen. Linda kan daar nu over meepraten vanuit haar perspectief. Het valt mij elke keer op hoe ze alles dan zo weten te dirigeren dat met zo min mogelijk energie het maximale resultaat behaald wordt, vaak zelfs meerdere doelen tegelijk bereikend. Op het moment zelf kun je dat niet altijd zien, maar als je met een open mind terugkijkt naar zulke situaties of processen, dan zul je ontdekken dat er iets heel moois gebeurd is, een win-win situatie, waarin de hand van Boven zichtbaar wordt. En dan besef je dat je niet alleen bent, dat er hulp is, vaak nog met een vleugje humor op de koop toe.

Zo begon dit boek als mijn brief aan Linda, een vorm van rouwverwerking, maar gaande het schrijven werd ik zonder het te weten getraind om te leren mezelf niet tegen te houden in wat ik schrijf, om te leren luisteren, om m'n gevoel op papier te zetten. Langzamerhand werd het een steeds bewuster contact met de Lichtwereld en komen er steeds meer boodschappen tussen de regels door.

Nu is dit een verhaal geworden voor andere mensen, voor jou, om te lezen, met al onze fouten en onze goede momenten, een leerproces. Heel persoonlijk, zelfs intiem geschreven misschien, maar juist daardoor herken je misschien iets van jezelf hierin, want hebben we niet allemaal onze twijfels, verlangens, frustraties, overdenkingen en wat al niet meer? Hopelijk kun je hier iets van leren. Mogelijk wordt je er heel verdrietig van, maar misschien dat het je juist daardoor troost geeft... Tenslotte zijn we allen samen op weg in deze leerschool van het Licht. We horen bij elkaar! Eenheid.

Nu ik dit schrijf, herinner ik mij nog iets wat ik alweer half was vergeten. Toen ik in de eerste drie maanden na Linda's overlijden begon te beseffen dat mijn leven een totaal andere richting uitging dan ik ooit had voorzien, heb ik iets naar 'boven' toe uitgesproken...

Ik begreep dat het natuurlijk niet de bedoeling was dat ik de rest van mijn leven zou gaan zitten treuren. Linda zou me flink door elkaar rammelen als ik dat zou doen. Dat overdenkende kwam ik tot een gedachte die ik op een avond hardop onder woorden bracht: het liefst wil ik mijn leven vanaf dit moment gaan leven in samenwerking met de Lichtwereld.

Op welke manier dat uitgewerkt zou gaan worden, vond ik op dat moment van later zorg. Dat *voelde* op dat moment als het juiste om uit te spreken, waar ik helemaal achterstond. Ik was ook bereid de verstrekkende gevolgen van zo'n uitspraak te dragen, al overzag ik die op dat moment natuurlijk niet. Het was geen loze kreet, al zou ik me later nog vaak afvragen of ik wel wist waar ik aan was begonnen.

Precies dat begon nu vorm aan te nemen. Alleen had ik het op dat moment zelf nog niet door. Linda was begonnen me les te geven en ze begon ermee me duidelijk te maken dat automatisch schrift niet de juiste manier was om contact te maken, want daarbij zou ik 'slechts' een ontvanger zijn van boodschappen, zonder te weten waar ze vandaan kwamen. Daar zat een groot gevaar in en we hadden aan den lijve ondervonden wat daar de gevolgen van konden zijn. Dat nooit meer!

Een paar dagen later werd ik gebeld en aan de andere kant van de lijn hoorde ik een heldere vrouwenstem met een onvervalst Amsterdams accent zeggen: "Met Loes van Loon."

Ik stond perplex. Zo snel had ik geen reactie van haar verwacht, en al helemaal niet via de telefoon. Een brief bijvoorbeeld, met een telefoonnummer om een afspraak te maken, maar niet dit. Ik had het gevoel dat Linda me stap voor stap op het goede spoor had gezet om met haar in contact te komen. Eerst toevallig dat tijdschrift, toen het boek, toen die tikken tegen haar foto en haar hulp bij het schrijven van de brief, en nu leek Loes ook nog precies de vrouw te zijn die we gezocht hadden. Toch gevonden!

Maar wel een beetje laat in mijn ogen hoor! Al was dat vast niet zonder reden. Loes zei dat ze helemaal ontroerd was door de brief. Ze had er de tranen van in haar ogen, want ze had de brief nog voor zich liggen en belde mij uit zichzelf op. Ze vertelde meteen dat er iemand bij haar in de kamer stond die heel erg graag met mij wilde spreken, die stond te 'trappelen van ongeduld'.

Tijdens het telefoongesprek dat toen volgde, heb ik als een razende met mijn vrije hand losse woorden van dat gesprek opgeschreven, zodat ik direct na het gesprek het grootste deel ervan bijna woordelijk kon terughalen en opschrijven. Een deel ervan zal ik hier herhalen.

"Ze had pijn", zei Loes. "Links, in haar zij, links in haar buik. Last van pijn in haar hoofd links. Ze was heel misselijk. Haar ogen konden niet goed zien. Ze konden niet goed focussen. Alles was vaag en in het midden kon ze niet scherp zien."

Dat had ik haar niet verteld. Ze kon natuurlijk uit mijn brief wel concluderen dat ze pijn in haar buik had gehad, maar over haar slechte zien als gevolg van de medicijnen had ik niets verteld.

"Ze heeft een groot verdriet gehad, wilde niet bij mij weg. Wilde voor mij volhouden. Had veel moeite aan de andere kant. Voelde zich veilig bij mij. Op haar linkerarm, aan de onderkant, zitten krabbels."

Dat klopte, want toen onze poezen die enorme vechtpartij in de tuin gehad hadden, was zij midden in het gevecht gesprongen en waren haar armen vreselijk toegetakeld. Dat waren lange littekens geworden.

"Goed", zei Loes, "dan weet je nu ten minste zeker dat het Linda is die ik voor me heb."

Daarna volgde er een heel bijzonder gesprek tussen Linda en mij, met Loes als vertaalster.

"Ik red het wel", herhaalde Loes Linda's woorden. "Ze hoort je wel. Ook je gedachten."

Ze vertelde dat Linda me altijd kan horen, alles wat ik denk. Het is een gedachtewereld en net als wij hebben ze aan de andere kant herinneringen en kunnen ze denken. Daarvoor heb je geen stoffelijke hersenen nodig.

Linda zei met een lach: "Hij stuurt me zoveel kaarsjes dat ik met al dat licht geen raad weet."

Jazeker... dat deed ik, en niet zo weinig ook.

"Haar gids is mannelijk", zei Loes. "Hij was ooit haar vader in een vorig leven ergens rond 1500 en is sindsdien steeds haar geleidegids geweest." Ik vroeg me meteen af of dat misschien in Uzbekija was, maar die vraag heb ik niet gesteld, want Loes was zo op dreef en praatte zo snel dat ik haar niet steeds wilde onderbreken. "Hij is heel grappig en laat haar vaak lachen, laat haar heel veel zien. Ze is zich heel bewust van wat er is gebeurd. Ze is hier heel bewust. Maar ze moet eerst haar leven verwerken en daar wil ze nog niet zo aan denken. Ze moest leren accepteren. Dat kon ze ook in andere levens steeds maar niet."

"Amà is niet haar gids", vervolgde Loes. "Maar wel een vriendin. Linda kreeg een kijkje in de astrale wereld zo, als een geschenk. Maar ook ter voorbereiding, zodat ze niet bang hoefde te zijn en om te weten dat er hulp voor haar is. Dat is best heel bijzonder, als je dat zo mag ervaren. Mensen zien dat vaak pas vlak voor hun overgang, in de laatste uren. Maar zij mocht dat al heel lang van tevoren ervaren."

"Haar haar is prachtig. Toen ze ziek was, is dat dof geworden. Haar haar is heel belangrijk voor haar. Het glanst nu weer prachtig."

"Jouw stem maakte haar rustig. Ze voelde zich heel geborgen bij je, nu nog steeds."

"Je moet wat met je handen doen, zegt Linda. Hij heeft me 'verlicht'."

Ze doelde op al die eindeloze behandelingen die ik haar had gegeven. Dat ik kan magnetiseren en haar daarmee erg heb geholpen. Genezing en ziekte hebben met karmische lessen te maken. Niet iedereen kan beter worden. Maar verlichten met je handen kan in ieder geval. "Jij weet dat", zei ze.

De gids van Loes, Hébenes, kwam er tussendoor en zei tegen mij: "Durf te zijn wie je bent!"

Hébenes legde me dat wat verder uit, maar kreeg daar niet veel tijd voor, want ineens zei Loes: "Ze is best ongeduldig!"

Ongeduldig was Linda altijd al, maar nu dus nog steeds, want Hébenes kreeg amper tijd om zijn verhaal af te maken. Het verbaasde me te horen hoe 'menselijk' het er daar toch ook aan toe kon gaan. Tja, wat voor voorstelling heb je eigenlijk van de andere kant? Kennelijk zweven ze daar niet luierend op lichtgevende wolkjes aan de rechterhand van God. Linda had daar tijdens haar leven altijd de spot mee gedreven. Nu bleek ze precies zoals ik haar kende te reageren: heb ik eindelijk de kans om hem iets te vertellen en dan wil ik praten ook! Dus Hébenes mocht tussendoor best iets uitleggen, maar wel een beetje opschieten graag.

"Haar buik zat vol met kanker, heel erg uitgebreid, zag zwart van de kanker", zei Hébenes.

Dus toch! Dat kon ook haast niet anders, maar nu werd het dus bevestigd.

Ik stelde één vraag over Dottore, want verder wilde ik het daar niet over hebben. Loes moest even overleggen met Hébenes, dus toen was het heel even stil.

"Hij snapt de karmische lessen niet", was het veelzeggende antwoord. Geen oordeel, alleen deze constatering, die antwoord gaf op vele vragen tegelijk. Voor mij was dat voldoende en ik vroeg er verder niet op door om geen kostbare tijd verloren te laten gaan.

"Er is een klein meisje bij haar", zei Loes. "Zij heeft donkerbruine krulletjes en haar haar is heel lang. Ze heeft wel wat weg van Shirley Temple. Ze is eigenlijk een klein gidsje, om Linda wegwijs te maken."

Ik leerde later van Loes dat Linda zo'n contact als met dit meisje nodig had. In de eerste periode dat mensen aan de andere kant zijn, moeten ze wennen, moeten ze alles opnieuw leren kennen. Het is niet zo dat je na je overlijden meteen alle herinneringen, zowel van je leven op Aarde als van voordat je naar de Aarde ging, terugkrijgt en dat je meteen weet wie je als ziel bent. Daar hebben onze gidsen de hand in, uit liefde voor ons, in ons eigen belang.

Dit kleine meisje was een lief meisje bij wie Linda zich helemaal veilig voelde, heel vertrouwd. Loes beschreef dat Linda op één knie ging zitten en de haren van het meisje even schikte. Dat klonk heel gezellig. Dit meisje was helemaal bekend aan de andere kant en nam Linda overal mee naartoe. Zij liet haar alles zien, niet als een volwassene, maar als klein meisje. Tijdens een later consult, toen ik Loes in levenden lijve ontmoette, leerde ik dat dit kleine meisje in feite een volwassen vrouw aan de andere kant is die werkt in wat de kindersfeer wordt genoemd. Maar ze presenteerde zich aan Linda als een klein meisje. Aan hun kant is dat geen probleem, want de gedachte creëert, omdat ze daar geen stoffelijk aards lichaam hebben. Voor Linda was dit precies de goede manier om haar na zo'n zware periode vertrouwd te maken met de Lichtwereld die nu weer haar thuis was.

Ik moest ineens ergens aan denken en vroeg toen: "Is zij het meisje dat vertelde dat ze bij ons geboren wilde worden?"

Loes antwoordde dat ze nu heel enthousiast met haar handen klapte, om te bevestigen dat ik het goed had geraden. Dit was het meisje dat samen met Amà was meegekomen tijdens een van de vele visualisaties. Linda had toen gezegd dat dit meisje in staat was om haar principes onderuit te halen en toch een kind te willen. Een hele prestatie, Linda kennende.

Linda kwam nu zelf weer aan het woord en Loes herhaalde letterlijk wat ze zei.

"Niet denken dat we het niet goed hebben gedaan", zei Linda. "Dat je verdrietig bent, vind ik niet erg. Dat mag je best zijn. Dat is je geraaien!"

Daarbij lachte ze, zei Loes. "Maar het doet me echt pijn als je twijfelt. Ik heb je mijn vertrouwen gegeven. We hebben het goed gedaan. Je kunt me altijd bereiken. Ik kan je overal horen."

Er komt ineens een klein hondje bij Linda. "Wie is dat?" vraagt Loes, die daar ook verbaasd over was. Taksi was er dus ook!

"Ze is je heel dankbaar. Zonder jou had ze het niet gered."

Loes zei dat ze een bos rode rozen liet zien. Of ik dat snap, vroeg Loes. Ik zei dat ik onlangs twee rozen had gekocht en bij de kaars naast Linda's foto neergezet. "Dat is het", zei Loes.

Linda haalde er één roos uit en dat bleek een witte te zijn. Die gaf ze aan mij! Dat voelde heel bijzonder.

Ze vond dat ze het goed heeft gedaan, mede dankzij mij. Het ging om acceptatie. Ze had het nu begrepen. Elke seconde dat ze ziek was, heeft ze geleerd. Nu kreeg ik de bevestiging dat het goed was zoals we het hadden gedaan. Ook dat ik haar zolang had tegengehouden, want daarna zei ze: "Je moet niet opgeven." Zij mocht ook niet opgeven. Ze heeft gezien hoe het is als dat toch gebeurt. Kennelijk was ze daar erg van geschrokken.

"Ze heeft de weg gevonden die goed voor haar was", zei Loes. Daarmee kreeg Linda's favoriete lied *I'll find my way home* een wel heel bijzondere betekenis. Ook daar wist Loes niets van.

"De hulp die ze krijgt en kreeg aan de andere kant, dat is heel bijzonder", zei Loes. "Zo véél hulp ook."

Ze krijgt veel complimenten. "Heel knap, heel goed gedaan. Ze zijn heel trots op me!"

"Je bent heel bijzonder", vertelde ze me. "Juist omdat je zo bijzonder bent, hou ik van je. Ik blijf je altijd in de gaten houden. Vertrouw nou maar op Gods plan."

"Hij is zó lief", zei ze tegen Loes. Dat vond ik leuk klinken. Toen ze nog leefde, zei ze dat ook weleens tegen mensen over mij waar ik bij was. Met precies dezelfde intonatie.

"We hadden het best heel erg fijn samen."

Ik zei dat ik er graag bij zou willen zijn, maar Hébenes kwam er direct tussen en zei streng: "Jij moet nog effe wachten. Wat maakt dertig jaar, veertig jaar uit, het is maar een speldenprik op de evolutie. Jij hebt ook ja tegen dit leven gezegd zoals het gaat."

"Vergeet je witte roos niet!" zei Linda nog eens. Ik had er al bijna niet meer aan gedacht vanwege alle indrukken die ik gedurende het telefoongesprek te verwerken kreeg. Kennelijk vond ze die roos heel belangrijk. Ten slotte zei ze nog iets wat veel indruk op me maakte: "Je verliest me nooit! Dat mag je niet denken. Het doet me verdriet als je twijfelt. Ik dacht dat je me beter kende." Het klonk niet als een serieus verwijt, maar wel als een liefdevolle vermaning. "Vertrouw op mijn liefde."
Dat was zo'n beetje wat ik van het gesprek kon terughalen.
We hadden bijna veertig minuten met elkaar gesproken en ik bedankte Loes hartelijk voor de tijd die ze zomaar voor ons had uitgetrokken. Ook Linda bedankte haar.

Ik was hiervan enorm onder de indruk en had een heleboel antwoorden gekregen. Ik had die dag nog veel te doen, en aan het eind van de dag, vlak voor winkelsluitingstijd, besefte ik ineens dat ik bijna iets belangrijks zou vergeten. Ik pakte de auto en reed nog snel naar de bloemist waar Linda voor mijn verjaardag altijd een grote bos heel mooie bloemen, meestal rozen, kocht. Ik kocht een bos van de duurste rode rozen en koos één mooie grote witte roos uit die ik daar bij in liet zetten. Thuis zette ik die naast haar foto en was ontroerd door de aanblik van die rozen, de betekenis die ze hadden gekregen.

Wat ik erg fijn vond, was dat me niet werd verteld dat ik 'moest loslaten' of zulke flauwekul. Natuurlijk wist ik ook wel dat ik met mijn leven verder moest en niet tot mijn dood treurend vast moest blijven houden aan een liefde die niet meer op Aarde is. Daarmee zou ik zowel Linda als mijzelf gevangen houden in een kooi van verdrietige gedachten. In dat opzicht moet je inderdaad leren 'loslaten', ofwel... je leven weer oppakken. Maar ik hoefde mijn verdriet niet weg te stoppen. Ik mocht gewoon verdrietig zijn. Dat deed me goed. Dat gaf me de vrijheid te mogen zijn wie ik was. Juist dat had ik hard nodig en daarbij wist ik nu dat ik nooit alleen zou zijn. Al mijn gedachten... ze waren geen geheim. Misschien even wennen, maar het gaf me ook een heel veilig gevoel.

Er is hier trouwens nog wel iets vreemds bij te vertellen. Jaren later, toen ik de voorlopige versie van dit boek aan Loes/Lucia liet lezen, vertelde ze me dat ze nooit op beurzen in Apeldoorn heeft gestaan, en dat zij dus niet degene kon zijn naar wie we op zoek waren geweest. Judesca, zo zei ze, heet eigenlijk Judoca en is een helderziende vriendin van haar, met zowaar ook een Amsterdams accent! En als je naar haar naam kijkt bevat die ook een u, een c en een a...

Die witte roos heeft twee weken lang op de tafel naast Linda's foto schitterend staan bloeien temidden van de rode rozen en telkens als ik ernaar keek, kreeg ik tranen in mijn ogen, zó mooi. En als ik nadacht over de betekenis ervan... een witte roos! Dat is een heel bijzondere bloem. Die geef je niet zomaar. Mensen zouden zich daar iets bij kunnen afvragen.
O ja? Wat zeg je daar: die geef je niet zomaar...
Natuurlijk niet. Ik wist toch allang waar rozen voor staan. Rozen staan voor liefde, dat weet toch iedereen?

Maar ik had sindsdien steeds een gevoel van: ga dat nou eens opzoeken. Wat is er extra bijzonder aan een witte roos? Maar die betekenis opzoeken, dat deed ik dus niet. Ik wist het toch allang: rozen staan voor liefde. Wat valt er dan verder nog te zoeken?

Ten slotte, anderhalve maand na dat telefoongesprek, zocht ik op wat de betekenis is van een witte roos. Daar had ik een reden voor, want twee dagen later zou ik samen met Linda's ouders naar Loes gaan voor een normaal consult en ik had het plan opgevat Linda zelf ook een witte roos te geven. Maar dan moest ik toch wel precies weten waar een witte roos voor staat. Dus ging ik, eindelijk, op internet zoeken. Het was niet moeilijk te vinden en ik kwam meerdere malen dezelfde tekst tegen:

The white rose has four different meanings: innocence and purity, humility ("I am worthy of you", "You're heavenly"), and secrecy and silence.

(De witte roos heeft vier verschillende betekenissen: onschuld en zuiverheid, nederigheid – "Ik ben je waard", "Je bent hemels" – en geheimhouding en stilte.)

Bovendien vond ik nog iets, en wel dat rode en witte rozen samen als betekenis hebben: eenheid, voor altijd samen.

Hm... wat had ik ook alweer uitgesproken tijdens haar begrafenis? Eén te zijn? Langzaam drong het tot me door dat ze me eigenlijk veel meer wilde vertellen dan 'liefde' of 'ik hou van je', waar rozen sowieso al voor staan. Wat me in het bijzonder trof, was dat ene zinnetje: *I'm worthy of you*, ik ben je waard.

Dat ontroerde me, want daarmee zei ze meerdere dingen tegelijk. Als ik de klemtoon legde op 'je', dan staat er: ik ben *jou* waard. Ik kreeg van haar een geweldig compliment!

Toen vroeg ik me af: kan ik, met deze betekenis in mijn achterhoofd, haar nu ook een witte roos geven als we bij Loes zijn? Zou ik dat durven?

Het consult met Loes was heel bijzonder en ik wil een paar dingen die werden gezegd hier aanhalen...

Bloemen worden vaak door tussenkomst van een helderziende aan overledenen aangeboden, meestal tijdens bloemenseances. De overledenen nemen die bloemen in ontvangst en op dat moment ontstaat er een astrale kopie van die bloemen en door de liefde waarmee ze worden gegeven, stralen ze op astraal niveau nog veel mooier dan hier op Aarde zichtbaar is. Maar omdat die bloemen op het Aardse vlak niet verdwenen zijn, krijgen ze meestal een tweede functie en worden middels het medium door de overledenen weer aan iemand op Aarde overhandigd.

Ik had inderdaad een witte roos gekocht, die apart in plastic was verpakt. Tijdens dat gesprek haalde ik die tevoorschijn en bood haar aan Linda aan. Om te beginnen greep Linda deze mogelijkheid aan om haar ouders een bloem te geven en ze te vertellen hoeveel ze van hen hield en hoe dankbaar ze hen was. Hoeveel steun ze van hen gehad had tijdens haar leven. Toen richtte ze zich tot mij.

"Ze zegt", zei Loes, "Ik neem hem mee. En hier blijft het eeuwig. Dus die houd ik eeuwig bij me... totdat jullie er zijn. En dan zul je hem zien."

Daarna vervolgde Loes: "Ze zegt... letterlijk: als ik in bloemen moest uitdrukken wat je me hebt gegeven, dan kan ik de Keukenhof wel afhuren."

Loes vervolgde met haar Amsterdamse accent: "Nu raakt ze emotioneel, dus nou raak ik ook emotioneel, want ik pak haar gevoel over. Zij is ontroerd. En d'r zit een vleugje... goh wat erg dat ie dat heb moeten doen... en goh wat fijn dat ie dat heb gedaan. Een vleugje medegevoel naar jou."

"Als je denkt dat je 't niet goed heb gedaan... dan zit je d'r wel zó naast. Dat is het enigste waarmee je mij zou verdrieten, want je hebt het hartstikke goed gedaan. In bloemen uitdrukken heb ik net gedaan, dat zou ik je wel willen geven. Allemaal, stuk voor stuk. Dan wil ik ze nog wel water geven ook."

Loes antwoordde: "Kind, weet je wel wat je zegt? De hele Keukenhof verzorgen in je uppie..."

"Daar houd ik je nog weleens aan", zei ik, waarop Linda reageerde: "Daar was ik al bang voor." En ze moest lachen.

Loes beschreef dat Linda de roos meenam. "En ze haalt er meteen het plastickie af", zei ze lachend met haar Amsterdamse humor.

One ring... to be one

Omdat ik in die tijd, zoals te verwachten was, veel nadacht over het leven na de dood, en die gedachten op papier probeerde te verwoorden, werd ik in korte tijd steeds bewuster van de invloeden die er vanuit de andere wereld op ons leven worden uitgeoefend. Ik twijfelde er niet meer aan dat Linda nog steeds 'ergens' was. Ze had nu geen aards lichaam meer, maar ik kreeg de indruk dat zij er alles aan deed om me te laten weten dat onze liefde niet werd tegengehouden door de grens van leven en dood. Ik begon dat steeds meer te herkennen en ontwikkelde een alertheid om die signalen op te pikken.

In dit boek zijn tientallen passages te vinden waaruit de invloed van de Lichtwereld blijkt. Meestal gaat het om onopvallende gebeurtenissen waar je gemakkelijk aan voorbij gaat, maar soms gebeuren er dingen die zó opmerkelijk zijn dat je ze beter kleine wonderen kunt noemen, dan ze ondankbaar te betitelen als 'toevalligheden'.

Soms word je onverwachts ergens op attent gemaakt. Iets wat je 'raakt', gezegd door iemand op de televisie net nadat je hem hebt aangezet. Of een krantenkop waar je oog vanaf een afstand zomaar op valt, een antwoord gevend op de vraag waar je al dagen mee rondliep. Een ontroerend lied dat net begint te spelen op de zender die je opzette, exact je gevoel van dat moment weerspiegelend. Vroeger had ik er niet zo op gelet, maar nu ik ging opletten, ontdekte ik opvallend veel van deze signalen.

Ik was bijvoorbeeld al meer dan een half jaar dagelijks voor dag en dauw met het schrijven van dit boek bezig. Op een dag was ik aangekomen bij het moment van Linda's overlijden. Ik had het niet bewust gepland, maar ik vond het wel heel bijzonder dat het uitgerekend die dag Hemelvaartsdag was.

Een ander voorbeeld. In februari, enkele maanden na haar overlijden, had ik op een dag steeds een oude melodie in mijn hoofd van Kate Bush: Wuthering Heights. Ik herinnerde me flarden van de videoclip: een doorzichtige gedaante van een overleden jonge vrouw buiten, achter de ramen, met wapperende haren. Linda was een fan van Kate Bush en had enkele van haar lp's in de kast, dus ik zette dat nummer op en las de songtekst op de achterkant van de hoes. Natuurlijk was niet elk woord exact van toepassing, maar toen de inhoud tot me doordrong, kreeg ik tranen in mijn ogen, zeker toen ik dacht aan Igor en Nasja:

Bad dreams in the night.
They told me I was going to lose the fight
Leave behind my wuthering, wuthering heights.
Too long I roamed in the night
I'm coming back to his side, to put it right.
I'm coming home to wuthering, wuthering heights.

Ik maakte een kopie van dit nummer in mijn computer, zodat ik tijdens het schrijven aan dit boek achtergrondmuziek had. Ik had intussen al meer dan honderd songs verzameld en liet de computer deze nummers in willekeurige volgorde afspelen, goed voor urenlang luisterplezier. Omdat ik nu over signalen vanuit de Lichtwereld schreef, wilde ik dit voorval erbij halen ter illustratie, maar ik had de tekst, de lyrics niet meer bij de hand. Ik had die ergens opgeslagen, maar welke file was het nou toch? Het duurde even terwijl ik met behulp van de zoekfunctie door diverse documenten bladerde, maar toen ik het had gevonden en de eerste regels las, raakte ik in de war, want de woorden die ik op het beeldscherm las, werden hardop meegezongen. Wie...!?

Dat was een hele rare ervaring. 'De computer' had, perfect getimed, dit nummer geselecteerd, zodat ik meteen mee kon luisteren...

Soms is de invloed van onze gidsen wel heel direct... Op een dag stapte ik in de auto op de parkeerplaats van de supermarkt. Het zat allemaal tegen die dag. Ik was van de ene in de andere teleurstelling terecht gekomen en had een rotbui, met de neiging om overal tegen aan te schoppen. Ongeduldig startte ik de motor, maar ik besefte dat ik nu moest oppassen, want in zo'n bui autorijden is de oorzaak van veel ongelukken.

Ik begon achteruit te rijden, intussen naar boven uitsprekend: "Help me alsjeblieft! Anders maak ik nog brokken ook." Terwijl ik dit uitsprak en me omdraaide om achteruit te kijken, raakte mijn elleboog 'ongewild' de toeter op het stuur en in een reflex trapte ik op de rem. Ik keek nogmaals naar achteren en zag tot mijn schrik dat er een andere auto op een haar na tegen de mijne aan zat. Ik zag aan het geschrokken gezicht van de chauffeur dat hij mij evenmin had gezien en óók precies op tijd was gewaarschuwd door mijn 'ongewilde' getoeter.

Zo werd ik erop gewezen dat onze gidsen altijd precies op de hoogte zijn van wat we doen. Ik begon te beseffen dat als je met een probleem of met een vraag rondloopt en je stelt die vraag aan je gids, je beslist een antwoord krijgt, maar waarschijnlijk net even anders dan je verwacht. Redeneer dan niet altijd alles weg met de gedachte 'toeval', want dan vergeet je het meteen weer en ga je voorbij aan heel mooie momenten in je leven en eigenlijk is dat ondankbaar.

Toevalligheden zijn vooral aanwijzingen dat we omringd worden door onze vrienden en gidsen in de Lichtwereld, die zich met alle liefde inzetten om ons te begeleiden. Door ons te laten weten dat ze er zijn en dat ze ons helpen, door ons soms af te remmen of een duwtje te geven, door ons precies op het goede moment te troosten met bijvoorbeeld mooie muziek of, indien nodig, ons hardhandig wakker te schudden, zoals op de parkeerplaats. Als het kan voegen ze er nog een vleugje humor aan toe ook.

Door Linda's ziekte en pijn had ik in feite een soort trauma opgelopen. Alleen al haar overlijden had natuurlijk een enorme impact, maar dat is 'normaal'. Daarnaast riep ik bewust en onbewust steeds beelden op van Linda die kreunend van de pijn heen en weer liep in de nachtelijke kamer. Of ik zag weer dat bloed op bed. Of ik hoorde haar weer zeggen dat ze er een eind aan wilde maken. Ik had grote moeite om me leuke dingen van haar te herinneren, die er zoveel waren geweest, maar die pijn en ziekte lagen zo dik boven op al het mooie.

Op een nacht droomde ik van haar, waarbij ik het gevoel had dat ze me de hele nacht vermaakte met leuke en humoristische dingen die ze ooit had gedaan of gezegd. Ze vond het altijd heerlijk om mij op een leuke manier op mijn nummer te zetten als ze daar kans toe zag.

Toen die droom vervaagde, werd ik wakker van een heel raar geluid in de slaapkamer. Het klonk als het gekwaak van een kikker. Ik werd hierdoor direct gealarmeerd, want ik wist dat Linda zo'n sterke fobie voor kikkers had, dat ze zelfs door het raam van een flat zou zijn gesprongen als iemand haar met een kikker zou hebben achtervolgd. Het eerste waar ik aan dacht, was om snel die kikker buiten te zetten, voordat ze wakker zou worden.

Het duurde een paar seconden voor ik besefte dat zij niet naast me lag en ik besefte dat ik het geluid niet goed kon lokaliseren. Minutenlang bleef ik liggen, draaiend met mijn hoofd, om de richting te bepalen. Was het misschien mijn eigen buik? Nee, mijn buik was rustig en ik voelde daar niets. Het geluid kwam van verder weg. Langzaam wakkerder wordend vroeg ik mij af hoe een kikker om te beginnen binnen had kunnen komen en dan ook nog 2 trappen had kunnen beklimmen. Dat was wel erg onwaarschijnlijk. Maar dit geluid was heel realistisch. Dit was echt geen droom.

Toen ineens besefte ik dat het geluid tòch door mijn eigen buik gemaakt werd. Waarom had ik dat niet eerder kunnen horen? Belachelijk! Mijn buik maakt 's morgens nooit lawaai! Eindelijk begon ik te beseffen dat Linda mij opnieuw een poets had gebakken. Kennelijk was ze daarboven zelfs in staat om mijn eigen buik te manipuleren! Hoorde ik daar iemand heerlijk staan te lachen? Het had in elk geval effect, want sindsdien denk ik veel gemakkelijker aan haar terug als de vrolijke Linda met haar gekke en slimme humor.

Nou zijn dit allemaal 'kleine' incidenten die je misschien niet overtuigen, maar ik ga je nu iets vertellen dat moeilijk meer als een kleinigheidje kan worden afgedaan. In feite zou ik willen zeggen dat dit hele boek en elke hierin beschreven gebeurtenis absoluut geen toeval is, en zeker geen 'domme pech', zoals het ziekenhuis ons had willen doen geloven, maar onderdeel is van een veel en veel groter plan.

Laat ik beginnen met je te vertellen wat me overkwam ongeveer een half jaar na Linda's overlijden. Behalve met Loes, die op zo'n bijzondere manier op mijn pad was gekomen, had ik contact gehad met Vera, een helderziende vrouw bij wie ik met Linda al vaker op bezoek was geweest. Nu is het niet zo dat ik alle helderzienden in Nederland afliep, want Loes en Vera waren de enige met wie ik afspraken maakte.

Vera woonde gelukkig in Apeldoorn. Toen ik bij haar kwam, beschreef ze meteen Linda die in de kamer stond. Op een bepaald moment zei Vera dat Linda me iets wilde zeggen. Ik moest iets opzoeken, want ergens in huis moest nog een ring van haar liggen die ze veel had gedragen. Ik peinsde me suf. Een ring die ze veel had gedragen? Ze droeg nooit ringen. Alleen toen ik haar pas kende, bijna twintig jaar geleden, had ze een tijdje een schakelring uit Israël gedragen, maar toen die stukging, was ze er niet eens rouwig om geweest. "Dan heb ik 'm zeker niet meer nodig", had ze eenvoudig gezegd.

Toen ik dat noemde zei Vera dat ik die ring moest laten repareren en daarna gaan dragen. Dit verbaasde me, want Linda en ik hadden elkaar nooit ringen gegeven. Trouwen of verloven? Zoiets deden wij niet. Elkaar een ring geven? Wij vonden het onzin om de wereld te bewijzen dat we van elkaar hielden. Daar hadden we geen ring voor nodig.

Het bleef me bezighouden. Er was namelijk altijd al een verlangen in ons allebei naar meer... eenheid, maar vanwege onze angst om over onze diepste gevoelens en verlangens te praten, spraken we hier maar heel zelden over. Ik had Linda wel vaker zien kijken in de vitrine van een juwelier, kijkend of er mooie sieraden bij lagen, maar ze was erg kritisch en er lag nooit iets bij dat aan haar speciale smaak voldeed. Ik vroeg haar weleens of ze een ring van mij zou willen, maar daar reageerde ze nooit enthousiast op. Misschien was het niet slim van mij om die vraag te stellen en had ik het gewoon moeten doen, maar zeker ben ik er nooit van geweest. Trouwen waren we nooit van plan geweest, maar we hadden elkaar zelfs nooit een ring gegeven. En nu kwam ze hiermee aan...

Toen ineens drong het tot me door: ze geeft me een ring!

Dat maakte indruk en ik was heel blij met dit voorstel, maar toen ik erover ging nadenken, vroeg ik mij iets af. Ringen uit liefde draag je toch met zijn tweeën? En zij dan?

Ik dacht: als Linda mij een ring aanbiedt en die door mij wil laten dragen... zou ik dan niet hetzelfde kunnen doen en haar ook een ring aanbieden?

Die avond schreef ik in mijn dagboek/brief aan Linda het volgende:

Wat ik nu dus aan het doen ben, en natuurlijk is dat geheim, maar wat is geheim als jij mijn gedachten kunt horen, is een ring voor jou ontwerpen. Ik wil dat het iets heel bijzonders gaat worden. Maar ik vraag me nu af: wanneer is iets bijzonder? Wanneer je ergens heel veel tijd in hebt gestopt? Of als je een speciaal idee hebt? En dat binnen minder tijd toch ook voor elkaar krijgt? Of gaat het er meer dan alles om dat je het doet vanuit je hart? Dát denk ik.

Nu ik zeker wist dat ik op de goede weg was, begonnen er in mijn hoofd andere dingen mee te spelen. Hoe zit dat eigenlijk met ringen en overledenen? Kun je aan een overledene, iemand in de Lichtwereld, een ring aanbieden? Hebben ze daar nog steeds iets met ringen? Zijn ringen niet iets van de Aarde, aardse materie? Liefde is toch iets universeels en als je, zoals Linda, in de Lichtwereld een ring zou gaan dragen, vooropgesteld dat ze dat zou doen, liet zij toch juist zien dat zij zich nog niet aan de Aarde, aan de materie, had ontworsteld? Moest zij niet, net zoals ik hier op Aarde, 'loslaten'? Dat is toch zo belangrijk? Dit leek daar niet echt op. Dus hoe zit dat nou? Enne... uiteraard... zoiets als samenwonen zat er vast niet meer in. Vragen dus...

Natuurlijk, ik weet wel dat in de astrale wereld trouwen nou niet bepaald zinvol is. Maar dat is dit niet. Verbondenheid. Maar nog meer. Ik weet het niet precies. Er zit denk ik nog iets achter.

Ik heb Amhirez, mijn gids, gevraagd om me te beschermen tegen te vergaande ideeën die in mijn hoofd opkomen, want ik vraag me nu af

wat er kan, wat ik mag, wat je voor ogen hebt. En hoever kun je en mag je daarin gaan zonder... rare dingen te doen. Maar ik ben heel blij met je aanzoek. Dat had ik nooit verwacht.

Het duurde een paar dagen voor ik wist hoe de ring, waarvan ik een heel duidelijk gevoel had, eruit moest komen te zien. Dat was iets wat ik niet gewend was. Vroeger, als ik een tekening wilde gaan maken, zat ik vaak lang te piekeren met een groot stuk wit karton voor me. Uiteindelijk kwam ik altijd wel op een idee en kon ik dat goed uitwerken, maar vooral in het begin ging dat moeizaam. Dat is normaal, dacht ik. En nu... ik had een bepaald gevoel over deze ring. Wat ik deed, was niets anders dan zoeken naar die vorm die precies klopte bij dat wat ik voelde, die dat gevoel zo goed mogelijk uitdrukte, en om de een of andere reden lukte dat heel gemakkelijk. Ik hoefde niet eindeloos te piekeren. Het getal vijf vond ik belangrijk, net als goud en zilver, omdat ze een yin-yangprincipe vertegenwoordigen. Het moest een kosmische ring worden en ik kwam op het idee om de sterren uit het universum te symboliseren door kristallen in de vorm van de Melkweg. De hele ring was in feite een spiraal, zonder begin en zonder eind. Experimenterend met ijzerdraad en gebruikmakend van de computer, probeerde ik uit of dit idee haalbaar was, en tot mijn verbazing vond ik oplossingen voor elk probleem. Sneller dan verwacht was het ontwerp klaar. Maar nu?

Gisteravond heb ik dus dat gedaan wat jij ook hebt gedaan, alleen op een andere wijze. Ik heb je een aanzoek gedaan.

Ik weet dat je mijn gedachten kunt horen, dus ga nou eens hier op de bank zitten. Dan weet ik tenminste dat je daar bent en ik niet met mijn rug naar je toe iets zeg. Dus heb ik je gevraagd of je met me wil... of je je met me wilt verbinden.

Trouwen is van de Aarde. Dan zweer je elkaar trouw. Dat je bij elkaar zult blijven, geen overspel zult plegen, voor elkaar zult zorgen in goede en slechte tijden, dat je puntje, puntje, puntje tot je wettige vrouw of man zult... nemen. Enzovoort.

We vonden het niet nodig, om meerdere redenen niet. Kinderen wilden we toch al niet. Dat hele gedoe eromheen trok ons niet erg aan. We hoefden niet zo nodig een witte bruidsjurk voor je te hebben. Sommige vrouwen vinden het schitterend om alleen al daarom te trouwen. Een sprookje. Maar ik kan me jou totaal niet voorstellen in een witte trouwjurk. Nou ja, ik kan het wel, maar... het past niet. Het is bijna tegenstrijdig te noemen.

Zou je het misschien toch een klein beetje gewild hebben...? Soms vraag ik het me weleens af. Ik denk het toch niet.

Maar gisteravond heb ik je dus wel een aanzoek gedaan. Op mijn knieën, jazeker. En niet om je te vragen met me te trouwen.

Maar wel om je te vragen of je je in volkomen vrijheid met mij zou willen verbinden... of zoiets. Ik weet het niet eens zeker hoe je dit zou moeten noemen.

En... wat ik nu bedenk, ik deed het gisteravond niet eens gepland. Ik bedacht het gisteren en dus heb ik het gisteren ook meteen voorgesteld.

Niet precies over nagedacht wat ik zou willen zeggen, niet nerveus van tevoren geweest. Kan dat eigenlijk wel? Is dat niet respectloos?

Daar zat ik dan, op mijn knieën, voor een lege bank...

Ik wilde na dit aanzoek wel heel graag een antwoord hebben. Maar hoe lang ging ik daar op zitten wachten? De grond onder m'n knieën was nogal hard en ook m'n rug zeer ging doen. Ik deed m'n ogen een tijdje dicht, maar dat hielp niet. Naar de muur staren dan. Daar moest nodig een nieuw behang op komen zag ik. En... jeetje, wat lag er ineens een hoop stof op dat tafeltje daar onder die plant. Gisteren lag dat er niet, geloof ik niets van.

Ik probeerde me voor te stellen dat Linda voor me op de bank zat. Of zat ze vermaakt af te wachten en te kijken naar haar gekke vriendje? Zat ik me nu verschrikkelijk aan te stellen? Mensen zouden me voor gek verklaren als ze wisten dat ik een overledene een aanzoek deed. Het idee! M'n knieën begonnen beurs te worden. Dit schoot niet op zo. Het leek me niet zo'n strak plan om hier zolang te gaan zitten wachten tot ik net als Linda minder dan een ons woog.

Al met al had ik wel het gevoel dat het goed was mijn plan door te zetten en de ring te laten smeden of, voorzichtiger uitgedrukt: het voelde niet verkeerd.

Omdat het intensieve zorgen voor Linda, gevolgd door een rouwproces, een enorme aanslag op mijn gezondheid betekende, had ik enkele afspraken gemaakt met Marianne als therapeute. Die sessies waren niet alleen bevorderlijk voor mijn gezondheid, maar ook erg gezellig. Net op de dag nadat ik bij Vera was geweest, stond er een afspraak bij Marianne gepland en toen ik haar vertelde over de ring die bij Vera ter sprake was gekomen, pakte zij haar biotensor, een speciaal soort pendel die ja-of-nee-antwoorden op je vragen kan geven. Zij kon daar heel goed mee werken, want ook Linda had haar eindeloos veel vragen gesteld. Gelukkig had Marianne zich nooit laten verleiden om antwoord te geven op vragen zoals: word ik beter?, waarvan ik ook zonder pendel wel kon vertellen dat die informatie niet prijsgegeven diende worden.

Marianne's biotensor bevestigde nogmaals dat Linda mij een ring aanbood en dat ik die ook daadwerkelijk moest gaan dragen, maar niet als een herinneringsring aan een kettinkje om mijn nek. Dat ik een ring voor Linda wilde ontwerpen, vond Marianne helemaal schitterend. Volgens haar was de witte roos pas het begin.

Begin van wat? Maar dat kon Marianne ook niet vertellen en de biotensor bewoog al evenmin op die vraag.

Ontwerpen was echter slechts één ding. Ik was geen edelsmid, dus welke juwelier zou dat ontwerp moeten uitwerken? We zochten met behulp van de biotensor naar de juiste juwelier of edelsmid en gingen een heel rijtje mogelijkheden af. Die juwelier aan de Brinklaan in de stad? Nee, dat was niet de goede. Die andere dan, aan de Hoofdstraat? Ook niet goed. Ergens anders in de stad zat nog een edelsmid die hele mooie sieraden en ook kunstvoorwerpen in de etalage had liggen. Die moest het natuurlijk zijn! Maar nee, weer fout. Toen bedacht ik dat er in Borculo een edelsmid zat waar ik met Linda weleens kwam om mooie edelstenen uit te zoeken. Nog voor ik goed en wel uitgesproken was, begon de biotensor tot verbazing van Marianne, als een gek op en neer te knikken, alsof Linda er bovenop stond te duwen!

Ik begreep eerst het belang van de juiste juwelier niet. Het ging dan ook eerst alleen om jouw ring, die voor mijn vinger geschikt moest worden gemaakt. Heb je daar zo'n bijzondere edelsmid voor nodig dan? Maar nu begrijp ik het en ga ik ervan uit dat het jou niet alleen gaat om een ring die je aan mij wilt geven, maar dat je, mij kennende, weet dat ik jou ook een ring wil geven. En natuurlijk niet eentje die bij de juwelier om de hoek te koop ligt. Wat je ver haalt...

Dus ging ik met de uitgewerkte schets naar de edelsmid in Borculo. Het werd een gezellig gesprek en hij was enthousiast over het ontwerp. Het was iets bijzonders en hij zag er een uitdaging in. Het kon weleens vele uren werk worden, verwachtte hij, maar geld kon me in dit geval niet schelen. Hij kreeg de opdracht en ging ermee aan het werk.

Twee nachten later had ik een droom. Midden in die nacht (het was 03.30 uur) schreef ik dit erover in mijn dagboek/brief:

Heerst er bij jullie nu een soort vreugdestemming? Want zo voelt het. Er is iets heel, heel bijzonders gebeurd vannacht.

Ik droomde van jou, of beter, ik was bij jou. Of nog beter: jij was bij mij.

Je kent dat wel als je ergens heengaat waar een geliefd iemand verblijft. Bijvoorbeeld een gevangenis, een inrichting, een vakantiekamp: iets waar die persoon gedurende lange tijd verblijft, want dit zijn nogal vergelijkingen naast elkaar. En er is een open dag en de familie mag op bezoek komen en kijken hoe het er nu eigenlijk aan toe gaat.

Maar... wie is nu eigenlijk waar?

Eigenlijk ben jij dus bij mij op bezoek. Ik zit in de gevangenis... al lijkt dat niet zo. Vrijwillig misschien, maar wel met tegenzin. En gevangenis is niet het juiste woord, maar soms komt het er akelig dichtbij. Maar zo kun je het noemen.

En er waren anderen om ons heen, bekenden, maar toch ook weer niet, ik weet het niet. En jij was daar. En de sfeer was goed, van verwantschap, zoiets, maar niet overduidelijk.

Ik was wel bij jou, maar had het idee dat ik nog steeds een afstand tussen ons moest overbruggen. Jij was Linda... maar toch ook weer niet... was méér. Maar toch ook weer niet zo heel duidelijk méér. Het ging om die afstand... je was niet afstandelijk, maar ik zag je als van veraf.

Het lijkt wat op wat Loes zei: ik zie twee vrouwen. (Daarmee bedoelde ze Linda en haar oma.)

Dat gaf ook een gevoel van afstand. Ze zei niet: ik zie je vriendin Linda. Zo'n vergelijking.

En vergelijkingen daar gaat het om. Want we hebben wel degelijk met elkaar ge... pr... ge... communiceerd. Dat is het juiste woord.

Maar opvallend was... niet zij ging van mij weg... ik van haar... terwijl ik in die... gevangenis zit. Ik werd weer wakker... menselijker... en dan wil je met woorden iets weergeven en dat is zo... beperkend.

Ik heb dus nu ervaren wat communiceren is... zonder het te kunnen verwoorden... Ik heb in elk geval het gevoel meegekregen wat een beperking woorden zijn. Ik wist het... maar ik heb het erváren. Kan het me niet herinneren, maar onthoud het wel.

Inderdaad was dat wat ik die nacht 'droomde' heel bijzonder. Nog nooit in mijn leven had ik zo'n levendige ervaring gehad van iets wat volgens de westerse begrippen niet kan, niet bestaat. Het was dan ook geen droom, maar een uittreding, of een combinatie van beide. Direct erna werd ik wakker. Het begon net licht te worden... Ik had een heel sterke herinnering aan wat ik had meegemaakt. Ik had ervaren wat communiceren zonder woorden betekent! Telepathie is daar een veel te beperkt woord voor. Telepathie is individueel. Vanuit je denken proberen te communiceren met het denken van een ander. Dit was veel meer dan dat. Dit gebeurde niet vanuit het denken, maar vanuit het gevoel. Ik kon voelen wat Linda bedoelde en omgekeerd. Er was totaal geen sprake van misverstanden, want het voelde alsof we één waren. Gevoelsverbondenheid vanuit één-zijn.

Jaren later hoorde ik hoe deze vorm van communicatie genoemd wordt: universele communicatie, of eigenlijk: de taal van de ziel. Als je iemand iets vertelt, zoek je woorden om je gevoel uit te drukken en onbewust voeg je daar gebaren en gelaatsuitdrukkingen aan toe. Aan de reacties van de ander zie je of je al dan niet begrepen wordt. Vaak besef je dat de essentie van je boodschap net langs de ander heengaat. Of misschien denk je dat alleen maar, omdat jij de reacties verkeerd interpreteert vanuit je denken. Iedereen kent dat probleem. Zo komen misverstanden in de wereld... vanuit ons denken, want ons hart vergist zich nooit. Ons hart weet, ons denken twijfelt.

Wat ik dan wel eens probeer is in andere bewoordingen hetzelfde nog eens vertellen. Dom natuurlijk, want dat is net zoiets als in een reeds overvolle krantenbak nog een extra dikke zaterdageditie proberen te proppen. Dus glijdt er aan de andere kant weer een hele week aan oude kranten uit en dat schiet niet op.

Universele communicatie betekent dat je elkaar begrijpt! Zonder enige moeite, zonder enige twijfel, zonder tijdsverlies... tijdloos. Met alle emoties en gevoelens die erbij horen. In feite is daarbij niet eens meer sprake van vraag en antwoord, want de communicatie is direct, vanuit gevoelsmatige verbondenheid.

Ik kon de inhoud van een heel boek, van een complete encyclopedie, van een heel leven desnoods, in één keer aan haar overbrengen, wetende dat ze me direct volkomen begreep, zonder enig misverstand.
Omgekeerd kon ik vanuit haar iets ervaren in één ondeelbaar moment en daarna bij wijze van spreken de rest van mijn leven nodig hebben om het in woorden uit te schrijven.

In feite is dit boek een poging daartoe. De werkelijke ervaring hiervan ligt als een gevoel heel sterk in me, maar is onmogelijk in woorden uit te drukken. Bovendien is wat ik nu beschrijf slechts het laatste deel van die ervaring, toen ik alweer deels in mijn lichaam zat, terug in de stof en 'terug in de tijd', want dat stuk kan ik als mens nog net verstandelijk begrijpen en alleen al dat maakte enorme indruk op mij. Weer een ervaring die mijn leven voorgoed veranderde. Het was waarschijnlijk niet eens goed geweest als ik méér naar mijn dagbewustzijn had kunnen meenemen. Mijn energiebanen zouden zijn doorgebrand of ik zou gek geworden zijn en niet meer willen, of kunnen, leven.

Zoals altijd sinds Linda's overlijden had ik die nacht pen en papier naast me liggen om het meteen op te kunnen schrijven als er iets gebeurde. Hieronder kun je de letterlijke tekst lezen van wat ik die nacht direct na deze bijzondere ervaring opschreef. Maar terwijl ik aan het schrijven was, gebeurde er iets geks...

11 juli 4.30 uur. Had gisteren een snotneus. Dat is mijn allergie waar ik helemaal total loss van ben 's avonds. Was zielig, en dan gebeurt er weleens 'iets'. Dit was heel bijzonder. En weer... ik kan maar een heel heel klein beetje terughalen, en dan nog alleen het laatste, wat menselijke deel.

Het lijkt alsof zij in de 'gevangenis' zit, maar nu ik dit schrijf voel ik... dat is dus omgekeerd. Ik zit erin, al lijkt dat, voelt dat, toch anders. Dus... wie is nou ver weg?!

In elk geval... tussen het 'vaste' programma door krijg je dan toch ook gelegenheid om met elkaar te praten, terwijl je toch steeds samen bent, maar niet hardop kunt praten. Ze heeft me in elk geval heel veel uitgelegd, en ik haar.

Het valt me op dat zij... er anders uitzag. Linda... en toch... ook niet... Méér. Maar niet veranderd en dus uit elkaar gegroeid. Nee, is niet precies uit te leggen, zou er weer een vergelijking voor moeten zoeken.

Maar wel... voor nu... heel aards. Alsof ze iets speciaals voor deze gelegenheid had uitgezocht om het me gemakkelijker te maken.

Ik heb veel met haar kunnen 'uitwisselen', maar... en dat is dus logisch... op het laatst verdwijnt het, word ik aardser... en stel ik aardsere vragen... en die kan ik gemakkelijk onthouden, maar... bevatten nauwelijks enige informatie, en het is toch al moeilijk op te schrijven, zoveel informatie zit erin.

Ik stelde bijvoorbeeld de vraag of zij me met haar gedachten goed kan bereiken en dan zie ik zoiets van vingers die op mijn scheldeldak trommelen... iets te vergelijken... en ze zegt: kost heel veel energie, is

toch wel heel moeilijk. En omgekeerd... net zo. Voor mij... Wat ik moet doen is gewoon...
heel sterk aan haar denken.
Nog eens: héél-stérk-aan-háár-dénken. Vernauw je denken... Want het is heel gemakkelijk, je doet het dagelijks... maar doe het bewust, bewuster... en wees niet bang.
Kijk: dit soort antwoorden kan ik, kun je, nu geven, want je hebt een... nieuwe geheugenmodule geïnstalleerd, daarin zitten antwoorden. Je moet ze alleen nog verwoorden.
Wat me opviel is de toch wel grote afstand tussen ons in persoonlijke zin en lichamelijke zin. We groeien niet uit elkaar, maar de afstand wordt toch wel nog groter... vooral door wat ik mee ga maken. Toch hoeft dat niet. Ik doe het zelf. Dus... ik kan het ook zelf terugdraaien. Bijvoorbeeld als ik een andere relatie zou hebben... is de afstand groter geworden. Toch hoeft dat niet. Ook zij ervaart dat dan als... jammer... hoeft toch niet. Maar gaat wel door.
Dat stukje schept afstand... bijvoorbeeld 'onverschilligheid' is afstand. Terwijl het geen onverschilligheid is, maar een logisch handelen. Je kunt er tenslotte niets anders mee.
Ik begrijp een beetje wat communiceren eigenlijk is: heel veel informatie tegelijk overdragen. Dom om woorden te gebruiken als je het zo kunt.
Op een bepaald moment zei ik tegen haar: kom nou eens even hier zitten, bij me. En dan voel ik meteen ja... dat zijn wij.
Het is geen onwil... alleen afstand... ze is zoveel meer! Groter... zonder groot te zijn... onthoud dat gevoel.
Weer zo'n algemeen idee: het is voor haar ook net zo moeilijk geweest. Het omgekeerde geldt ook: afstand... ik ben anders... maar niet uit elkaar gegroeid. Maar toch: denk aan Loes: ik zie twee vrouwen staan. Zó'n afstand. Niet: hier is Linda, je vriendinnetje.
Geef ons de tijd... en we komen tot elkaar.
Ze heeft me van alles verteld, uitgelegd, getoond, maar dat zal waarschijnlijk langzaam tot me dóórdringen.
Ik geloof: het belangrijkste is weer: ik ben een stap dichter bij gekomen. Ik heb wéér méér geleerd. Dat gevoel van afstand hebben ze me juist laten zien, laten voelen, dat het niet leuk is. Dat het zelfs niet hoeft. Werk eraan, probeer te begrijpen.

Zie je, ik... ben het nu aan het vertalen in domme simpele woorden. Tussen de woorden door komt toch over wat ik bedoel te zeggen...?! Zoek een manier in jezelf om dat gevoel te herinneren, want dat kun je!

Ze probeert me te helpen. Maar dit wat ik nu doe, voelt als zo'n beperking... woorden gebruiken. En ik heb zo ontzettend veel woorden nodig... waardeloze tijd. Daarom dus.

We zullen met elkaar kunnen communiceren... Werk daaraan! Probeer gevoelens vorm te geven. Kijk nu lijkt het alsof ik, Linda, aan het schrijven ben. Het lijkt bijna wel automatisch schrift, maar je weet, jij weet dat je dit zelf doet. De vertaalslag is al gemaakt. Je hebt de boodschap al ontvangen. Dus jouw lichaam zit er nog tussen. Dat moet verdwijnen. Je maakt nu nog gebruik van de geheugenmodule en daar haal je de antwoorden uit. Alsof ik rechtstreeks met je praat, maar ik ben alweer terug, ik ben alweer aan de andere kant. Je gebruikt dus een kloon van mij. Maar dat is oké... voor nu. Je gaat het straks rechtstreeks doen... geloof het nou maar. Je twijfelt nog. Je weet toch dat je dit nu toch ook kunt. Je zit nu halverwege automatisch schrift en rechtstreeks in contact met mij zijn.

Die afstand moet weg. Dat kan. Daar werk je allang aan. Dat gebeurt. Dat is goed! Kijk je gaat al sneller op je handen vertrouwen. Je ziet eerst de woorden en schrijft ze op. Zoveel normaler dan je dacht, hè. Maar vergeet niet... je had eerst die... boodschap... die geheugenmodule nodig... die geef ik je. Als dat niet eerst gebeurt... dan heb je alleen je eigen fantasie. Geloof me nu maar.

Ik ben ver weg dat is waar, maar ik heb je die afstand laten voelen, die geldt ook voor mij... voor ons en met ons bedoel ik ook 'jou', jij en mij, wij tweetjes. We hebben veel meer samen dan je nu denkt, dan je weet. Je bent nog steeds zo bang... zo bang mij kwijt te zijn. Dat is niet zo. Dat is niet waar... Geloof me... vriendje. Ik houd van je, kusjes, je vriendinnetje.

De rest moet je zelf doen.

Kom me maar halen. Ik wacht op je. Je kunt het... Zie je... ik ben best dichter bij dan je denkt en dan zitten we echt in het gras samen... alleen jij en ik. Dat hebben we ook...

Ik ken je toch! Dat wil ik je laten voelen. Mijn kleine... kleine vriendje... die toch zo groot kan zijn. Als je zo twijfelt, ben je echt heel klein... maar dat begrijp ik... dat zou ik ook zijn... is nooit erg... ik houd van je... ik weet je... wees niet bang... twijfel niet aan mijn liefde. Zie je... nu kun je de boodschap die Loes je gaf zelf ontvangen... Ik ben bij je... die afstand heb ik je laten voelen. Die... dat gevoel geldt in twee richtingen. JIJ kunt daar verandering in aan brengen... door jou. Dat leer ik je, ga ik je leren, en je kunt het ga daar vanuit. Ik houd van je en ik laat je niet gaan. Houd van me. Je leert nu toch ook. Zie je, je denkt aan een geheugenmodule... dat is vastgelegde informatie uit het verleden, al is het maar een kwartier... verleden.

Dit is meer... ik ben bij je. Noem het een vertaalmachine... Ik houd je in de gaten. Wij zijn, blijven, komen dichter bij dan je denkt... in de gaten... steeds dichterbij en dichterbij... tot je er warm van wordt... letterlijk, gna gna (een typische uitdrukking van Linda van vroeger). Je zult nog wat beleven... twijfel nou niet want dan ga je zelf schrijven... Ik ben hier... en bij jou... Nu ben ik bij je... ga door... Ik houd van je, dat kan ik je niet genoeg zeggen. Dat heb je zó nodig.

Je denkt: dat denk ik zelf, maar ik zit op de lijn. Ik ben hier... die vertaalmachine zit er nog tussen, maar die kun je al bijna overslaan.

Ja, je kunt schrijven niet meer bij ga maar tegen me praten.

Het ging zo snel dat ik het niet meer in normaal Nederlands op kon schrijven. Vanaf dat moment ben ik dus hardop tegen haar gaan praten. Wat precies weet ik niet meer, maar achteraf heb ik nog dit opgeschreven als samenvatting:

Linda: Zeg maar tegen Marianne...
Linda: Je vindt haar aardig, hè.
Ik: Ja.
Linda: Je wilt haar dit graag vertellen.
Ik: Ja. Ze is een vriendin voor me.
Linda: Ja, ze is ons vriendinnetje. Zeg dat maar tegen haar.
Dat voelde als zo'n heel knus, intiem knuffelgebaar.
Ik heb dus over die ringen en mijn aanzoek gepraat en haar antwoord was ja*, met heel veel strepen eronder. Met heel veel blijdschap, begrip, glimlach en vooral liefde voor haar vriendje. Dit geeft zo'n beetje het gevoel weer dat ik daarbij kreeg.*

Tja... Dat was dus het antwoord op mijn aanzoek. Het antwoord waar ik op had zitten wachten. Wel iets anders dan ik had verwacht, maar... wat wil je nog meer? Hier was voor mij geen enkele twijfel meer. Zó voelde het dus! Alsof ze van binnenuit mijzelf met mij communiceerde. Wat begon als het opschrijven van mijn uittreding, 'ont-aarde' in een bijzondere gevoelsuitwisseling waarbij ik nauwelijks nog onderscheid kon maken wie wie was. Tijdens het schrijven ging de communicatie verder en mijn handen liepen chronisch mijlenver achter ten opzichte van de communicatie, die, vergeleken met de 'droomervaring' even daarvoor, toch al heel aards en langzaam verliep. Want die eerdere gevoelservaring ging nog veel en veel sneller, als je al van snelheid kunt spreken, want die was tijdloos. Dan spreek je niet meer over snelheid, want dan bén je. Dan spreek je over 'zijn'. Snelheid betekent dat je nog steeds tijdgebonden bent.

Ook tijdens het schrijven was dat gevoel niet geheel verdwenen. Enerzijds voelde ik heel duidelijk wie wie was, want ik was me bewust van mijn lichaam en lichamen zijn per definitie afgescheiden eenheden. Alleen tijdens heel intieme momenten, als lichamen elkaar vinden, het gevoel het verstand overneemt en remmen wegvallen, kun je soms iets van eenheid ervaren. Anderzijds, in geestelijk opzicht, kon ik werkelijk niet meer uitmaken waar haar bewustzijn begon en het mijne ophield. Ik schreef op sommige momenten 'ik', maar wist op dat moment werkelijk niet meer of ik dat zelf was of dat het Linda was die dat zei. Ik moest dat al schrijvende ontdekken. Alsof er geen verschil meer was. Alsof we één wezen waren.

'Eén te zijn...' Hm... wat had ik ook alweer gezegd tijdens mijn speech?

Op dat moment voelde ik enorme blijdschap door dit bijzondere geschenk. Pas later besefte ik dat die nacht me had veranderd. Misschien was het de intensiteit van het verdriet dat ik vanaf dat moment kon loslaten. Ik denk dat het vooral de wanhoop was die ik achter me liet. De wanhoop van het niet-weten, van het af te moeten gaan op wat een helderziende tegen je zegt, of wat de priester of dominee vertelt over het hiernamaals. Je moet maar aannemen dat het is zoals zij vertellen en daar hoop uit putten.

Het contact met Loes was natuurlijk een enorme opsteker geweest, maar nu had ik van binnenuit ervaren wat het betekende om contact met haar te hebben. Dat ze er nog steeds was. Dat ze van me hield en dat altijd zou blijven doen. Wat er ook zou gebeuren en wat ik ook zou doen. Al zou ik bij wijze van spreken alles fout doen.

Het gaat om Liefde en werkelijke Liefde is onvoorwaardelijk, zonder oordeel en tijdloos.

Veranderingen

Geloof het of niet... een paar dagen na dit bijzondere voorval zat ik na te denken over een nieuwe liefde, een nieuwe relatie! Weliswaar was er op dat moment nog geen sprake van, want ik kon toen niemand bedenken die in aanmerking zou kunnen komen, maar het spookte wel in mijn hoofd. Ik wist gewoon dat ik binnen korte tijd iemand tegen zou komen. Om de een of andere reden was de ring die ik nu met Linda uitwisselde er de oorzaak van. Net alsof wij, nu we onze diepste gevoelens aan elkaar kenbaar hadden gemaakt... elkaar de vrijheid gaven desnoods een andere relatie aan te gaan. Heel vreemd.

Toen Linda nog leefde, lang voordat ze ziek werd zelfs, had ik dit voorgevoel al gehad. Een gevoel van een toekomst waarin ik iets zou krijgen met iemand anders. Dat voorgevoel drukte ik altijd snel weg, want het maakte me verdrietig, want het impliceerde dat we eerst uit elkaar moesten gaan en dat kon volgens mij maar op twee manieren. Of een van ons zou verliefd worden op een ander, of we zouden het met elkaar niet uit kunnen houden en misschien wel ruzie krijgen. Die gedachte alleen al deed me pijn. Waar ik nooit aan dacht op zulke momenten was dat ze zou overlijden. Toen ze uiteindelijk ziek werd, herinnerde ik me dit voorgevoel wel, maar ik drukte het altijd snel weg. Daar wilde ik niet aan denken. Nu ze overleden was, leek het er inderdaad op dat de weg vrij was om iets met iemand anders te kunnen krijgen.

Marianne?

Linda had haar 'ons vriendinnetje' genoemd...

Maar Marianne was een getrouwde vrouw, nog iets ouder zelfs dan Linda, die al zes jaar ouder was dan ik, en had drie kinderen. Het idee alleen al! Onmogelijk.

Hoe dan ook: ik was enorm veranderd door wat ik allemaal had meegemaakt. En hoe ver dat ging, bleek een paar dagen later.

Ik had Marianne gevraagd of ik voor haar een schilderij kon maken, omdat zij zoveel voor Linda en voor mij had gedaan. Ze had ons echt heel goed geholpen. Ze vertelde dat ze het wel leuk zou vinden als ik voor haar praktijk met de naam Marisun een logo zou kunnen bedenken.

Voordat Linda ziek werd, liep ik weleens vast in dat wat ik wilde schilderen. Ik had me gespecialiseerd in de airbrushtechniek, waarbij verf met een spuitje ter grootte van een vulpen op het papier wordt gespoten. Linda zelf had me die techniek aangeraden toen we elkaar nog maar net hadden leren kennen.

Nu, ruim achttien jaar en honderden schilderijen later, had ik die techniek uitstekend onder knie, maar de laatste jaren was ik er uiteraard niet meer aan toegekomen. Bovendien was ik lichtelijk gefrustreerd geraakt doordat ik, ondanks mijn technische beheersing, meestal niet dat tot uitdrukking kon brengen wat ik voelde. Ik maakte mooie voorstellingen, getuige de complimenten, maar vaak ontbrak er iets aan. Iets unieks, iets speciaals, iets van perfectie en schoonheid... dat ik niet voldoende terugzag in het eindresultaat.

Juist daarin was iets veranderd. Toen ik de ring voor Linda ontwierp, verbaasde ik mezelf dat ik zo gemakkelijk iets kon uitwerken dat in harmonie was met mijn gevoel. Wat ik voelde en wat ik maakte klopte met elkaar, zelfs al was het nog maar een schets op papier, en dat terwijl ik nog nooit in mijn leven iets met sieraden had gedaan. Ik had het al ervaren tijdens het uitschrijven van de speech voor Linda's begrafenis en later nog veel duidelijker toen ik de brief aan Loes schreef. Ook tijdens het schrijven van het dagboek merkte ik regelmatig dat ik in staat bleek om een ondefinieerbaar gevoel als het ware los te maken, bewust te maken, het al schrijvende van verschillende kanten te benaderen, om dan ineens te ontdekken dat ik mijn gevoel reeds had verwoord!

Eén voorwaarde hiervoor is, zo ontdekte ik, dat je je niet moet laten tegenhouden door angst. Geen angst om dat te uiten wat er in je speelt, want angst is de gevangenis van je hart.

Nu Marianne me had gevraagd een logo voor haar te ontwerpen, vroeg ik me af wat ik zou gaan maken, want je kunt weleens iets beloven...

Op een bepaald moment 'wist' ik dat het geen abstract bedrijfslogootje zou worden, maar een rond schilderij. En ik 'wist' dat de naam Marisun omgeven moest worden door vijf sterren. Dat voelde gewoon zo. Weer dat getal vijf.

Op een dag had ik alle tijd om te schilderen. De hele ochtend en middag gebruikte ik om met de airbrush de kleuren op te bouwen. In tegenstelling tot vroeger besteedde ik daar veel tijd aan, en ik verbaasde me over de diepte die er in het schilderij ontstond. Voor de plaatsing van de sterren had ik al een schetsje gemaakt, maar ik was niet zeker of die plaatsing wel goed was. Ik legde het schetsje daarom weg, pakte een schoolkrijtje en zei gekscherend naar boven: "Nou... zeg het maar. Waar moeten ze komen?"

Ik had tenslotte aan Linda gevraagd of ze mij zou willen inspireren en ik vond dit wel een geschikt moment om daar eens mee te beginnen, hoezo, suf? Ik voelde dat de posities belangrijk waren, maar hoe ga je dan te werk? Ik kon het niet berekenen, dus... gevoelsmatig dan maar. Ik hield mijn hand met het krijtje zwevend boven de tekening, kneep mijn ogen zowat dicht, en zette hier en daar een stip. Zo van: nou, dit lijkt wel aardig, doe er hier ook maar een, en daar een.

Gek genoeg kwamen de sterren op dezelfde plekken terecht als ik op het schetsje had getekend. Maar in het midden van het schilderij had ik een grote zon getekend en een van de sterren was haast in die zon terechtgekomen. Dat vond ik maar niets, want in werkelijkheid kun je geen sterren zien op of direct naast een felle lichtbron zoals de zon. Ik schilderde die ster daar eerst wel, maar ik vond het een belachelijke plek en, twijfelend aan mijn ontvankelijkheid voor Linda's inspiratie, haalde ik hem dus weer weg en herstelde de uitstraling van de zon op die plek.

Het was een merkwaardig, rond, donkerblauw schilderij geworden, met in het midden die grote zon. Dwars over dat schilderij had ik de naam Marisun bijna onherkenbaar geschreven in symbolen, omgeven door sterren. Ik was zelf onder de indruk van wat ik had geschilderd, want dit klopte precies met mijn gevoel voor ik eraan begon. Ik twijfelde alleen nog over die sterren en ik vroeg me af of deze sterren misschien een bestaand sterrenbeeld vormden. Dat zou overtuigender zijn.

In een oud sterrenbeeldenboekje ging ik die avond op zoek. Ik verbaasde me over het grote aantal sterrenbeelden en zag allerlei constellaties waarvan ik nog nooit had gehoord, maar ik vond geen overeenkomst. Moe gaf ik het op, maar de volgende ochtend pakte ik het boekje opnieuw. Nu ging ik gerichter te werk. Hoeveel sterren had ik getekend? Vier, dus ik zocht eerst alle sterrenbeelden op die uit vier sterren bestonden. Dat scheelde enorm. Maar wacht... misschien moest ik die met vijf sterren er ook maar bij nemen.

Nu bleven nu slechts vijf sterrenbeelden over en dat was te overzien. Ik bestudeerde ze één voor één, maar zag eerst geen overeenkomst. Toen bedacht ik dat het sterrenbeeld wel eens ondersteboven afgedrukt kon zijn. Ik draaide het boekje om en bekeek de sterrenbeelden ondersteboven, en plotseling zag ik het! Daar! Het sterrenbeeld Adelaar, leek dat er niet precies op? Máár... dan moest wel die vijfde ster precies naast de zon erbij getekend worden!

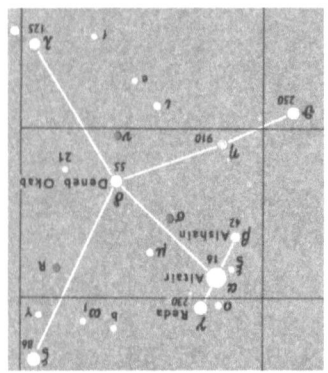

Toen ik de beide sterrenbeelden vergeleek, ontdekte ik dat de overeenkomst niet alleen 'in de buurt' kwam, maar zelfs akelig precies was. Er was slechts één verschil en dat waren twee piepkleine sterretjes naast een van de grote sterren. Die tekende ik er achteraf dan ook nog maar bij om het plaatje compleet te maken.

Inspiratie, geïnspireerd worden, het begon er toch wel erg veel op te lijken. Toen ging ik op internet zoeken naar de symbolische betekenis van dit sterrenbeeld.

In het oude Mesopotamië was het sterrenbeeld Adelaar verbonden aan de legende van Etana, die op de rug van de Adelaarsgod Shamash naar de hemelen vloog om een pijnstillend medicijn voor zijn zwangere vrouw te vinden. Ik dacht: dat ben ik, ook wij hebben Hemel en Aarde bewogen om Linda's pijn te verlichten, vliegend zelfs op kosmische vogels.

Ergens anders vond ik een Chinese legende die vertelde dat de helderste ster van dit sterrenbeeld, Altair, een mooie vrouw voorstelt, She-niu, die gescheiden is van haar geliefde aan de andere kant van de Melkweg, de ster Vega in het sterrenbeeld Lier. Weer zag ik de vergelijking met Linda en mij, gescheiden door een kosmische sluier.

Voor de indianen is de adelaar een van de edelste vogels. De veren van de adelaar worden gebruikt om de medicijnen meer kracht te geven. Adelaarsmedicijn is de kracht van Grote Geest.

Ik had via de telefoon al tegen Marianne gezegd dat haar schilderij iets met het sterrenbeeld Adelaar te maken zou hebben. Verder niets. Toen ik bij haar kwam om het schilderij te brengen, toonde ze me een boekje waarin beschreven wordt hoe zij zich altijd al voelde: een sjamane. Misschien was ze dat in een vorig leven geweest. Zij had iets met de indianen. En een sjamane was ze nu weer, maar nu met een modern apparaat. De adelaar, de kracht van het helen, in een hedendaags jasje. Ze vond het schilderij schitterend!

Dit waren wel erg veel 'toevalligheden' tegelijk...

Ik vertelde Marianne ook over mijn nachtelijke ontmoeting met Linda en ik deed haar het hele verhaal eromheen uit de doeken. Ik had een afbeelding van de ring bij me en toen ik haar die liet zien, zag ik haar vreemd kijken. Ze zei echter niets. Pas heel veel later vertelde ze wat er was gebeurd die avond. Ze vond het nogal gênant om het te vertellen, daarom had ze er niets over gezegd, maar wat ze had ervaren, was dat ze heel duidelijk het gevoel had gehad dat deze ring om haar vinger werd geschoven. Daar was ze hevig van geschrokken. Dit is toch hún ring, had ze gedacht.

Ze zei nog iets anders die avond, dat gedenkwaardig was. Ik had haar voorgelezen wat ik die nacht had opgeschreven en het eerste wat ze daarna zei was: "Dit is het begin van een boek."

Waren Marianne en ik voorbestemd om een relatie met elkaar te krijgen? In feite sloeg dat nergens op, want ze was getrouwd, en ik was net de grootste liefde in mijn leven kwijtgeraakt. Niet bepaald een geschikte basis voor een liefdesrelatie. Maar ik moest toegeven dat ik wel degelijk iets voor Marianne voelde, en dat ik met haar over werkelijk alles kon praten.

Dat ik iets voor iemand anders dan Linda kon voelen, wie dan ook, betekende dat het dus wel tot de mogelijkheden behoorde en dat verwarde me hevig. Ik had toch altijd van Linda gehouden? Was die liefde dan nu al aan het verdwijnen? Was met haar overlijden ook mijn liefde voor haar ontkracht? Maar zo voelde het helemaal niet. Het leek eerder dat onze liefde nog veel groter was dan ooit tevoren. Onze gigantische strijd had ons heel erg dicht naar elkaar toe gebracht, terwijl we ook daarvoor altijd al zo intens samen waren in alles. Hoe kon het dan dat ik ook iets voor een ander zou kunnen voelen? Marianne maakte dit soort gedachten nu bewust in me. Ik kon ze niet wegduwen en dat veroorzaakte flinke verwarring in mijn hoofd.

Nu ik een schilderij had gemaakt en ook nog een ring had ontworpen, was het net alsof de sluizen waren opengezet. Op de gekste momenten van de dag speelden er ideeën voor nieuwe schilderijen door mijn hoofd. Ik was dat niet gewend, maar ik voelde me er goed bij en maakte op een geschikt moment schetsjes van wat ik had 'bedacht'.

Een van de schilderijen die ik maakte, was voor Loes, omdat ze veel tijd voor Linda en voor mij had uitgetrokken, zonder dat ze er ook maar één cent voor wilde hebben. Die contacten waren van onschatbare waarde voor ons. Vandaar dat ik iets voor haar wilde maken. Ik had daarom een idee van een heilige graal waar licht uit straalde en waar tegelijk bloemen uit overstroomden.

Het gevoel dat ik ook had, maar waartegen ik inwendig opstand kwam, was dat er een kruis in dit schilderij voor hoorde te komen, want ik had een hekel aan kruizen! Gedurende de hele geschiedenis was het christelijke kruis zo misbruikt dat het in mijn ogen symbool was komen te staan voor alles wat er fout was gegaan in de wereld. Met de bijbel in de hand waren wapens gezegend, waren kruistochten georganiseerd, werden talloze vrouwen op de brandstapel verbrand omdat ze ervan verdacht werden een gave te bezitten. In naam van God werden continenten veroverd nadat hun inwoners tot wilden en heidenen bestempeld waren. Miljoenen blanken, indianen, negers en eilanders uit de Zuidzee werden daarna als slaven verhandeld om te werken in onze religieuze maatschappij. En nu werd er van mij gevoelsmatig verwacht dat ik een kruis ging schilderen!

Dát... dacht ik dus niet, hè?

Maar het gevoel bleef... evenals mijn verzet. Toch begon ik langzaamaan te erkennen dat het kruis een misbruikt symbool is. Dat het kruis niet symbool staat voor dood en verderf, voor het lijden van hele volkeren en dat het ook niet het logo is van een kerk of van een religie, maar dat het symbool staat voor Liefde. Voor iemand die zichzelf opofferde om een voorbeeld te zijn voor de mensheid, tonend dat, als je het lijden en zelfs de dood durft te accepteren, je de dood kunt overwinnen...

Het kruis staat voor Liefde! Om dat te begrijpen heb je geen tussenkomst nodig van voorgangers, dominees, pastoors, imams, of wie dan ook. Dat gevoel komt van binnenuit, dat ontstaat gaande je weg op Aarde, door alle leer- en lijdensprocessen heen. Als je de diepe dalen hebt ervaren, kun je de schoonheid van de toppen pas echt waarderen.

Ik ontdekte dat als ik het kruis niet als een keurig recht kruis met een lijdende Jezusfiguur zou afbeelden, maar als een energiestroming in de achtergrond van het schilderij, ik er vrede mee kon hebben. Het kruis, als een energie, komt tevoorschijn uit de paarsgesluierde achtergrond, met op de voorgrond een heilige graal als beker van overvloed, overlopend van energie. Het resultaat werd uiteindelijk een schilderij dat als het ware van zichzelf licht uitstraalt, alsof het warmte geeft. Precies dat was wat nadien vele mensen tegen me zeiden... alsof je je kunt warmen aan het schilderij. Ik noemde het *Lucia*.

Toen ik het later aan Loes gaf, zei ze dat dit schilderij de overwinning van lijden voorstelt. Als de pijn en het lijden zijn begrepen, valt het lijden – de paarse sluiers – weg en komt het kruis, dat symbool staat voor Liefde, triomferend naar boven. Ze vertelde er ook bij dat dit schilderij niet alleen door mijn gids, die ooit zelf een bekende schilder was geweest, was doorgegeven, maar dat ook Linda hieraan had meegewerkt. Bepaalde details waren door haar aangereikt. Ik had dat niet bewust meegekregen, maar had me wel heel gedreven en goed gevoeld tijdens het schilderen. Loes zei nog iets: "Dit schilderij is niet voor mij bestemd. Dit moet je de mensen laten zien. Het is voor iedereen. Geef mij maar een mooie reproductie."

Na ik aan het eind van de zomer de edelsmid in zijn winkel in Borculo bezocht om te informeren naar de vorderingen met de ring, gaf hij mij de opdracht terug met de woorden "en jou kan ik ook niet helpen!" Tot m'n verbazing vluchtte hij daarna de winkel uit, mij perplex achterlatend. Zijn vriendin legde wat later uit wat er gebeurd was, dat het ontwerp continu in zijn hoofd had gespookt, zozeer zelfs dat hij er niet van had kunnen slapen. Hij werd er gek van. Verbaasd hoorde ik haar aan. Ik kon het ook niet helpen natuurlijk. Ik had hem wel nodig, maar ik kon hem niet dwingen. Ze gaf me de schetsen terug en ik kon vertrekken met lege handen.

Daar stond ik dan. Twee maanden verder en niets opgeschoten. Ik was boos en snapte er niets van. In de auto op weg naar huis en sprak ik hardop mijn ongenoegen uit naar Linda. Ik wist nu dat ze m'n gedachten overal kon horen, dus ging ik lekker tekeer. We hadden hem toch speciaal uitgezocht? Hij was toch de man die ik moest benaderen, dus wat was hier aan de hand? Ik wenste uitleg.

Tegen de tijd dat ik Apeldoorn binnenreed, was ik zo boos en opgefokt dat ik uitriep: "Het kan me niet schelen door wie, maar die ring komt er! En anders... maak ik hem zelf!"

Toen ik mezelf dat hardop hoorde zeggen, was het net alsof ik ergens een 'klik' hoorde en ik dacht: o jee, dat zal toch niet waar zijn, hè?

Thuis ging ik in het telefoonboek op zoek naar iemand van wie ik het vermoeden had dat hij cursussen edelmetaalbewerking gaf. Linda had als lerares handenarbeid de verantwoordelijkheid voor het voorraadbeheer van haar vak. Ze kocht de meeste materialen bij Jan, een vriendelijke man met wie ze het prima kon vinden. Omdat ik vaak met haar meeging, kende ik hem en ik herinnerde me dat hij ooit verteld had dat hij hier les in gaf.

Ik vond zijn nummer, maakte meteen een afspraak en een paar dagen later ging ik kijken in zijn cursusruimte bij hem thuis. En jawel hoor: 'toevallig' was het vlak voor het begin van het nieuwe cursusseizoen en 'toevallig' had hij nog één plek over voor één nieuwe leerling. Hij herinnerde zich Linda maar al te goed en toen ik hem de schetsen van de ring liet zien zei hij: "Dan wordt dit onze missie."

Zó werkt dat dus! Geheel vrijwillig word je gewezen welke weg je te gaan hebt. Je hebt wel een keuze, maar je moet toch gewoon die weg gaan, en er is niets wat je liever wilt. Hoorde ik daarboven iemand heel hard lachen of hoe zat dat?

Dus begon ik twee weken later aan de cursus edelmetaalbewerking bij Jan, die een uitstekende leraar bleek te zijn. In de anderhalf jaar daaropvolgend werkte ik alle cursussen af en wat ik vroeger nooit had gedacht: ik vond het schitterend om te doen! Ik had er zelfs zoveel plezier in dat ik van Linda's erfenis de gereedschappen en materialen kocht die een edelsmid zoal om zich heen heeft en verbouwde een van de slaapkamers tot atelierruimte.

Binnen de cursistengroep kreeg ik al gauw een naam, omdat alles wat ik maakte om de technieken onder de knie te krijgen, steeds te maken had met spiralen, vortexen en kosmische energieën, net zoals in de schilderijen al te zien was. Mensen begonnen mijn werkstukken te herkennen en ik kreeg vaak lachende opmerkingen in de trant van: "Dat is zeker weer door Wim gemaakt."

In deze zelfde periode maakte ik nog een schilderij. Ook hierbij hoefde ik niets anders te doen dan plezier hebben in dat wat ik deed. Gewoon mijn fantasie zijn gang laten gaan, mijn gevoel volgen. Dit schilderij was rond en los er omheen had ik een, eveneens geschilderde, ring gemaakt die vrij kon draaien ten opzichte van het middendeel.

Toen ik met het schilderen klaar was, had ik het gevoel dat er over het middendeel nog een groot symbool moest komen. Eerst vond ik dat nogal gewaagd, want het schilderij leek eigenlijk wel af zo. Waarom dan nog een symbool over alles aanbrengen? Dat zou verkeerd uit kunnen pakken. Maar *als* ik er al een symbool op zou gaan schilderen... welk symbool moest dat dan gaan worden?

Juist in die tijd was ik in gedachten veel bezig met spiralen en vortexen. Een vortex is een werveling of draaikolk zoals je kunt zien in het water dat al ronddraaiend door de afvoer van de gootsteen wegloopt. Spiralen kom je overal tegen, zoals in een pennenveer, of in oude telefoonsnoeren. Het was mij als kleine jongen in de zestiger jaren al opgevallen dat die spiraalsnoeren soms linksom en soms rechtsom draaiden en waar de beweging omkeerde zat vaak een soort knoop, die ik natuurlijk 'moest' herstellen. Dat lukte me soms wel en soms niet, want helemaal begrijpen deed ik het toen niet.

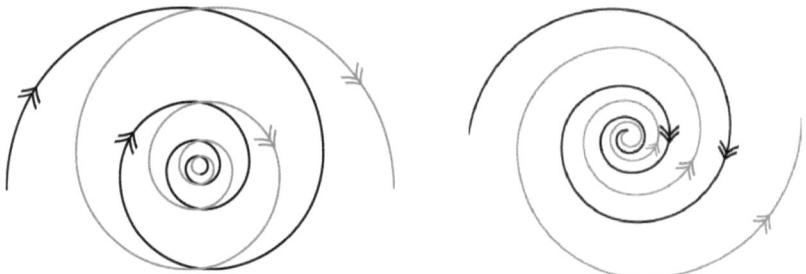

Spiralen met U-bocht en met kruisingen.

Dat oude 'probleem' kwam nu ineens weer in me op: hoe is het mogelijk om op een elegante manier een linksdraaiende spiraal om te draaien naar een rechtsdraaiende spiraal? Je zou je kunnen afvragen waar ik me druk over maakte, maar zo zit ik nu eenmaal in elkaar. Iedereen zijn eigenaardigheden, zullen we maar zeggen.

Ik probeerde met ijzerdraadjes uit of het mogelijk was de draairichting te veranderen zonder U-bochten of kruisingen in de beweging te maken, maar wat ik ook probeerde, het resultaat klopte niet met mijn gevoel. Uiteindelijk besefte ik dat ik anders moest denken. Ik dacht te tweedimensionaal en bekeek spiralen in het platte vlak. Daarmee zou ik de oplossing die ik in me aanwezig voelde niet kunnen vinden. Toen ik het platte vlak losliet en ging zoeken naar een driedimensionale oplossing, was ik er zo uit!

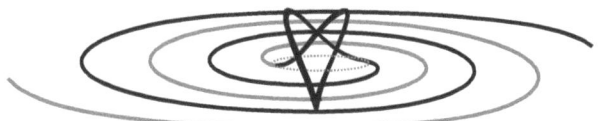

Spiraal met omkeersymbool

Het antwoord was zó simpel, zó onbeduidend dat je er normaal gesproken overheen zou kijken. Het zou me niet verbazen als vele mensen voor mij dit allang ontdekt hadden, maar zonder het belang ervan te hebben ingezien. Maar toen ik er beter naar ging kijken 'voelde' ik dat juist deze vondst precies in harmonie was met mijn gevoel dat ik had voordat ik met de draadjes begon te spelen, want het was bijna alsof ik applaus hoorde. Er viel iets op zijn plek. De vorm die ik had gevonden noemde ik gemakshalve een 'omkeersymbool', want het keerde de draairichting om. Ik fatsoeneerde het frommelige bolletje dat ik van ijzerdraad in elkaar had geklungeld zo goed mogelijk en hield het tegen het licht om het na te kunnen tekenen. Dat was het symbool dat diende als uitgangspunt voor het symbool in bladgoud op het schilderij.

Tijdens een van mijn bezoeken aan Loes liet ik haar dit schilderij zien en het eerste wat zij zei was: "Dat is een aurahealer!"

Ja, én? Ik begreep niet wat ze daarmee bedoelde en al helemaal niet hoe een schilderij in staat kon zijn om aura's te genezen, dus Loes legde uit dat als mensen hiernaar kijken, zij de energie, de kleuren van dit schilderij opnemen en dat hun aura zich dan kan laven aan die kleurenergieën. Als bepaalde kleuren ontbreken dan worden die tekorten zo aangevuld en als er bepaalde kleuren teveel aanwezig zijn, dan worden die afgezwakt. Omdat de buitenring los is, kan die gedraaid worden, waardoor de energie van het schilderij afgestemd kan worden op degene die ernaar kijkt. Het geneest zo de aura van mensen.

Begrijpen deed ik het nog steeds niet echt, maar vanaf dat moment had dit schilderij zijn titel: *Aurahealer*.

Akaija

I did not believe because I could not see
Though you came to me in the night
When the dawn seemed forever lost
You showed me your love in the light of the stars
Cast your eyes on the ocean
Cast your soul to the sea
When the dark night seems endless
Please remember me

Uit: *Dante's Prayer*
Tekst en muziek door *Loreena McKennitt*

Het bloed kruipt waar het niet gaan kan... Het had onwaarschijnlijk geleken dat Marianne en ik een relatie zouden beginnen, maar ik had al meer ervaren dat de kosmos zich in voor mensen onbegrijpelijke bochten beweegt, en op een dag sloeg de vonk bij ons over. Dat moment luidde het begin in van nog een grondige verandering, en niet alleen voor mij. Geen gemakkelijke, maar uiteindelijk voor iedereen een zeer verrijkende.

Zij bracht, en brengt, heel veel geluk in mijn leven. Maar mijn verdriet om het verlies van Linda was met haar komst natuurlijk niet verdwenen. In zekere zin werd ik er in versneld tempo mee geconfronteerd. Marianne wilde niet in Linda's schoenen gaan staan, net zo min als ik dat wilde. Ze wilde ook niet dat ik mijn verdriet om Linda zou wegdrukken. Geen doen alsof. Zij besefte heel goed dat zij kort na Linda in mijn leven was gekomen.

Ik kon lachen, plezier hebben, genieten van mooie dingen, van muziek, van alles wat we samen deden, maar ik merkte ook dat ik periodes ervoer van verdriet, waarvan soms niet duidelijk was waar het vandaan kwam. Het had natuurlijk met Linda te maken, maar ik kon niet altijd herleiden waarom ik me ineens zo voelde.

Er waren heel veel dingen die, bewust of onbewust, herinneringen opriepen. Ik kon bijvoorbeeld over straat lopen en ineens beseffen dat ik samen met Linda voor die of die winkel had gestaan. Nu liep ik daar met Marianne. Elke keer als ik met Marianne iets deed wat ik ooit eerder met Linda had gedaan, dan werd ik op zo'n moment ook aan Linda herinnerd. Ik sprak dat meestal uit en was blij dat Marianne aangaf daar totaal geen problemen mee te hebben.

Linda had al aangekondigd een andere vrouw voor me te gaan zoeken en kennelijk was ze daar goed in geslaagd, want Marianne is er een uit... vele duizenden. Het is niet altijd gemakkelijk om een relatie te hebben met een partner wiens vorige geliefde is overleden. Ik hoefde voor Marianne nooit te verzwijgen wat er in me speelde en al die kleine momenten van rouw in stilte te ondergaan. Een herinnering hoeft tenslotte niet overschaduwd... ik zou bijna willen zeggen 'ingenomen', te worden door de nieuwe partner.

Ik merkte dat ik, nog voordat Marianne in mijn leven kwam, huiverig was ergens heen te gaan waar ik samen met Linda was geweest. Fijne herinneringen wil je niet bederven door daar in je eentje zielig te gaan zitten zijn of er met een nieuwe partner heen te gaan. Maar ik ontdekte dat door dat wel te doen en het open te gooien door erover te praten, die herinneringen geëerd werden. Ze werden zo een deel van ons alle drie. Marianne liet me hierin helemaal vrij, waardoor ik in mijn eigen tempo kon helen.

Dat was misschien wel het mooiste, maar in zekere zin ook het moeilijkste voor mij om te leren: gelukkig te zijn met Marianne en daarin Linda niet te verliezen. Te houden van Linda... en toch Marianne niet tekort te doen. Eigenlijk een luxeprobleem. Ik ben gewoon een grote bofkont met twee vrouwen die ontzettend veel van me houden, een op Aarde en een in de Lichtwereld. Wat wil je nog meer? Op een gegeven moment werden wij op een heel bijzondere manier met die gedachte geconfronteerd.

We lagen in bed, moe van de dag en blij met elkaar. We hadden veel gepraat en waren nu aangenaam verstild vanbinnen. We waren ons erg bewust dat ons geluk niet zomaar tot stand was gekomen, dat hier heel veel aan vooraf was gegaan. Ineens werd ik me bewust van het typische ijle piepje in mijn oor dat ik had leren herkennen als een teken van Linda. Ik zei dat tegen Marianne en ik sprak in de ruimte om ons heen: "Wat is er meisje? Wat wil je vertellen?"

Bijna direct moest ik aan de liedtekst denken die zo'n indruk op Linda had gemaakt en die we tijdens haar begrafenis meerdere keren hadden laten horen: I'll find my way home. Eerst kwam de titelzin met de melodie in mijn hoofd en toen dacht ik aan een zinnetje ergens midden in het lied. Maar ik wist de exacte woorden niet. Was het nou: '*My* friend is close by *your* side'? Of was het: '*Your* friend is close by *my* side'? Of was het misschien: '*My* friend is close by *my* side'? Maar het kon ook nog zijn: '*Your* friend is close by *your* side'. Ik wist het niet meer en ik zei dat tegen Marianne en terwijl ik dat zei besefte ik ineens wat Linda ons wilde vertellen. Precies dat! Het doet er niet toe hoe je het uitspreekt, want elke versie is de juiste. En we begonnen allebei te huilen van ontroering.

Linda en ik hadden jarenlang gezocht naar de oorzaak van haar vermoeidheid, die ooit begonnen was met de bliksemslag in haar auto, waarvan ze altijd volgehouden had dat *dat* de oorzaak was. Maar niemand had ons ooit kunnen vertellen wat er nu precies gebeurd was, laat staan dat ze een oplossing konden bieden. Die chronische vermoeidheid was een zware last voor haar, want daardoor beleefde ze bijna nergens meer plezier aan. Voordat ze ziek werd ging de weinige energie die ze nog had op aan haar werk, maar zelfs dat was de laatste jaren bijna te zwaar voor haar geworden. Bovendien was ze steeds gevoeliger geworden, of eigenlijk 'overgevoeliger'. Tijdens haar ziekte had die overgevoeligheid extreme vormen aangenomen en het was de hoofdoorzaak van onze eenzaamheid geworden, want ze verdroeg vrijwel niets. Geen televisie, want die maakte teveel lawaai en de beelden waren te druk. Zelfs het luisteren naar muziek was teveel, terwijl muziek juist zo helend kan zijn. Bloemen verdroeg ze niet, want die waren te kleurig, te grillig of er zat een luchtje aan. Erger nog was, dat ze ook geen bezoek meer kon verdragen. Ze kon bijna niemand om zich heen hebben en dat had veel mensen pijn gedaan, zoals haar broers, die met lege handen stonden. Ze konden niets doen en het frustreerde me dat ik hen niet kon uitleggen waar dat door kwam.

Marianne wist het antwoord hierop, want de maker van het apparaat waarmee ze toen werkte, had dit onderzocht en er een oplossing voor gevonden. Hij noemde het: 'elektronen-spininversie', een term waar ik nog nooit van had gehoord.

Ze vertelde dat dit bij mensen die erg zwak zijn vaak voorkomt. Vanuit reguliere hoek worden de verschijnselen die daarbij horen meestal verklaard als een logisch gevolg van het ernstig ziekzijn. Ziekenhuizen willen vaak dat er bij heel zieke patiënten geen bloemen neergezet worden omdat de patiënten er niet tegen altijd tegen kunnen. Maar Marianne zei dat die zwakte vaak het gevolg is van iets heel anders.

Ze legde het uit en zei dat een elektronen-spininversie meestal wordt veroorzaakt door een combinatie van twee factoren: een verzwakt eigen energiesysteem of aura enerzijds, en een elektromagnetisch veld dat sterk genoeg is om het eigen energieveld onderuit te halen anderzijds. In zo'n situatie is het mogelijk dat de elektronen die om de kern van elk atoom in ons lichaam draaien, maar die ieder ook om hun eigen as draaien, plotseling tegenovergesteld gaan draaien. "Vergelijk het maar met de Aarde die om de zon, maar ook om haar eigen as draait", zei ze. "Als de Aarde om haar draaiingsas zou kantelen, dan zou de zon daarna in het westen opkomen en in het oosten ondergaan." De draairichting of 'spin' is omgekeerd, of geïnverteerd, vandaar de benaming 'spininversie', ofwel omgekeerd draaien.

"Het gevolg hiervan is", zei ze, "dat de aura of het energieveld dat elk levend wezen omringt, niet meer in harmonie met het veel grotere kosmische energieveld is. Daardoor wordt het niet voldoende van energie voorzien en dus wordt het energieveld ijler".

De aura is onze bescherming tegen de buitenwereld, maar als die haar werk niet goed kan doen, komen alle indrukken, zoals geluiden, geuren, beelden, maar ook de energieën en zelfs gedachten van andere mensen, en uiteraard de elektromagnetische velden van computers en andere elektronica, ongefilterd binnen en dan worden mensen daar ontzettend moe van. Chronisch moe zelfs, want een eenmaal aanwezige elektronen-spininversie houdt zichzelf in stand en dus komen deze mensen in een neerwaartse spiraal terecht die maar heel moeilijk te doorbreken valt, zoals Linda en ik aan den lijve ondervonden hadden.

Ik bedacht ineens dat Linda in 1985 tijdens een zware onweersbui in haar auto door de bliksem was getroffen. Ze had op dat moment weliswaar geen zwakke afweer gehad, maar tegen het elektromagnetisch veld van een bliksem is zelfs de gezondste mens niet opgewassen. Ze had altijd volgehouden dat op dat moment haar vermoeidheid was begonnen. Tientallen bezoeken aan artsen en therapeuten en duizenden guldens aan consultkosten hadden niets geholpen, want haar vermoeidheid was alleen maar erger geworden.

Nu had ik een merkwaardig schilderij gemaakt waar Loes de titel *Aurahealer* aan had gegeven. Deze benaming was veelzeggend, maar op dat moment gingen er bij mij nog geen belletjes rinkelen. Ik plaatste het schilderij in de huiskamer en enkele jaren lang deed ik er niets bijzonders mee.

Marianne's jongste dochter, Lianne, die een professionele musicaldansopleiding in hartje Amsterdam volgde, kwam in de loop van 2005 bijna wekelijks bij ons langs voor een behandeling met Marianne's StarLight, het nieuwe apparaat waarmee zij werkte. Marianne behandelde haar elke week tegen een elektronen-spininversie. Lianne was erg vaak moe, kon zich slecht concentreren en was erg gevoelig, wat gezien haar leeftijd totaal niet bij haar paste. Vermoedelijk werd die spininversie veroorzaakt doordat dansstudenten fysiek erg zwaar belast worden en ook veel trainingstijd doorbrengen tussen toneelverlichting en geluidsapparatuur. De behandeling tegen spininversie bestond eruit dat Marianne een druppeltje bloed van Lianne op een watje in het behandelcircuit legde en haar behandelde met een speciaal programma van de StarLight. Binnen enkele minuten was de behandeling klaar en daarna was de spininversie niet meer te meten. Belangrijker echter was dat Lianne zich vaak al binnen minuten sterker voelde worden.

Maar Lianne werd het zat om elke keer weer in haar eigen vinger te prikken voor een druppeltje bloed en op een dag, toen ik er voor de gezelligheid bij kwam zitten, kreeg ik een ingeving. Ik pakte het draadfiguurtje dat ik voor het omkeersymbool op de Aurahealer gemaakt had erbij. Tenslotte was dit een *omkeer*symbool, en omkeren betekent in het Engels 'to inverse'. Proberen kan geen kwaad. Dus voordat Lianne zich in haar vinger prikte, deden we eerst dezelfde behandeling tegen spininversie, maar nu met dit draadfiguurtje in plaats van een druppel bloed.

Tot Marianne's stomme verbazing mat ze daarna geen spininversie meer. En na enkele minuten zei Lianne dat ze al wat beter begon te voelen.

"Dit kan niet", zei ze. "Dit geloof ik niet!"

Ze mat Lianne opnieuw, maar ze kon echt geen spininversie meer meten. Lianne vond dit uiteraard helemaal niet erg, want dat geprik in haar vingers vond ze toch maar niets. Ze ging weer naar Amsterdam en kreeg halverwege de week, zoals gebruikelijk, weer dezelfde vermoeidheidsklachten. Na drie weken zei ze dat draadfiguurtje misschien maar beter in haar schooltas mee kon nemen, dan kon die haar misschien wel beschermen en dan had ze deze hele behandeling niet meer nodig.

Marianne keek verbaasd op en sprak uit waar ik ook aan dacht. Ik was tenslotte bezig om edelsmid te worden en wat doen edelsmeden? Juist... sieraden maken. Zo'n iel draadfiguurtje was veel te kwetsbaar en zou direct plat gaan in haar schooltas, maar als ik dat ontwerp nou eens gebruikte om een mooi zilveren sieraadje te maken, zodat Lianne het om haar hals kon hangen...

De volgende week kwam Lianne weer terug. Ik had inmiddels een kleine zilveren versie van het omkeersymbool gemaakt en daarmee werd ze nu behandeld. De spininversie bleek daarna inderdaad weer weg en Marianne gaf haar het sieraadje mee om aan een kettinkje te dragen. Stel dat dit zou werken!

De week daarop kwam Lianne weer bij ons langs en ze riep meteen dat ze zich deze week veel beter had gevoeld. Ze dacht zelf dat ze geen spininversie meer had en tot onze verbazing bevestigde Marianne dat even later met de StarLight.

Wauw! We waren er stil van. Was dit kleine sieraadje, ontstaan door Linda's inspiratie, werkelijk in staat om een elektronen-spininversie te voorkomen? Als dat het geval was, dan wist Marianne meteen nog wel een paar van haar patiënten die er een nodig hadden.

Aan mij dus de vraag om er nog een paar te maken. Aldus deed ik en in de daarop volgende weken gaf Marianne aan verschillende van haar cliënten een zilveren omkeersymbooltje mee. Die eerste modellen zagen er niet al te professioneel uit, maar dat maakte voor de werking niet uit. Ze werkten, want als dat niet zo was, dan merkte Marianne dat meteen tijdens het meten. Toen Marianne's cliënten voor vervolgconsulten terugkwamen en zij keer op keer constateerde dat de spininversie definitief wegbleef, kregen we het gevoel dat we op iets bijzonders waren gestuit. Ik kreeg het steeds drukker met het maken van nieuwe omkeersymbooltjes. Goede praktijkervaring voor een kersverse edelsmid.

We spraken met diverse van Marianne's collega's die met dezelfde apparatuur werkten en vroegen hen dit sieraadje uit te testen op hun patiënten. Daar hadden ze wel belangstelling voor, want dat prikken van een druppeltje bloed was het minst plezierige onderdeel van de behandeling voor een patiënt, vooral voor kinderen. Binnen enkele weken kwamen de reacties binnen, tegelijk met diverse vragen van patiënten waar ze zo'n hangertje konden bestellen. Dat was voor ons voldoende reden om dit vreemde, bedrieglijk eenvoudige, sieraadje naar buiten te brengen op een professionelere manier.

We hadden in die tijd gelukkig ook nog een afspraak met Loes gepland en toen we haar dit sieraadje lieten zien, was ze razend enthousiast. "Dit is krachtig hoor!" zei ze steeds opnieuw. "Dit gaat veel mensen genezen! Daar moet je patent op aanvragen!" Ik sputterde tegen, want dat is erg duur. Haar antwoord was veelzeggend: "Met de opbrengst van de eerste zeshonderd kun je dat wel betalen."

De eerste zeshonderd? Wij hadden op dat moment een voorraad van welgeteld twee omkeersymbooltjes en één daarvan hield zij in haar hand. Wij waren al blij als we er honderd of misschien tweehonderd zouden kunnen verkopen in... zeg een jaar of vijf? En Loes deed alsof zeshonderd helemaal niets voorstelde. Wat hing er boven ons hoofd?

Uiteraard moest er nu ook een naam voor dit sieraadje komen. Marianne en ik zochten die naam om te beginnen in oude culturen. "Canada", zei Marianne ineens. Ze kreeg weleens vaker onverwachts iets door en dit kwam op een van die momenten dat we het gevoel hadden dat het niet haar fantasie was, maar werd doorgegeven. We zochten het internet af en ontdekten dat er in Canada nog steeds afstammelingen van de Cree-indianen wonen, maar een naam zoeken in een taal waar je geen snars van begrijpt, valt niet mee.

Linda's moeder werd ook betrokken in deze zoektocht en zij stelde de vraag aan boven. Een aantal dagen later was ik bij haar op bezoek en ze gaf me een papiertje waarop één woord geschreven stond: 'Akaija'. Ze vertelde erbij dat ze een paar dagen daarvoor een luide stem in haar hoofd had gehoord die alleen dat ene woord had gezegd. Ze was er zelf verbaasd over en haalde haar schouders op alsof ze wilde zeggen: "Tja... ik weet het ook niet. Misschien kun je er iets mee."

Ik probeerde het woord op de tong uit en moest toegeven dat het 'wel wat had'. Het klonk goed. Heel goed eigenlijk. Ik zei het bij thuiskomst tegen Marianne en zij ging direct achter de computer op internet zoeken. Ze typte twee woorden in: 'Cree-indianen' en 'Akaija'. Dat leverde als zoekresultaat een treffer op die verwees naar de mythologie van Noorwegen en een tweede treffer naar een taalkundig werk van een onderzoeker die de morfologie van oude talen in de verste uithoeken van de wereld had onderzocht. Die onderzoeker schreef dat er een eiland in de Stille Zuidzee is waar de inheemse bevolking diverse woorden heeft voor het begrip 'wij'. Waar wij in het Westen spreken over 'wij samen', gebruiken zij '*akaijau*'. Maar wanneer ze met zijn drieën zijn, dan gebruiken ze '*akataj*'. Zo hebben ze wel zes verschillende woorden voor 'wij'. '*Akaija*' betekent in hun taal 'wij allemaal', ofwel 'wij' in het allergrootste verband. Dat maakte indruk en we waren het direct eens. Het omkeersymbool had vanaf nu een naam: Akaija.

We zetten een paar advertenties en in de daaropvolgende maanden begonnen we zowaar Akaija's te verkopen. Meteen vanaf de eerste verkopen begonnen er reacties van mensen op de Akaija binnen te komen en die logen er niet om. Mensen vertelden dat ze direct nadat ze een Akaija in hun hand hielden, vaak al reacties kregen, zoals tintelingen, of dat de Akaija gloeiend heet werd in hun handen. Er waren mensen bij die binnen één dag verlost werden van jarenlange hoofdpijn. Andere mensen kregen om te beginnen juist last van allerlei oude kwaaltjes waarvan ze hadden gedacht dat ze er allang vanaf waren. Soms waren de reacties ronduit spectaculair, zoals een man die zijn hele leven lang niet kon zweten en het benauwd kreeg zodra het warm weer werd. Vanaf de dag dat hij de Akaija droeg, werden zijn overhemden drijfnat. Of enkele vrouwen die hun hele leven al gewend waren dat ze als ze ongesteld werden, last kregen van migraine en hevige rug- en buikpijn, maar nu voor het eerst in hun leven niet meer geplaagd werden door deze extra verschijnselen.

Dit laatste vond ik vooral zo speciaal, omdat ik van Linda wist dat ze haar hele leven de pil dóór had geslikt, dus zonder maandelijks een week over te slaan, zodat ze niet meer ongesteld zou worden, omdat ze anders door een hel ging gedurende die dagen. Het kwam op mij over alsof Linda met de Akaija iets had gegeven om juist ook haar lotgenotes te helpen. Hoeveel eigenschappen kun je combineren in één ding?

Hoe dan ook... er wachtten ons nog veel meer verrassingen. Ik had al gezien dat je in de Akaija symbolen kunt ontdekken. Er is bijvoorbeeld een cirkel in te zien en ook een yin-yangsymbool, het symbool van dualiteit. Nog opvallender is dat je er onder een bepaalde hoek een heel mooi pentagram in kunt zien, ofwel een vijfpuntige ster. Weer dat getal 5.

Tijdens een van de beurzen waaraan we deelnamen, kwam Loes onverwachts bij ons op bezoek en toen zij het sieradendoosje van de Akaija zag moest ze lachen. Ik had een symbool van de Akaija in gouddruk op elk doosje laten afdrukken en zij wees daarnaar en zei dat ik helemaal niet gezien had wélk symbool ik had laten afdrukken. "Linda wil je nog iets laten zien", zei ze lachend. "Maar jij ziet het niet. Het is een hart! Beschermd door de cirkel. Linda wil je laten weten: jouw hart is beschermd!"

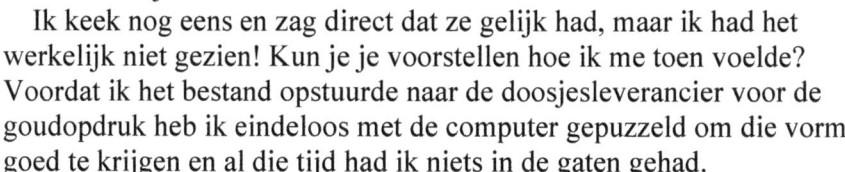

Ik keek nog eens en zag direct dat ze gelijk had, maar ik had het werkelijk niet gezien! Kun je je voorstellen hoe ik me toen voelde? Voordat ik het bestand opstuurde naar de doosjesleverancier voor de goudopdruk heb ik eindeloos met de computer gepuzzeld om die vorm goed te krijgen en al die tijd had ik niets in de gaten gehad.

Een andere verrassing kwam toen een vrouw die een Akaija bij ons had gekocht, vertelde dat ze het woord 'akaija' numerologisch had geanalyseerd. Ze had iets bijzonders ontdekt. In de numerologie is het zo dat elke letter door een cijfer vervangen kan worden: a = 1, b = 2, c = 3, enzovoort. Doe je dat met 'akaija', dan krijg je eerst a = 1. Dan komt de k = 11 en weer a = 1. De 11 wordt in de numerologie als een meestergetal gezien, net als 22 en 33, etc. Die laat je zo staan. De ij is in schrijftaal 1 letter, maar wordt in drukwerk als twee letters geschreven. Dan krijg je ij = 9 + 10, maar omdat het eigenlijk om 1 letter gaat, mag je dit terugbrengen tot het kleinste getal, dus 9 + 10 = 19. En nog verder, want 1 + 9 = 10. En ten slotte 1 + 0 = 1. En dan is de cirkel weer rond met a = 1. Bij elkaar krijg je dus zes enen op een rij: 111111! Vijf letters worden zes cijfers. De vijfde dag gaat over in de zesde dag. We gaan naar het Licht! De Akaija als symbool laat hetzelfde zien als de letters. In de Akaija zit een cirkel, waarvan het eind overgaat in het begin.

Akaija begint en eindigt met een a. In de Akaija kun je van de cirkel afgaan, en kom je er weer op uit. De letters doen dat ook. De k splitst zich in twee enen. De ij, bestaande uit twee letters, fuseert tot één 1 cijfer. Splitsing en fusie. Wat je in het symbool Akaija ziet gebeuren, wordt numerologisch weerspiegeld in de letters en cijfers. Zo zijn symbool en naam totaal met elkaar verbonden. Maar alleen in de Nederlandse taal. De optelsom van alle letters is: $1 + 11 + 1 + 9 + 10 + 1 = 33$, ofwel een meestergetal dat niet verder wordt herleid. Of, als je de ij als 1 neemt: $1 + 11 + 1 + 1 + 1 = 15$. En $1 + 5 = 6$. Of als je alle enen optelt: $1 + 1 + 1 + 1 + 1 + 1 = 6$.

De 6 staat voor harmonie en voor liefde. 33 wordt een meestergetal genoemd en wordt vaak verbonden met Jezus, omdat hij op de leeftijd van 33 jaar de mensheid liet zien dat de dood niet het einde is. Nou wil ik Linda beslist niet vergelijken met Jezus, maar op haar eigen manier laat ze ons wel hetzelfde zien. Linda werd overigens 47, en $4 + 7$ is weer een meestergetal: 11.

Het duurde echter nog weken voor ik 1 en 1 bij elkaar had opgeteld – over sufheid gesproken – en nog een andere boodschap herkende die me al die tijd overduidelijk in het gezicht staarde. Akaija betekent: wij. En de letters betekenen: 111111. Wat staat er dan? (Linda hield van cryptogrammen.) Juist: Wij zijn Eén! En wat had ik ook alweer tijdens haar begrafenis uitgesproken?

Mijn wens is het nog heel vaak met je mee te gaan en sámen te vinden waar we allebei naar zoeken. Eén te zijn.

Je verliest me nooit

Ik had het schilderij dat ik voor Loes had gemaakt, met als titel Lucia, gefotografeerd en was maanden bezig geweest om een internetsite te maken waarin ook de andere schilderijen waren opgenomen. Al binnen een week nadat de site online was, kreeg ik een telefoontje van een vrouw die me vertelde dat ze een ingelijste reproductie van het schilderij van Loes wilde bestellen. Ze was er helemaal door gegrepen en móest dat schilderij in huis hebben, zei ze. Yvonne, zo was haar naam.

Een aantal weken later kwam ze bij ons thuis en er ontstond een levendig gesprek, waarin ze vertelde dat ze helemaal niet op zoek was geweest naar een schilderij. Ze vertelde dat zij een helderziend medium was en dat ze ervan overtuigd was dat ze naar dit schilderij toe werd geleid. Het was ook wel toevallig, want mijn website was pas een week online, en Yvonne had die dag juist een internetaansluiting gekregen.

Ik ontdekte dat ze er niet van op de hoogte was dat ik dit schilderij in eerste instantie voor een ander helderziend medium, Loes, die in Noord-Holland woonde, had gemaakt. Toen ik dat vertelde, zei ze dat ze ook in Noord-Holland had gewoond, in dezelfde plaats, maar dat ze nu in Friesland woonde. Toen riep ze ineens uit: "Loes! Die ken ik!"

Vijftien miljoen mensen in Nederland en uitgerekend zij wilde dit schilderij kopen. Ze hadden al een paar jaar geen contact meer gehad, omdat Yvonne was verhuisd.

Het zal toch niet waar zijn, dacht ik, maar Marianne en ik begonnen inmiddels al gewend te raken aan 'toevalligheden' en verbaasden ons niet eens meer.

Tijdens het schrijven van dit boek waren er periodes dat ik tijdelijk niet verder kon met schrijven. Dan wist ik gewoon niet hoe nu verder te gaan en als ik toch iets probeerde op te schrijven dan kwam er geen zinnig woord op papier, dus liet ik het maar zo, erop vertrouwende dat het wel weer zou veranderen.

Zo was ik al een paar maanden niets opgeschoten. Ik was namelijk toegekomen aan de periode dat Marianne in mijn leven kwam en daardoor werd er iets in mij aangeraakt waardoor ik vastliep met schrijven. Een nieuwe liefde in je leven, terwijl je liefde voor de vorige niet is verdwenen, is een vreemde situatie waar ik niet goed raad mee wist. Dat had, behalve op het schrijven van het boek, ook zijn doorwerking op Marianne die in alles rekening probeerde te houden met mijn verdriet en daardoor zichzelf veel te veel opzij schoof. Zoiets besef je zelf niet en dan heb je soms de hulp nodig van iemand anders die er nuchter tegenaan kijkt.

Juist doordat Marianne al zo snel, één jaar na Linda's overlijden, bij me in was komen wonen, bracht dat voor ons allebei een aantal complicaties met zich mee.

Omdat Marianne bijna niets van zichzelf had meegenomen, was het voor haar heel moeilijk om te aarden in ons huis. Wetende dat Linda's overlijden voor mij een groot verdriet was, liet ze mij alle ruimte om dit in mijn eigen tijd te verwerken en veranderingen in huis aan te brengen. Dat is een heel bijzonder geschenk dat ik kreeg, want lang niet iedereen kan zoiets opbrengen. Maar er zijn grenzen hoever je daarin kunt gaan, anders gaat het ten koste van jezelf.

Op een gegeven moment werden we daar door Yvonne op gewezen. Eigenlijk had Linda daar de aanzet toe gegeven, want op een zondag, toen Marianne en ik al enkele jaren samenwoonden, schreef Yvonne ons een mailtje waarin ze vertelde dat Linda die ochtend bij haar thuis de boel op stelten had gezet.

Nog terwijl Yvonne in bed lag, was Linda begonnen Yvonne te bewegen mij een mailtje te schrijven, maar Yvonne wenste zich niet te laten commanderen en ging eerst in bad zitten, lekker uitrustend van een week hard werken. Linda liet zich daardoor niet ontmoedigen en, zittend op de rand van het bad, vertelde ze Yvonne alvast wat ze op moest schrijven. Yvonne kon daar wel om lachen, maar zei later: "'t Is me d'r wel eentje hoor! Wat kan die doorduwen zeg!"

Omdat ik het betreffende mailtje ben kwijtgeraakt, wat wellicht geen toeval is, kan ik alleen de kern vertellen van wat Linda mij duidelijk wilde maken. Ze vertelde dat ze heel goed op de hoogte was en dat ze vaak bij ons was. Voor een rouwproces staat geen tijd, zei ze, maar ze wees me erop dat ik nu Marianne als vriendin had en dat ik met haar verder moest. "Verbreek de aardse liefdeband met mij", waren woorden die ik me letterlijk herinner. Ze vertelde erbij dat ik haar daardoor niet kwijtraakte, maar dat dit noodzakelijk was om verder te kunnen, omdat dit anders ten koste zou gaan van ons alle drie.

Dit berichtje maakte duidelijk dat er bij ons in huis kennelijk een situatie was ontstaan waarin Linda een te grote rol speelde. Marianne leverde veel te veel van zichzelf in omdat ze altijd maar rekening met mijn gevoelens hield en kwam daardoor niet aan zichzelf toe. Voor mij was het ook niet goed, omdat het mij tegenhield mezelf aan Marianne te kunnen geven.

Natuurlijk zijn zulke situaties moeilijk om mee om te gaan. Het is goed dat je soms een por krijgt, om je tot actie aan te zetten. Iedereen heeft vrienden en familie en er mag van je verwacht worden dat je hen je liefde niet onthoudt of je daarin beperkt. Dat heeft met 'loslaten' te maken, dat woord dat zo vaak wordt gebruikt na een overlijden, maar zo moeilijk is om mee om te gaan.

Loslaten betekent niet dat de liefde tussen jou en je overleden geliefde verdwijnt, integendeel! In feite betekent het dat jullie liefde *zo* groot is dat je zelfs een nieuwe relatie kunt beginnen in het veilige gevoel dat je elkaar nooit verliest. Maar de 'aardse liefdesband', zoals Linda beschreef, is wel ten einde gekomen en op een gegeven moment moet je daarnaar handelen.

Ik vond het misschien niet leuk, maar was Yvonne wel heel dankbaar dat ze zich liet lenen om deze moeilijke boodschap over te brengen. "Zal ik een andere vrouw voor je zoeken?" waren de woorden van Linda kort voor ze overleed. "Ik vind het misschien niet leuk, maar ik wil dat je gelukkig wordt..."

Aan het eind van dit boek zou ik nog iets willen zeggen, want de weg die Linda en ik zijn gegaan tijdens haar ziekte, is niet echt bedoeld als advies aan andere mensen in dezelfde situatie. Hadden wij het dan liever anders gedaan?

Op de eerste pagina van dit boek schreef ik: "Linda was een vrouw die er niet van hield om in de verleden tijd over iemand te praten die is overleden, alsof hij er niet meer is." De in dit boek beschreven periode heeft ons veranderd, en niet zo'n beetje ook, want zoals ze was... zo is ze niet meer. Dat was het doel waarmee ze naar de Aarde is gekomen en dat is het doel dat wij allemaal hebben: groeien in Liefde.

Ik zou werkelijk niet durven te voorspellen wat ik nu in een vergelijkbare situatie zou doen. Ik denk dat je te allen tijde zou moeten luisteren naar je hart, naar wat je gevoel je ingeeft. Dan kan de ene persoon een alternatieve weg bewandelen, de andere een reguliere, en weer een ander zal ervoor kiezen om ogenschijnlijk niets te doen en nu het nog kan eindelijk eens te gaan léven, met gezin, familie of vrienden. Zelfs dat kan in sommige gevallen precies de goede therapie zijn.

Je kunt weliswaar niet altijd bepalen wat er op je weg komt, dat overkomt ons. Maar je bent vervolgens wel vrij om er 'ja' of 'nee' tegen te zeggen. Dat heet acceptatie.

Je bent vrij om te kiezen. Kies dan ook voor die vrijheid... Volg je hart!

Linda heeft mij meerdere malen, zelfs nog kort voor haar overlijden, verteld dat, hoe moeilijk ze het ook had tijdens haar ziekte, ze absoluut geen spijt had van de keuzes die we hadden gemaakt. Ogenschijnlijk is dat bijna niet te rijmen, gezien de extreme pijn die ze zo lang heeft moeten verdragen. Maar het waren *onze* keuzes, uiteraard beïnvloed door allerlei factoren, maar het waren keuzes gemaakt vanuit vrijheid. Ook ik heb geen spijt van de weg die we gegaan zijn, integendeel. De weg die we gegaan zijn, was een bewuste, een weg die we *wilden* gaan, hoe bizar dat voor sommige mensen ook mag lijken. Ik ben bijzonder blij en voel me zelfs vereerd dat ik Linda daarin zo intens mocht bijstaan.

Ik heb tijdens verschillende gesprekken die we met Loes in de loop van de jaren hadden, uiteraard laten weten dat ik dit boek aan het schrijven was en vroeg aan Linda of zij het ermee eens was dat ik dit boek schreef. Ze zette me meteen op mijn nummer, want haar reactie was: "Stel me nou eens een vraag waarop je het antwoord *niet* weet."

Daarna kwamen er een aantal opmerkingen van Loes en van Linda, waarvan zij heel graag wilde dat ik ze in dit boek zou opnemen en benadrukken. Ik wil haar graag het laatste woord geven in haar boek.

Loes zei: "Ze heeft de route gevolgd die zij vanuit haar hart wist en die haar gidsen haar aangaven. En dan is dat voor aardse begrippen bijna onzinnig. Maar ik ben nu exact waar ik wil zijn."

"Zij vindt het ook belangrijk dat mensen begrijpen waarom haar keuzes zo waren. Laat iedereen nou eens in zijn waarde! zegt Linda. Dat vindt zij heel belangrijk", benadrukte Loes.

"Ja", zegt ze, "en wat ik mensen vooral wil meegeven en wil je dat zeer zeker benadrukken, is dat ze *durven te vertrouwen, ook als het zwaar is*."

"Uit naam van haar... ze wil dat gezegd hebben."

En ik zei tegen Loes: "Dat heeft ze heel erg moeten leren."

"Ja", antwoordde Loes, "maar ze heeft er heel veel aan gehad toen ze het kon. Vanuit wat ze *nu* weet, zegt ze dat ze nu de andere kant ziet, hoe dat allemaal werkt, hoe ze dat doen, wat een tijd en wat een aandacht en wat een Liefde er allemaal in gaat zitten van gidsen om ons heen... waar ze een ongelooflijk respect voor heeft... Dat wil ze eigenlijk kenbaar maken aan mensen. Vanuit deze kant, als je ziet wat er gebeurt... Ze zegt: "Ik wil tegen de hele mensheid zeggen: vertrouw ze, want ze weten *echt* wat ze doen. Zoo zinnig... zinnig!"

Toen ik dit hoorde, moest ik eraan denken dat er tijdens Linda's ziekte vertrouwen van ons werd geëist en hoe we ons toen hadden overgeleverd. Loes had dit boek toen nog niet gelezen en vervolgde: "Vertrouwen betekent voor haar... Zo zegt ze het... dat wil ze er ook in hebben, want dat vindt ze belangrijk... Vertrouwen betekent voor haar dus... overgave aan wat er op je pad komt. Maar wel zelf verantwoordelijk blijvend en blijven nadenken!"

Toen ik dit hoorde, begreep ik dat werkelijke 'overgave' niet wil zeggen dat jouw leven niet meer van jou is. Het leven confronteert ons soms met heel moeilijke situaties. Vertrouw erop dat er altijd een heel goede reden is dat juist jou dit overkomt. Accepteer wat er op je pad komt, maar besef dat je altijd vrijheid van keuze hebt hoe je daarmee omgaat. Welke weg je ook kiest, volg je hart en ga dan in vertrouwen en in overgave.

Linda zegt: "Eén ding is zeker: we worden allemaal begeleid."

"Dat ziet zij nu heel duidelijk aan de andere kant", vervolgde Loes. "Toen... heeft zij dat *willen* geloven, *willen* vertrouwen en kostte dat kracht. En ze wil dát de mensheid erg duidelijk maken."

En Marianne maakte mij opmerkzaam op woorden die Linda mij al veel eerder had doorgegeven die zo nog meer betekenis kregen. Woorden die ook mijn gevoel vertegenwoordigen:

Ik heb je mijn vertrouwen gegeven.

Je verliest me nooit.

Dank jullie wel...

Amhirez, mijn gids, altijd op de achtergrond aanwezig.
Al die mensen en lichtwezens die ons hebben gesteund, in gedachten, met kaarsjes, met hulp, met liefde, soms handenwringend misschien, maar jullie kracht heeft ons erdoor gesleept.
Amà, Taksi en Zebra, dank jullie voor jullie liefde en gezelschap. Jullie aanwezigheid heeft ons verLicht!
Mary en Wim (Linda's ouders), mijn ouders, Mieke, Rob en Martha, en Sonja Marco. Geweldig, wat een familie!
Alle therapeuten, in het bijzonder Rob Grit, Lobsang Tsultrim, Jacob Duursma, Cor Tijssen, Linda Krug, Eef Ufkes, Michel de Sonnaville en Hans Hoogeveen.
Alle reguliere verpleegkundigen, huisartsen, doctoren en specialisten, ook jullie hebben ons een goede weg gewezen, al luisterden we maar zelden.
Dottore, Fiona en Bianca... ondanks wat er is gebeurd, is jullie rol belangrijk geweest in het proces om Linda en mij te leren accepteren.
Adri, Els, Bert, Peter, jullie hulp was belangrijk. Sattia, jouw geduld was een verademing.
Loekie Einthoven, wat bijzonder! Francis Ruesink-van Oers, fijn dat het op deze manier mogelijk was. Bert Smits en je band, geweldig! Marco en Josée, wat een dans! Ton (de edelsmid), heeft Linda je zitten plagen? Jan van de Hout, onze missie.
Loes van Loon, hier heb ik geen woorden voor, alleen een schilderij. Yvonne Baank, jouw lessen waren belangrijk. Vera Fischerova, bij jou begon het.
Liselle en Charonna... wat moesten we zonder jullie?

En Marianne... zonder jou hadden we dit boek nooit kunnen schrijven, en was de Akaija er niet gekomen.

Finding Nasja

Het boek dat je nu in handen hebt, is de herdruk van *Kiezen voor Vrije Keuze*, dat in 2009 gepubliceerd werd door uitgeverij Akasha.

Bij het verschijnen ervan werkten we net enkele jaren met de Akaija en we voelden ons bijzonder bevoorrecht dat dit symbool via ons aan de mensheid mocht worden gepresenteerd.

In 2009 dachten we dat we het concept van de Akaija redelijk goed begrepen hadden. De vele ervaringsverhalen van mensen spraken voor zich. De boodschap was helder. De werking als helend instrument was duidelijk en wat we nog niet begrepen zou ons gaande de tijd wel duidelijk worden, maar het allerbelangrijkste hadden we toch wel begrepen, dachten we. Volgende project dus, want we waren nieuwsgierig naar wat de toekomst verder zou brengen. Nieuwe sieraden, nieuwe schilderijen?

Hoe mis kun je het hebben...

Toch was me over de Akaija iets nog niet helemaal duidelijk. Ik had steeds het gevoel dat de Akaija op de een of andere manier een relatie had met de Aarde als geheel. In m'n fantasie stelde ik me een reclamespotje voor waarin de Akaija als een mysterieus object vanuit het grenzeloze heelal op de Aarde afkomt om de mensheid te helpen, uiteraard met een mysterieus muziekje erbij. Je moet vooral niet te klein denken toch?

Ik stelde me ook voor dat de Aarde precies binnenin de Akaija paste en ik vroeg me af *hoe* de Aarde er dan in zou passen, in welke stand. Om de paar maanden pakte ik de grote Akaija die ik voor demonstratiedoeleinden had gemaakt er weer eens bij. Ik bedacht dan dat de gesloten ring in de Akaija de evenaar voorstelde, maar ik liep steeds vast op het feit dat die ring zich niet precies in het midden van de Akaija bevond. Het noordelijk halfrond zou dan groter zijn dan het zuidelijk halfrond. Zou die horizontale cirkel dan misschien een van de keerkringen kunnen voorstellen? Maar ik kreeg daar niet een gevoel bij van: *yes!*

Nu had ik een tweede Akaija gemaakt die precies het spiegelbeeld was van de eerste, waarbij de omkerende spiraal tegen de klok in, in plaats van met de klok mee ging... of andersom, het is maar hoe je het bekijkt. Dit intrigeerde me en ik vroeg me af of beide symbolen misschien gecombineerd konden worden tot één symbool. Maar *hoe* dan? Ik probeerde dat te visualiseren met gekleurde draden rondom een perspex bal en na lang experimenteren had ik het door.

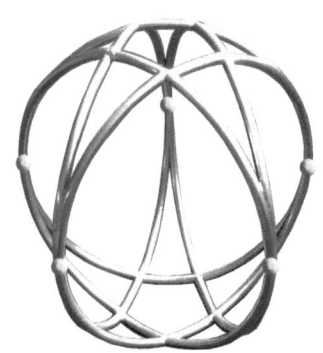

De resulterende vorm werd een complex object waarin beide Akaija's terug te vinden zijn, maar dat er toch heel anders uitziet. Het was bijna onmogelijk om die vorm met de hand te maken, dus schakelden we een bedrijf in dat met behulp 3D-printtechniek een kunststofmodel maakte, waarvan in de gieterij een zilveren object gemaakt kon worden.

Als je dat object bekijkt valt direct de vijfpuntige ster op, het pentagram. Het pentagram is een zeer interessant symbool, omdat *alle* verhoudingen tussen de diverse lijnstukken in dit symbool de PHI-ratio vertegenwoordigen, de Gulden Snede. Het is een van de belangrijkste symbolen in de heilige geometrie.

Linda's moeder kreeg ook hier een naam bij door die ons zeer aansprak: *Akaija-Iloa*, waarbij *Iloa* betekent: Ik Ben. Dat klonk goed, want als *wij* werkelijk *één* zijn, dan spreek je over *ik ben*. In feite praat je dan zelfs over een goddelijke naam: Ik Ben die Ik Ben, of

אֶהְיֶה אֲשֶׁר אֶהְיֶה, *ehyeh ašer 'ehyeh, of ook wel Yahweh.*

Maar eerlijk gezegd had ik hier moeite mee, want gingen we ons boekje nu niet te buiten als we zouden suggereren dat 'Akaija' verbonden is aan een goddelijke naam? Toch kon ik er niet omheen dat dit zich zo aan ons presenteerde.

Waar ik ook moeite mee had was de connectie met het pentagram. Ik had veel gehoord over pentagrammen en had regelmatig gelezen dat dit symbool te maken zou hebben met duivelse praktijken, satanisme en wat dies meer zij. Rijmt dat wel met de boodschap 'wij zijn één', vroeg ik me af. Maar ook hier kon ik er niet omheen dat dit zich zo aan ons presenteerde, dus misschien moest ik daar nog wel iets over leren.

 Ik ontdekte dat het pentagram vaak op twee manieren afgebeeld wordt: met de punt omhoog, dat als 'positief' beschouwd wordt, en met de punt omlaag, dat als 'negatief' beschouwd wordt.

Juist daardoor zag ik het, want alleen als je de Akaija met de punt naar beneden houdt, zoals ik op het doosje afgebeeld had, kun je het *hart* ontdekken dat zich in de Akaija bevindt. In een tweedimensionaal getekend of gedrukt symbool kun je dat niet zien, en de meeste mensen willen dat liever niet zien omdat het zo'n negatieve lading heeft, maar het is wel degelijk aanwezig in de driedimensionale vorm.

'Akaija' betekent toch *wij zijn één?* Daarmee zeg je dat we allemaal bij elkaar horen: de heilige, maar ook de moordenaar. De negers, maar ook de blanke, rode, gele.... ieder-één! Maar wat te denken van jezelf? Je positieve eigenschappen accepteer je wel, maar accepteer je ook negatieve eigenschappen?

De normale Akaija heeft één complete cirkel of ring, maar de dubbele Akaija of Akaija-Iloa bestaat uit *vijf* complete ringen, die zodanig gecombineerd zijn dat ze een perfect driedimensionaal pentagram vormen. Interessant is dat pentagrammen vaak zo afgebeeld worden dat de kruisende lijnen over elkaar heen liggen. Daarmee wordt gesuggereerd dat het symbool driedimensionaal is. Zou de Akaija-Iloa soms de basisvorm van het pentagram kunnen zijn?

De Akaija-Iloa bestaat dus uit vijf ringen, maar ik was er nog één vergeten, een onzichtbare ring, de ring die alle andere ringen met elkaar verbindt.

Het volgende boek zal grotendeels gaan over de Akaija, dat inmiddels een avontuur is geworden dat ons over de hele wereld brengt. Het vertelt hoe de Akaija aantoonbaar verbonden is met een oeroude ring van zeer oude megalithische bouwwerken die zich als een tweede, gekantelde evenaar rondom de wereld bevindt. Die ring verbindt o.a. de Grote Piramide, de vlakte van Nazca, Paaseiland, Machu Picchu, Cuzco, het tempelcomplex Angkor in Cambodja, het tempelcomplex Sukhothai in Thailand en tenslotte, geloof-het-of-niet... Aneityum, waar de naam Akaija vandaan komt! Dat eiland blijkt *exact* op één lijn tussen het tempelcomplex Angkor en Paaseiland in te liggen, 72° van elk verwijderd en de dubbele afstand, ofwel 144° van de Grote Piramide.

Vijf van deze locaties, waaronder de Grote Piramide, Angkor, Paaseiland en Aneityum, zijn middelpunten van de vijf ringen van de Akaija-Iloa. Samen vormen ze een zesde ring die de andere ringen verbindt. Wéér gaat de vijf over naar de zes. Aneityum is dus niet alleen de oorsprong van de naam *Akaija*, maar tegelijk is het ook een van de ankerpunten van deze vijf ringen! Dat zijn wel erg veel toevalligheden bij elkaar!

Vanwege deze ontdekkingen zijn we in 2012 naar Aneityum afgereisd om te zien of daar aanwijzingen te vinden zijn die dit verhaal ondersteunen. We hebben er gesproken met heilige man en verhalenverteller van het eiland, Neriam Tamathui en hij heeft ons inderdaad dingen verteld die het verhaal bevestigen.

Verder zal ik vertellen over de andere sieraden en kunstwerken die door inspiratie tot stand zijn gekomen, zoals het sieraad *Two Roads*, dat een kruis binnen een cirkel voorstelt en dat het christelijke en Keltische kruis met elkaar verbindt, maar *ook* het indiaanse medicijnwiel en de heilige graal.

Ook interessant is een ontwikkeling die op het moment van schrijven in volle gang is...
Doordat we over de Akaija een serie artikelen kregen in een groot Russisch tijdschrift, werden we voor de Zonnewende van 2014 uitgenodigd om met een twee meter grote Akaija te komen naar wat het Stonehenge van Rusland genoemd wordt: Arkaim.

Daar kwamen we *toevallig* in contact met iemand die het sjamanisme uit Altay vertegenwoordigt. De inheemse inwoners van Altay, de Altayski, leven in het vierlandengebied dat gevormd wordt door Rusland, Kazachstan, China en Mongolië. Zij zijn mogelijk de verre voorouders van de Indianen. Altay wordt door hen beschouwd als de navel van de Aarde, waar de grote wereldreligies samenkomen. De sjamanistische naam van deze man is interessant: Akay. En als je in het Russisch zegt: (dit is) *van* Akay, dan schrijf je: Akaya (*Russisch: Акайя*).

Ofwel... we weten nog lang niet alles van de Akaija!

Dit boek krijgt als titel: *Finding Nasja*.

Het beschrijft een zoektocht, de zoektocht naar jezelf, naar je hogere Zelf, of wellicht moet ik zeggen *ons* hogere Zelf, want vanuit ons hart zijn we allemaal met elkaar verbonden, in ons hart zijn we één.

Beste lezer,

Hartelijk dank voor het lezen van dit boek. We hopen dat je er mooie momenten aan hebt overgehouden.

Alles in dit boek is werkelijk zo gebeurd zoals beschreven is, zonder fictieve toevoegingen of veranderingen. Alleen enkele namen zijn veranderd om begrijpelijke redenen. Er is dus ook veel beeld- en geluidsmateriaal voorhanden.
   Een gedeelte van dit materiaal is online te raadplegen op onze website akaija.com, waar je o.a. opnames kunt beluisteren van Linda in haar hoedanigheid als Igor. Er is ook één opname bij waarin ze met haar normale stem spreekt.
   Uiteraard is er een overvloed aan informatie over de Akaija te vinden, maar ook over de andere sieraden en schilderijen die Wim door inspiratie van Linda en zijn gids(en) heeft gemaakt. Verder kun je tijdschriftartikelen en verslagen van onze reizen voor de Akaija lezen, zoals ons bezoek aan Aneityum.
   Mocht je belangstelling hebben voor een Akaija, weet dan dat we de lezers van dit boek 15% korting geven op de zilveren en gouden Akaija's. Gebruik hiervoor tijdens de check-out op de webshop de kortingscode 'ladyoftherings'. Of, als je ons schrijft of belt, herinner ons hier dan even aan.

Veel liefde en geluk toegewenst,

Wim Roskam en Marianne Agterdenbos
Akaija & Art
atelier@akaija.com
www.akaija.com / www.akaijashop.com